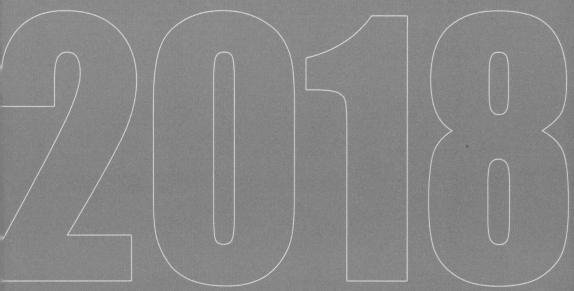

2018

::: 宁夏住房和城乡建设发展报告

宁夏蓝皮书
《宁夏住房和城乡建设发展报告（2018）》
编委会

宁夏蓝皮书
BLUE BOOK OF NINGXIA

宁夏住房和城乡建设发展报告

ANNUAL REPORT ON HOUSING AND URBAN-RURAL
CONSTRUCTION DEVELOPMENT OF NINGXIA

（2018）

宁夏社会科学院
宁夏回族自治区住房和城乡建设厅
编

黄河出版传媒集团
宁夏人民出版社

图书在版编目(CIP)数据

宁夏住房和城乡建设发展报告.2018 / 宁夏社会科学院,宁夏回族自治区住房和城乡建设厅编. —银川:宁夏人民出版社,2017.12

(宁夏蓝皮书)

ISBN 978-7-227-06832-7

Ⅰ.①宁… Ⅱ.①宁… ②宁… Ⅲ.①住宅建设—研究报告—宁夏—2018②城乡建设—研究报告—宁夏—2018 Ⅳ.①F299.274.3

中国版本图书馆CIP数据核字(2017)第330166号

宁夏蓝皮书

宁夏住房和城乡建设发展报告(2018)

宁夏社会科学院
宁夏回族自治区住房和城乡建设厅 编

责任编辑　王　艳　周淑芸
责任校对　李彦斌
封面设计　张　宁
责任印制　肖　艳

黄河出版传媒集团　宁夏人民出版社 出版发行

出 版 人　王杨宝
地　　址　宁夏银川市北京东路139号出版大厦(750001)
网　　址　http://www.nxpph.com　　　　http://www.yrpubm.com
网上书店　http://shop126547358.taobao.com　http://www.hh-book.com
电子信箱　nxrmcbs@126.com　　　　renminshe@yrpubm.com
邮购电话　0951-5019391　5052104
经　　销　全国新华书店
印刷装订　宁夏银报印务有限公司
印刷委托书号　(宁)0008208

开本　720 mm×980 mm　1/16
印张　18　　字数　260千字
版次　2018年1月第1版
印次　2018年1月第1次印刷
书号　ISBN 978-7-227-06832-7
定价　50.00元

目 录

总报告

综合篇

经济篇

治理篇

人居篇

区域篇

附　录

总报告

ZONG BAO GAO

2017年宁夏住房和城乡建设基本状况及2018年工作展望

杨洪涛

2017年是实施"十三五"规划的重要一年，是供给侧结构性改革的深化之年，也是全面落实中央和自治区城市工作会议精神的关键一年。面对错综复杂的宏观经济形势和艰巨繁重的改革发展任务，宁夏住房和城乡建设系统坚决贯彻落实中央和自治区各项决策部署，以深入学习贯彻自治区第十二次党代会精神为统领，按照"1346"总体工作思路，即围绕推进新型城镇化"一条主线"，狠抓房地产、建筑业和市政公用事业"三个业态"，全面履行规划、建设、管理、运营"四项职能"，实施规划引领、提质扩容、城乡安居、美丽乡村、绿色建筑、质量安全"六大工程"，推动住房和城乡建设各项事业实现提质增效、转型发展。

一、2017年宁夏住房和城乡建设取得新成效

（一）城乡规划管控科学有序

自治区第十二次党代会提出要强化全区"一盘棋"的理念，发挥空间规划的引领作用，着力构建区域城乡协调发展新格局。按照自治区党代会部署和空间规划改革试点要求，自治区政府审定印发《宁夏新型城镇化

作者简介：杨洪涛，宁夏住房和城乡建设厅党组成员、总规划师。

"十三五"规划》，进一步明确了全区新型城镇化发展目标，确立了"区域中心城市—地区中心城市—县域中心城市—镇"四级城镇体系和"一带三区、一主两副"总体空间格局。自治区住房和城乡建设厅加大规划改革力度，积极参与宁夏空间规划试点，协助划定"三区三线"，优化完善《宁夏回族自治区城镇体系规划》，指导各地级市和3个试点县推进城市总体规划与空间规划衔接融合，加快"多规合一"进程，为空间规划改革提供有力支撑。制定印发《关于加强城市混合用地规划利用的指导意见》，通过优化用地布局、兼容地块性质、混合建筑功能等方式，推进混合用地模式，促进低效用地再开发，为城镇发展腾出更多空间。

探索开展城市设计，自治区住房和城乡建设厅制定全面推行城市设计工作的指导意见和编制导则，出台宁夏实施城市设计管理办法细则，编制全区特色风貌规划和管控图则，构建了"自治区特色风貌规划—市县总体城市设计—区段城市设计—地块城市设计"编制管理体系。5个地级市完成城市特色风貌、总体城市设计及部分区段、地块城市设计，银川市获批全国首批城市设计工作试点，启动了老城复兴、城市修补、历史遗存保护利用、重要交通枢纽规划建设等城市设计项目。组织开展全区建筑勘察设计竞赛和优秀设计方案评选，在81个参赛项目中评出一等奖4个、二等奖12个、三等奖19个，上报住房和城乡建设部参加全国优秀设计作品评选，提高了建筑单体设计水平。

加大规划执行力度，探索利用卫星遥感监测系统辅助城乡规划监察，将城乡规划管理纳入空间规划信息平台建设，实现了城乡规划与空间规划信息平台共建共享，提升了规划管理应用信息化水平。组织开展城乡规划专项督查，对各市县历史街区和历史建筑划定、城市住宅限高、城乡规划强制性内容执行、乡村规划许可等规划实施情况进行全方位、拉网式检查，对全区22个开发区用地规模进行审核，划定历史街区5处、历史建筑45处，将城市建成区违法建设专项治理工作由设市城市延伸到所有县城，查处违法建设21.83万平方米，新增违法建设得到有效控制，有效维护了规划的严肃性、权威性。

（二）城镇承载能力明显提升

顺应以城市群为主体形态推进城镇化的大趋势，以推进银川都市圈同城化建设为重点，统筹抓好各市县区城镇化建设，加快补齐基础设施与管理服务短板，有效拓展发展空间，提升城镇承载功能。深化城镇化专项改革，全面启动银川市、盐池县、红果子镇第三批新型城镇化试点，协同推进沿黄城市带和中南部地区建设，谋划实施城市供水、污水处理、道路整治、园林绿化、生态环保、特色街区和老旧管网改造等城镇化项目400个，促进沿黄地区一体化发展。自治区政府正式出台《宁夏回族自治区居住证管理办法》，户籍制度改革和居住证制度全面落地，2017年全区办理居住证人数达17.9万人。自治区相关部门制定了支持农业转移人口市民化财政政策、农业转移人口与城镇建设用地增减挂钩实施细则，各市县结合实际相继制定配套政策，"人地钱"挂钩机制基本建立，进一步拓宽了农业转移人口市民化通道，农民变市民步伐明显加快，预计年内全区户籍人口城镇化率提高1个百分点以上。

加大地下空间开发，完成22个县（市、区）9类31259.63公里地下管线普查，城市综合地下管线信息系统逐步完善。5个地级市和宁东管委会全部编制完成城市地下综合管廊建设专项规划，积极引入PPP模式拓宽融资渠道，进一步完善管廊建设标准，加快综合管廊项目建设，2016年开工项目46.12公里全部复工，2017年新开工项目12.14公里，形成廊体47.8公里，截至11月底累计完成投资52.35亿元。出台了《宁夏回族自治区城镇地下管线管理条例》和《银川市地下综合管廊管理条例》，为推进综合管廊市场化运行作出了积极探索，银川市地下综合管廊试点工作得到住房和城乡建设部肯定。

认真落实"蓝天碧水·绿色城乡"专项行动要求，大力营造优美环境。推行海绵城市建设理念，固原、银川、中卫和泾源、西吉、红寺堡等市县区编制完成海绵城市建设专项规划，开工建设一批海绵型小区、公园、绿地、道路示范项目，完成投资20.78亿元，有效提升了城市雨水利用和防洪排涝能力。积极推进城市"双修"工作，住房和城乡建设厅制定全区开展城市"双修"工作的实施意见，银川市、中卫市被住房和城乡建设部列为国家城市"双修"工作试点，银川、中卫、石嘴山市谋划城市"双修"项目210个，概算总投资450亿元。把建筑施工扬尘治理纳入建设工程领域突出问题专项整治，全面推进标准化工地"6个100%"管理，投入1.02亿元专项资金支持各地采购环卫机械化清扫保洁车辆，全区城市道路机械化清扫率达到64%。首次启动全区供热领域突出问题专项治理行动，银川、石嘴山、吴忠、中卫、青铜峡等地全力推进热电联产项目建设，各地全面淘汰城市建成区供热燃煤锅炉。住房和城乡建设厅制定印发《自治区城市环卫保洁和垃圾处理规范化管理考核办法》，严格执行城市生活污水和垃圾处理规范标准，各市县全面启动生活垃圾分类示范，对不符合标准的污水处理厂进行提标改造，对13条黑臭水体进行全面整治，预计全区城市污水处理率达到91%，城市生活垃圾处理率达到89%。调整优化城市绿化布局，在增加绿化总量基础上提升绿化品质，全区初步建成25个市民休闲森林公园，固原市、永宁县和同心县分别成功创建国家、自治区园林城市（县城），预计全区城市建成区绿地率达到36.7%。

深化城市综合管理，制定印发了城市执法体制改革重点任务分工方案，在全国领先完成自治区级城管综合执法机构设置，将住建领域330项行政处罚权下放至市县区，自治区本级保留29项，所有行政处罚权委托自治区城市管理综合执法监督局实施，实现了自治区级住建领域行政处罚权的相对集中；全区27个市县区和宁东管委会全部完成机构综合设置，住建领域行政处罚权集中行使等重点改革任务正在有序推进。制定《推进宁夏住房和城乡建设领域智慧化暨"住建云"建设实施意见（2017—2020）》，在银川、石嘴山、中卫、吴忠和永宁等地开展智慧城市建设试点，建成银川、灵武、平罗等15个市县数字化城管系统，"银川模式"成为全国有影响的智慧城市建设样板。积极推进绿色交通建设，出台建设项目配建停车场（库）标准，在全区推广银川市、石嘴山市、中卫市等地具有绿色出行、休闲健身、人文景观功能的城市慢行系统。积极推行居民自治、社区代管和专业物业服务三位一体的物业服务机制，开工改造老旧住宅小区580多万平方米，全区住宅小区物业服务覆盖率达到68%以上。

（三）居民住房保障有力

全区各级住房和城乡建设部门聚焦住房这一事关百姓切身利益的核心问题，抓好安居宜居的民生实事，抓出了成效，抓出了亮点，抓出了群众满意度。2017年国家下达宁夏城镇棚户区改造任务53432套，截止11月底共争取中央财政棚户区改造专项资金14.37亿元、配套基础设施补助资金10.3亿元、自治区财政补助3.15亿元，套均补助达到5.2万元，为历年最高，协调银行授信贷款151.88亿元，全面完成年度棚户区改造开工任务。积极推进"两房"融合，全区棚改货币化安置比率达到80.6%，消化商品房库存1.89万套近200万平方米。

聚焦贫困农户住房安全保障，提高自治区财政补助标准，争取中央补助资金1.8亿元，向所有市县区派出危房改造督查组，为农村危窑危房改造提供了重要保障。2017年全区下达危窑危房改造计划任务22084户，截止11月底共开工改造危窑危房38324户，竣工36603户，超额完成年度计划任务，切实保障了困难群众住房安全，宁夏在全国农村危房改造工作加固改造现场会上作了经验交流。

各市县区认真落实中央和自治区推进供给侧结构性改革、房地产去库存等调控政策，通过综合采取鼓励农民工和农民进城购房、推进棚改货币化安置、发展跨界地产、用足用好住房公积金等措施，进一步优化市场结构，房地产业保持平稳健康发展态势。1—11月，全区房地产开发完成投资620.38亿元，同比下降7.1%；房屋施工面积6884.26万平方米，同比下降1.5%；商品房销售901.9万平方米，同比增长7.4%，其中住宅销售778.48万平方米，同比增长6.6%；商品房去库存周期比2016年年底下降3.4个月，保持在合理区间。截至11月底，全区共发放个人住房公积金贷款63亿元，同比增长18.4%，拉动商品住宅销售229万平方米，吴忠、灵武、石嘴山等地出台支持农民进城购房补助政策，协调农业银行发放"农民安家贷"6.21亿元，帮助更多农村居民圆了"住房梦"。深入开展规范房地产市场开发、销售、中介等行为专项整治和逾期交房、"烂尾楼"等风险防控工作，加大商品房预售许可、预售资金和房地产经纪行为监管，检查开发企业298家项目306个、中介机构502家，查处曝光了一批违法违规行为，进一步净化了房地产市场环境。

（四）乡村建设成效明显

坚持以改善农村人居环境为突破口，有序加快美丽乡村建设，不断激发农村发展新活力。全区共开工建设美丽小城镇25个、美丽村庄127个，11月底累计完成投资23.3亿元。自治区推进新型城镇化工作领导小组组织14个牵头部门对美丽乡村建设进行联合督查，依据完成投资、建设进度、质量标准等情况比选，确定20个美丽小城镇、100个美丽村庄列入2017年财政以奖代补计划。

大力培育发展特色村镇，自治区"两办"印发《关于加快特色小镇建设的若干意见》，完成了特色小镇建设政策顶层设计。积极学习借鉴浙江、贵州等特色村镇建设经验，引导市县区建立了覆盖全域、分级培育的特色小镇创建体系，委托全国市长研修学院在浙江举办宁夏特色小镇规划建设专题培训班，指导自治区级特色小镇引进国内外高层次设计单位开展规划编制，在科学定位基础上，引导各地高质量策划储备产业等发展项目。闽宁镇、红果子镇等5个小镇进入国家第二批特色小镇行列，国家级特色小镇总数增加至7个。首批自治区级10个特色小镇建设全面启动，10个特色产业示范村庄规划全部编制完成，正在加快建设，1—11月累计完成投资31亿元。

深入贯彻第三次全国改善农村人居环境会议精神，自治区政府印发《宁夏推进以"两处理、两改造"为重点的新一轮农村环境综合整治实施方案》，自治区相关部门在灵武市召开全区农村人居环境综合整治现场推进会，部署重点任务，指导各县（市、区）加快推进农村垃圾治理、生活污水处理及改厨改厕，建立完善农村环境卫生长效管理机制，进一步推进农村环境整治工作。下达各市县申报农村生活污水处理及改厕计划3万户，截至11月底已完成3.2万户。

（五）建筑业转型步伐加快

新型建筑工业化彻底改变建筑业以传统手工操作为主的施工模式，实现了建筑产品、环保、全生命周期价值最大化。宁夏大力推动建筑产业现代化，自治区政府印发《大力发展装配式建筑的实施意见》，自治区住房和城乡建设厅配套下发《装配式建筑产业化基地管理办法》《关于推进高强成型钢筋加工配送工作的通知》《关于推广应用高性能混凝土的通知》《关于大力推广EPS模块建筑节能体系的通知》等政策文件，举办全国装配式关键技术和推广培训班，在工程建筑领域积极推行标准化设计、工厂化生产、装配式施工、一体化装修、信息化管理、智能化应用的新型建造方式，实施装配式建筑36.4万平方米，创建自治区级建筑产业化基地5家，推荐1家企业申报国家级建筑产业化基地。1—9月，全区建筑业实现增加值352.38亿元，同比增长9.9%，高于全区地区生产总值增速1.1个百分点，占全区地区生产总值的14.4%，切实发挥了国民经济支柱行业作用。

大力发展绿色建筑，制订《全区绿色建筑工程施工图设计技术审查要点》，编制发布《建筑产业化工程计价定额》，出台《宁夏绿色建材评价标识管理办法（试行）》《宁夏回族自治区绿色建筑示范项目资金管理暂行办法》，编制《宁夏绿色建筑设计标准》，开展《宁夏绿色建筑发展条例》立法调研，在全区新建办公建筑和政府投资的学校、医院等公益性建筑及单体超过2万平方米的大型公共建筑、全区保障性安居工程、规划面积超过10万平方米的住宅小区、申报绿色建筑评价标识的民用建筑执行绿色建筑标准，实施绿色建筑198万平方米。

加强建筑节能工作，在全区城市规划区内全面执行公共建筑50%、居民建筑65%节能标准，新建建筑节能标准执行率达到100%，新型墙体材料应用比例达到88%以上。推动国家可再生能源建筑应用示范项目建设，实施示范项目13个。制订建筑科技发展计划，开展建筑科技项目评选和新产品新技术推广，确定12个全区建筑科技计划项目，银川绿地中心等4个项目列入住建部2017年科学技术项目计划，评定并推广新产品6项、新技术31项。

（六）工程质量安全不断加强

强化基础管理和质量安全，推进安全生产和质量管控工作从事后管理向事前管理转变、从管理事故向管理隐患转变、从控制事故向提升管理水平转变，把工程质量安全红线贯穿于住房城乡规划建设管理运营全过程。加强质量安全监管，编制实施《建设工程质量标准化管理实施指南》，严格落实工程项目质量安全建设单位首要责任和勘察、设计、施工、监理各方主体责任，在全区100%推行标准化安全文明工地管理。编制工程质量安全常见问题导则，狠抓深基坑、高大模板支撑、起重机械、脚手架等重大危险源防治，开展质量安全、重大危险源防范、防汛防暑等专项检查，在全国领先推行建筑施工总监理工程师、施工员、安全员、质量员、机械员和塔吊司机等关键岗位人员质量安全违法违规行为记分管理，宁夏被住房和城乡建设部确定为全国监理向政府报告施工质量安全情况试点、建筑施工质量安全监管信息化试点、建筑施工安全生产标准化考评试点。进一步强化规划建设管理运营的全过程安全生产监管，未发生较大及以上安全事故。

规范建筑市场秩序，自治区住建、发改、财政、人社、审计、监察等部门协同配合，进一步深化工程建设领域突出问题专项整治，并把整治行动由违反基本建设程序、未批先建违法开工、工程转包挂靠、违法分包等方面向危旧房屋、物业管理、地下空间、供暖供气、老旧房屋等安全事故易发多发领域覆盖延伸，对192家企业和264名关键岗位人员实行诚信扣分等处罚，对27起典型案例进行公开曝光，从根源上整肃建筑市场秩序，形成长效监管机制。进一步加强信用体系建设，出台了《宁夏建筑市场招标代理机构信用评定管理细则》，修订了宁夏建筑业信用体系管理办法，将企业在招投标中的诚信分值提高到10分，对不诚信企业实行"黑名单"管理和联合惩戒，营造了"一处失信、处处受制"的良好氛围。

积极推行建筑工程标准化管理，出台《建筑节能门窗工程技术规程》《住宅区通信配套设施设计标准》2项地方标准，完成《农村污水处理技术规程》《外墙保温系统及专用材料》等5项地方标准起草，修订《宁夏建设工程施工合同备案管理办法》。严格工程造价咨询市场监管，进一步完善定额人工单价随市场变化动态调整机制，废除限额以下政府投资项目招投标摇号制度。出台全区建筑企业资质升级审批2年动态达标政策，评选23项自治区"西夏杯"优质工程，银川河东机场T3航站楼通过2017年度中国建设工程"鲁班奖"专家组评审。

二、当前宁夏住房和城乡建设面临的问题和形势分析

"十三五"是全面建成小康社会的关键时期，也是全面深化改革、加快转型发展的攻坚时期。党的十九大作出了"我国社会主要矛盾已经转化为人民日益增长的美好生活需要和不平衡不充分的发展之间的矛盾"的重大判断，赋予社会主要矛盾新的内涵，为做好新时代各项工作提供了科学指引。住房和城乡建设既是经济工作，也是民生工程，事关发展大局和民生福祉，工作中还有一些亟待解决的矛盾和问题，但同样蕴含着可以大有作为的新机遇。

从产业发展来看，宏观经济下行压力依然很大，给宁夏房地产和建筑业发展带来一定影响。房地产业方面，市场回暖迹象较为明显，但供过于求的基本面没有改变，商品房库存量依然较高，市场风险仍然存在。国际经验表明，人均GDP达到8000美元时，住房消费增长速度趋缓；人均住房建筑面积达到30—35平方米时，住房消费进入增长拐点，增速开始下降。目前，宁夏人均GDP超过7000美元，银川市已达10000多美元；全区人均住房面积达到31.3平方米，城镇住房套、户比基本达到1.15的饱和状态，住房消费自身调整也进入增速趋缓、逐步减弱的发展周期。另外，全区商品房去库存出现区域和结构性矛盾，部分市县去化周期在15个月以上，固原、西吉、同心等市县仅有几个月，银川市非住宅库存量较大、去化周期较长。因此，宁夏仍需强化房地产市场调控，在保持房地产市场稳定发展的基础上，继续推进房地产去库存，并逐步向房屋租赁等二级市场和养老、旅游、文化等地产转型。建筑业方面，因宁夏建筑施工企业主要集中在房屋土建领域，受房地产业增速放缓影响，建筑业正在经历转型的阵痛期。但随着国家加大基础设施建设等刺激经济增长政策带动下，建筑业在水电工程、铁路航空、地下管网等专业化工程方面将面临更多机会。同时，随着科学技术的运用和建造方式的转变，建筑行业在绿色建筑、建筑产业化发展等方面前景看好，宁夏建筑业通过转型升级，仍有较为广阔的发展空间。

从市场主体来看，企业整体资质水平偏低，房地产企业几乎全部集中

在宁夏区内狭小的市场，发展空间十分有限；建筑施工企业承揽项目能力明显低于区外进宁企业，而且业务单一，应对市场风险能力亟待提高。特别是在项目实施困难、企业效益降低、运行成本增加等情况下，进一步加剧市场分化，绝大部分宁夏本地房地产和建筑施工企业生存困难、举步维艰，有的甚至面临被市场淘汰的境地。据统计，全区现有房地产开发企业809家，一级资质14家，占总数1.7%；二级资质131家，占总数16.2%；剩余664家全部为三级及以下资质。全区1281家建筑施工企业中，特级资质1家，占总数0.08%；一级资质35家，占总数2.73%；二级资质341家，占总数26.62%；剩余904家全部为三级及不定级企业。初步统计，2017年前三季区内企业对宁夏建筑业产值贡献不到30%，区外企业占据了绝大部分市场份额。因此，必须加大政策引导力度，做好市场倒逼文章，推动宁夏本土房地产和建筑业企业加快转型升级、提升综合竞争力。

从项目建设来看，面对经济持续下行不断累积和增加的压力，如何有效利用投资拉动经济增长，是住房和城乡建设的重点领域，必须要寻求新的经济增长点。总体看，全区房屋建筑达到饱和趋势明显，大量资金沉淀在住房等生活性基础设施上，产生不了效益；同时，商业用房、工业厂房等生产性基础设施也出现空置和利用率不高的现象，也造成了浪费和一定经济风险。与此相对，老城区拥堵、老旧住宅小区功能不完善，市政基础设施不配套、地下空间利用不足，城市管理智慧化、智能化程度不高，农村建设整体滞后、环境卫生较差等问题十分突出。另外，城乡建设资金筹措困难，特别是危窑危房改造等民生工程和城市地下综合管廊等重大工程建设的资金压力依然较大，地方财政投入不足，市场化融资渠道单一，项目建设资金瓶颈制约明显。基于此，必须进一步深化城乡建设投资融资改革，积极吸引社会资本，着力缓解资金难题，把投入重点放在提高建筑质量、居住品质、环境质量、生产生活效率效益等项目上，也可将建筑施工企业从房屋建设方面转型出来，向更广阔的领域推进。

从工作短板来看，补齐当前住房和城乡建设中存在的短板，就是要着眼于我国社会主要矛盾的新内涵，着力解决好发展不平衡不充分问题，全面提升住房和城乡建设供给质量和效益，不断满足人民日益增长的美好生活需要，切实增强人民群众的获得感、幸福感。具体来讲，一是要围绕优化山区川区、城区园区、老区新区之间的空间布局和资源配置，统筹解决区域发展不协调不充分的问题；二是要围绕提升美丽乡村水平、特色小镇建设、人居环境改善、农村各项改革，统筹解决城乡发展不协调不充分的问题；三是围绕提高集约节约发展水平、完善城镇基础设施、营造绿色城乡空间，统筹解决城镇化推进与环境资源承载不协调不充分的问题；四是围绕加大去库存力度、提升住房供给质量、深化住房供给制度改革，统筹解决住房供给与需求不平衡不充分的问题；五是围绕健全法治化、智能化、市场化、社会化治理体制机制，统筹解决城乡建设与治理不平衡不充分的问题。

三、2018 年宁夏住房和城乡建设工作展望

2018 年是全面贯彻党的十九大精神的开局之年，要牢固树立以人民为中心的发展思想，深入实施创新驱动、脱贫富民、生态立区三大战略，大力推进以人为核心的新型城镇化，推动城乡规划建设管理运营由外延扩张向内涵提升转变，促进房地产、建筑业的现代化、产业化、链条化发展，加快住房和城乡建设各项事业转型升级步伐，为地方经济社会发展和民生改善作出积极贡献。

（一）注重规划引领、刚性管控，让城乡建设更加科学规范

规划是指导城乡建设和发展的法定依据，必须要依法加强城乡规划管理。要严格落实空间规划，按照"多规合一"要求，配套完善宁夏城镇体系规划、村庄布局规划及城市总体规划等，进一步明确和细分大中小城市和小城镇发展定位、目标、规模和空间结构，着力构建以城市总体规划为统领、专项规划为补充、控制性详细规划为抓手的城乡规划体系，确保规划不打架、能落地。要切实加强城市设计，全面落实自治区城市设计工作指导意见和管理办法，根据宁夏自然生态、历史文化等本底特色，结合全域旅游等产业发展，系统制定以延续发展脉络、完善空间结构、控制建筑型体、塑造城市景观、提倡永续发展为内容的城市设计标准规范，落实全区和各市县特色风貌规划，把整体界面、空间形态、体量色彩和天际线、

轮廓线等城市设计要素纳入控制性详细规划指标管理，留住城市特有地域环境、文化特色、建筑风格等"基因"，着力打造望得见贺兰山、看得见黄河水、记得住塞上江南风情的独特城镇品牌。要强化规划执行管理，严格落实城乡规划违法违纪行为处罚办法等规划法规，大力推行规划管理委员会和城市总规划师、规划"一张图"审批管理、卫星遥感监测、规划实施评估、村镇规划建设管理员、市县政府规划执行情况任期审计等制度，进一步强化规划执法稽查，开展违法建设专项整治，切实维护规划定位的严肃性、权威性。

（二）注重以人为本、破解难题，让区域城乡更加协调一体

按照新型城镇化内在要求，牢固树立精明增长理念，以城市群为主体构建大中小城市和小城镇协调发展的城镇格局，推动城镇建设由规模扩张向内涵提升加快转变。要推进银川都市圈发展，着力推动宁东能源化工基地与银川、石嘴山、吴忠三城市产城互动发展，严格落实都市圈重点城镇产业功能定位，加快都市圈城际快速路网、综合交通枢纽和供排水、垃圾污水处理、园林绿化等基础设施建设，全面提升银川都市圈核心竞争力，加快一体化发展进程。要大力推进大中小城市和小城镇协调发展，以壮大主导产业、完善服务功能为重点，进一步加强固原、中卫2个区域中心城市和重点县城及小城镇建设，有效提升各层级城镇综合承载能力；优化城镇内部空间布局，统筹老城区、新区和园区建设，合理布局生活性和生产性服务设施，全面提升发展质量和效益。要加快城镇化改革，全面落实"人地钱"挂钩机制等推进新型城镇化的政策意见和"十三五"规划，出台落实国务院关于1亿非户籍人口在城镇落户实施方案和"人地"挂钩实施细则，继续完善省级财政转移支付规模、结构动态调整机制，统筹实施主导产业、市政工程、公共服务、生态环保、城乡建设等城镇化项目，加大对农业转移人口落户较多地区的资金奖励力度，积极推进国家新型城镇化综合试点，有序推进农业转移人口市民化，提升城镇化发展水平。

（三）注重特色塑造、多元发展，让乡村发展更加可持续

按照产业兴旺、生态宜居、乡风文明、治理有效、生活富裕的总要求，深入实施乡村振兴战略，激发乡村发展潜力和活力。要推进美丽乡村建设，坚持"用农村的理念和方式建设农村"，进一步深化美丽乡村"八大工程"，推动水、电、路、气、暖等基础设施和优质公共服务向农村覆盖延伸，精准打好危窑危房改造脱贫攻坚战，加快补齐农村建设发展欠账和短板，全面提升美丽乡村建设效益。要加快特色村镇建设，全面落实自治区特色小镇建设等政策意见，建立完善引导特色村镇有序有效建设发展的考评体系，把农村危窑危房改造与发展乡村旅游、特色种养等产业项目结合起来，推动"产镇""产村""产房"深度融合，着力打造一批以特色产业为支撑，具有明确发展定位、特定文化内涵、独特景观风貌和较强聚集辐射功能的特色村镇，探索宁夏村镇建设发展的新形态、新路径、新模式，确保特色小镇、特色产业示范村建设成效。要深化农村环境整治，继续实施"百村示范、千村整治"工程，全面开展垃圾、污水处理和改厕、改厨"两处理、两改造"工程，构建技术可靠、成本合理、群众欢迎、运行长效的农村人居环境整治运维管护新机制，全面改善农村人居环境，力争走在全国前列。

（四）注重绿色低碳、转型升级，让居民生活更加宜居安全

倡导绿色低碳的生产生活方式，大力发展绿色建筑，提高居民生活的舒适度和安全性。要提升城乡绿化水平，通过开展园林城市、绿色村庄、人居环境范例奖创建，加强环城、环镇、环村林网及市民森林公园、街道和社区小微公园建设，力争300米见绿、500米见园，有效增加城乡绿色空间，因地制宜推进山水田园城镇建设，城市建成区绿地率再提高1个百分点以上。要加强基础设施建设，科学合理推进以城市综合管廊为重点的地下空间开发，积极推进海绵城市建设，开展以生态修复、旧城修补为重点的城市"双修"行动，抓好城市道路、停车场、慢行系统规划建设，保障城市运行畅通；开展蓝天、碧水、净土"三大行动"，进一步加大建筑和道路扬尘整治，全面治理黑臭水体，提升城乡垃圾、污水处理能力，维护良好的生态空间。要坚持把安全作为城市开发建设项目选址的强制性要素，加强对燃气、水暖等产品及管网的安全运行监管和更新改造，加快城市排水、防洪、防涝系统建设，营造宜居宜业的良好环境。要加快建筑产业转型，制订出台促进建筑业改革发展的实施意见，实施建筑科技提升计划，进一步完善混凝土结构、钢结构、现代木结构等相关地方标准和技术规程，大力发展绿色建筑和装配式建筑，分类提高装配式建筑占新建建筑比例。继续推进工程建设领域突出问题专项整治，积极推动建筑施工质量安全生产标准化建设，严格落实工程质量建设单位首要责任和勘察、设计、施工、监理主体责任，争创国家优质工程"鲁班奖"和房地产企业"广厦奖"。

（五）注重源头治理、综合施策，让管理运营更加优质高效

充分发挥政府、市场和社会的作用，通过城市、资本、产业与人口的协调发展，促进资源优化配置，走出一条以改革激活城市发展要素的新路。要推动低效用地开发，开展低效土地、闲置建筑、粗放园区等再开发再利用专项治理，积极推动各类园区整合归并，推行混合用地模式，支持产城融合和职住平衡项目建设，推进城市精致建设、紧凑发展。要稳定房地产市场，坚持因城施策，强化分类调控，落实"房子是用来住的，不是用来炒的"定位要求，积极推进房地产市场去库存，大力发展住房租赁市场，推进机构化、规模化租赁企业发展，探索公租房货币化政策，加快建立和完善租购并举的住房制度，切实做好逾期交房、"烂尾楼"等市场风险防控，引导开发企业向文化、旅游、养老等组合地产转型升级，促进房地产业平稳健康发展。要创新城市管理，依法确定市县城市管理综合执法机构权力和责任清单，划定职责边界，理顺执法体制，规范执法流程，下移执法重心，探索开展律师参与城市管理执法工作，全面提升城市依法治理水平；加快推进"住建云"和数字化城管平台项目建设，积极推行网格化城市管理，构建政府、社会、公民共同参与的城乡治理模式；积极推行居民自治、社区代管和专业物业三位一体的物业服务机制，探索开展物业企业信用管理，进一步提高物业标准化、规范化服务水平。

综合篇
ZONG HE PIAN

宁夏城市从外延扩张向内涵提升转变研究

马 琴

2015年12月20日中央城市工作会议在北京召开,这是时隔37年我国再次召开城市工作会议。习近平总书记出席并在会上发表重要讲话,分析了我国城市发展面临的形势,明确做好城市工作的指导思想、总体思路、重点任务。2016年2月6日,中共中央、国务院印发《关于进一步加强城市规划建设管理工作的若干意见》,指出了我国城市规划建设和管理中存在的突出问题,提出要根据资源禀赋和环境承载能力,指导调控城市规模,优化城市空间布局和形态功能,确定城市建设约束性指标。近年来,宁夏城镇化发展迅速,主要通过新城建设来扩大城市规模,吸纳农村转移人口,城镇化的发展使得城市人口急速聚集,产生了一系列的城市问题,需要转变城市发展思路,走内涵发展之路,提升城市生活品质,确保城市居民生活便利、环境优美。

一、城市发展方式的理论及模式

现代意义上的城市起源于西欧的市民社会,商人、手工业者、农奴共同构成了西欧的市民社会,从而产生了城市管理问题和城市居民的权利问

作者简介:马琴,宁夏社会科学院综合经济研究所副研究员。

题。随着资本主义工厂手工业的发展,城市人口不断集聚,城市规模不断扩大,直至工业革命的发生、工业化发展,使得城市成为人口和资源的聚集地。近年来,我国城镇化率不断提高,城市规模不断扩大,由人口、产业、资源聚集而产生的城市问题日益突出。

(一) 城市发展方式的理论内涵

城市是一个地区政治、经济、社会结构以及权利关系的集中体现。城市从产生之初就集聚了政治、经济功能,城市发展方式和管理问题在不同的发展阶段表现方式也不一样,这与城市发展规模以及经济社会发展进步程度息息相关。当前,我国的城市发展方式主要由以下三个要素构成:一是城市发展规划。城市发展规划主要是政府根据地方国民经济和社会发展规划以及当地的自然环境、历史文化、人口规模,统筹兼顾、综合部署,为确定城市规模和发展方向,实现城市经济和社会发展目标,合理利用城市土地,协调城市空间布局等所作的一定期限内的综合部署和具体安排。它主要由城市的功能区划构成,譬如工业园区、住宅区、绿地公园、商务区、医疗、教育、城市道路等的规划建设,主要以城市经济社会发展、环境承载能力、城市建设特色等为依据进行的划分。二是城市微观管理。城市微观管理主要是将城市的构成要素进行优化,以期达到经济发展、环境优美、社会和谐稳定、人民安居乐业等目标,主要由交通运输系统、教育资源分布、医疗资源分布、社区管理、社会保障服务能力、基础设施建设等构成,城市微观管理实际上是城市系统各构成要素的运行机制,与城市规划息息相关。三是城市历史文化发展。主要指城市建设所承载的历史文化因素,通常可以由城市文化建设以及城市特色风貌展示出来,由城市的建筑特色、历史文化街区、市花、城市精神等构成,是一个城市区别于另一个城市的主要特点。

城市从外延扩张式向内涵提升式转变主要是将城市的发展规划、微观管理以及城市历史文化因素有机地结合起来。将城市当作一个有机的系统,从整体来考虑城市的发展方式,更加注重城市的微观管理,提高城市各个系统的使用效率。外延式的城市发展方式主要表现为做大城市规模、拉大城市框架,强调城市数量的增长、规模的扩大和空间的拓展。而内涵式的发展则意味着城市结构的优化和质量的提升，强调城市发展的集约和高效，注重城市功能、城市承载力、城市创新能力、城市文化品质等城市内部价值的提高。城市外延式发展和内涵式提升在不同的发展阶段侧重点不同，从历史发展的角度来看，在城市化兴起时期，外延式发展是城市发展的主导力量，当城市人口规模聚集到一定程度时，内涵式提升应该成为城市发展的侧重点，使城市的发展更加注重功能、文化品质、环境承载能力、宜居、便利、安全，从宏观至微观实现精细化管理，创造一个有机的城市管理系统，使得基础设施建设、教育、医疗、交通、社区、环境等各个构成要素之间能够有效衔接，共同实现富裕、美丽、和谐的城市发展现状。

（二）宁夏城市发展模式分析

城市外延式扩张的特征较为明显。宁夏城镇化大规模的发展始于2000年以后，城市人口迅速增加，城镇规模不断扩大。如图1所示，宁夏从1999年开始，地级市城市建成区面积不断扩大，16年时间城市建成区面积翻了4番。从地级市的人口密度数据来看，从2009年的184.93人/平方公里，至2015年增长为163.67人/平方公里，人口密度变化不大，这与城镇规模不断扩大有关系，说明宁夏在城镇人口增长和城市规模扩张方面保持较为稳定的同比增长趋势。从人均铺装道路面积的数据来看，从1999年的5.8平方米增长至2015年的19.11平方米，增长了3倍多，[①]呈现逐年增长的趋势，说明宁夏在道路建设和城市扩张方面的特征比较突出。

宁夏每万人拥有的公共汽车数量，2009年是10.48辆，到2015年增长为10.99辆，保持相对稳定的增长数量。结合图1中的数据可以看出，2015年宁夏建成区面积是2009年的1.2倍，人均铺装道路面积是2009年的3倍，人口密度变化不大，[②]2015年每万人拥有的公共汽车数量与2009年的数量对比变化不大。从以上的数据对比可以看出，宁夏从2009年开始，城市规模不断扩大，道路建设也不断地扩张，人口集聚与城市面积扩张呈正

[①] [②] 数据来源：2000、2005、2010、2015、2016年《中国城市统计年鉴》，国家统计局城市社会经济调查司编，中国统计出版社。

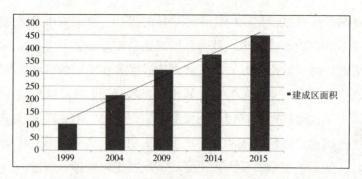

图1　1999—2015年宁夏地级市建成区面积增长趋势

注：图表根据2000、2005、2010、2015、2016年的《中国城市统计年鉴》中的数据绘制。

相关关系，但是每万人拥有的公共汽车数量没有太大的变化，说明在城市建设的过程中，宁夏更加注重城市规模的扩张，对城市公共交通建设的关注度不高，城市外延式扩张发展的特征比较明显。

城市建设偏重于城市规模和功能布局，对城市内部管理提升关注较少。其中比较有代表性的有两类，一类是侧重于城市的交通物流和功能布局，以现代信息手段对老城区的改造和完善较少，尤其是城市人文关怀体现的不够；另一类是城镇化率较高的城市，注重民生改善，在城市污水处理，城市居民供水、供热，城市道路建设等方面取得了一定的成果。在城市化推进的过程中，对居民基本生活保障方面以及城市规划建设方面着力较多，对于城市生活品质、居民生活便利度、城市二元结构等则关注较少，譬如朝夕车道建设、智慧社区、老小区物业管理、教育医疗等公共资源分配方面关注较少。

宁夏城市内涵式发展正处于起步阶段。宁夏当前正处于城镇化深入发展的关键时期，城镇化率逐年提高，城市人口逐年增加，城市内涵式提升将成为未来城市发展的主要方式。如图2所示，宁夏城镇化率在近十年快速增长，到2016年年末，宁夏城镇化率达到56.2%。在城市建设方面，城市内涵式提升正处于起步阶段。2016年，"宁夏获批全国第2个省级空间规划（多规合一）改革试点，启动自治区和五市、3个试点县空间规划编制，完成城镇体系、村庄布局等配套规划。银川地下综合管廊、固原海绵城市建设正在建设的关键时期，改造棚户区住房6.35万套、危窑危房3.18万户，建成美丽小城镇29个、美丽村庄138个。"[1]宁夏城市发展在空间规划和城市品质方面都有所提升，尤其是城市地下综合管廊建设、棚户区和危窑危房改造、海绵城市建设、智慧城市建设等方面将极大地提高城市居民生活品质。此外，在城市绿化环境方面，宁夏地级市建成区绿化覆盖率从2004年的25.16%增长为2016年的35.26%，[2]城市建成区绿化率逐年提高，城市环境改善较大。

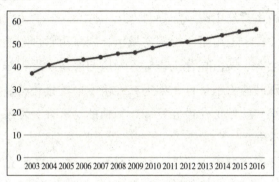

图2 2003—2016年宁夏城镇化率趋势图

注：数据来源，《宁夏区情数据手册2015—2016》，中共宁夏回族自治区委党校，宁夏回族自治区统计局编著，阳光出版社，2016年6月。其中2016年数据来源于《2017年宁夏回族自治区政府工作报告》。

二、宁夏城市发展存在的问题

城市化发展不断地集聚人口和资源，由人口和产业集聚而带来的一系列城市问题也正在影响着城市居民的生活品质，主要表现在城市建设中的规划不合理、公共资源配置不均匀、交通拥堵、城市空间"摊大饼"、城市环境污染严重等方面。随着宁夏城镇化率的提高，部分城市还出现了上下班高峰期交通拥挤、环境污染、基础设施建设滞后等问题。

---

①数据来源：《2017年宁夏回族自治区政府工作报告》，2017年1月。

②数据来源：2000、2005、2010、2015、2016年的《中国城市统计年鉴》，国家统计局城市社会经济调查司编，中国统计出版社。

(一) 城市发展规划有待完善

城市建设和管理中的差异化不明显。城市的功能体现了一个地区政治、经济、文化、环境资源承载能力以及社会结构，宁夏五个地级市的经济发展水平定位不同，环境资源承载能力各异，社会结构以及文化各不相同，在城市发展中面临的问题也不一样。在城市的管理方面应该因地制宜，不同的城市应该采取不同的管理模式，譬如，银川市是农民工集聚比较多的市，在城市管理中应该加强对农民工社会保障、子女教育、医疗救助等方面的关注；中卫市是一个旅游城市，在城市管理和建设中应该突出旅游特色，在生态、城市亮化工程等方面应与经济发展相契合。不同的地级市资源环境承载能力不一样，如果在经济发展的量化考核方面没有进行区别对待，就会导致城市建设和发展与当地的经济社会发展目标以及环境资源承载能力不协调。

城市公共资源布局的系统性、科学性不高。城市生活是一个系统，包括公共交通系统、社区生活系统、教育系统、卫生医疗系统、休闲娱乐系统、产业分布系统、生活垃圾处理系统、城市防洪系统、城市商务区系统、社会保障系统等。城市生活、工作是一个有机的系统，但是，目前各个系统之间缺乏有机的衔接，造成了城市交通拥堵、公共资源分布不均匀等问题。譬如城市居民区、商务工作区域、公共交通系统的脱节导致上下班进出城人口较为密集，造成一定程度的交通拥堵。这在银川市表现比较突出，上下班进城人数和出城人数比较多，公共交通资源紧张。城市优质教育资源、医疗资源分布与城市人口分布不协调，导致优质教育资源和医疗资源紧缺。产业园区规划分散，导致园区基础设施建设成本增加，不利于集约化发展。此外，老城区的历史遗留问题比较突出，普遍存在老城区交通堵塞，停车位不足，老小区的物业服务水平低等问题。

(二) 城市管理模式粗放

只注重城市宏观规划建设，对微观主体重视不足。城市是一个系统，包括社区居民、企业、交通系统、卫生医疗系统、社会保障体系等，在城市规划和建设中需要将这些微观主体有机地衔接在一起，才能够实现城市生活的便利化。譬如城市中的农民工，参与城市的经济建设，但是对城市经济发展成果的享受还有待进一步完善，对于农民工社会权益保障方面缺乏有力的措施，在社保缴纳、医疗卫生、教育等微观层面的机制建设滞后，导致农民工难以融入城市生活，异地就医、异地入学、异地购房等体制机制的建设与城市经济发展不相吻合。城市教育资源分布不均衡，尤其是优质教育资源的分布不均衡，导致城市"学区房"现象、公办幼儿园入园难等问题。在城市公共交通建设方面，没有考虑上下班高峰期的发车间隔和路段交通微控制，在特定时间段造成了交通拥堵。

智慧城市建设五个地级市参差不齐。智慧城市建设是未来城市发展的方向，也是提高城市生活品质，改善民生的重要内容，从目前的情况来看，智慧城市建设还需要进一步加强。譬如，银川市和中卫市拥有大数据中心，而吴忠市、固原市、石嘴山市没有大数据中心，五个地级市大数据中心的共享程度不高，导致没有大数据中心的城市，在智慧城市建设、信息化建设方面相对落后，尤其是在市级层面的信息化建设方面与社会经济发展的实际需求脱钩。顶层设计不完善，自治区将宁夏作为一个城市打造智慧宁夏，市县一级不建平台，一些惠民应用、地方应急等无法实现。各部门（云）框架对地方覆盖不全，地方城市特色难以发挥。体制机制不顺畅，区、市信息化建设由不同的机构承担，大多数县（市、区）没有信息化建设机构，职责不清。

（三）民生服务能力有待进一步提升

城市公共服务能力不足。主要表现在：一是城市老城区的改造提升方面，譬如，交通拥堵、道路狭窄、人口和商业密集、城市停车位不足等，老城区的交通承载能力与人口聚集程度不协调。二是城市二元结构突出，城市二元结构主要体现在3个方面，首先是城市贫困问题，贫困人口的社会保障、医疗保障以及经济收入问题依然是贫困人口正常生活的障碍；其次是失地农民的半城镇化；再次是部分进城农民工在融入城市生活中存在一定的困难。由于技能水平较低，只能从事简单的劳动，譬如物业保安、保洁、餐饮服务等行业，尤其是年龄较大的农民工，技能素质提升较为困难，在城市打工，但是养老、医疗等社会保障没有配套，使农民工难以真正融入城市生活。

三、宁夏城市从外延扩张式向内涵提升式转变的对策建议

宁夏城镇化率的提升是一个必然的趋势。工业生产方式的发展催生了城市的诞生，城市经历几十年的扩张，已经初步形成了一定的规模，与此同时，城市中的问题也逐渐凸显出来，在城镇化发展的进程中，应该注重提升城市生活品质，提高城市空间利用效率，合理布局和规划城市功能模块，从外延式扩张向内涵式提升发展。

（一）科学制订城市空间规划

多部门配合共同编制城市空间发展规划。城市空间发展规划是一项系统的工作，从城市硬件配套设施来讲，城市空间规划包括：城市道路、医疗卫生机构分布、学校分布、社区分布、工业园区分布、商务中心分布、绿化分布、休闲娱乐场所分布等；由城市硬件配套设施的空间分布而形成的城市管理运行机制是城市功能的发挥，譬如城市公共交通运输体系建设、城市医疗教育资源分配、城市环境卫生、城市生活便利度等，都是衡量城市空间规划是否协调人口、产业、资源、环境之间关系的指标。从城市建设的软件配套来讲，城市发展包括社区居委会、街道办事处、社会救助系统、社会保障系统、行政系统等服务于城市居民与企业的体制机制；城市空间发展规划是一项系统的工作，应该加强各个部门之间的协同合作，用整体性的思路去规划设计城市空间，使城市各个结构、元素能够有机地衔接起来，尤其注重从微观管理角度去优化城市的资源，通过管理方式的转变改善城市的功能，譬如朝夕车道的建设、地下综合管廊建设、智慧社区、智慧交通、智慧医疗等，运用现代化信息技术手段提高城市生活的便利度。统筹规划，提高城市建设的系统性、协调性、开放性。在注重城市系统协调性的同时，要加强对城市的空间立体性、平面协调性、风貌整体性、文脉延续性等方面的规划和管控，留住城市特有的地域环境、文化特色、建筑风格等"基因"。

统筹大中小城市和小城镇建设，控制城市开发强度。有计划地建设中小城镇，形成多点辐射效果，以银川市为中心，辐射带动永宁县、贺兰县、灵武市等县区的经济发展，疏解中心城市的人口压力，缓解中心城市

的环境资源承载能力，合理规划优质教育和医疗资源，有计划地疏散中心城市资源，形成一个中心、多个副中心的多中心城市发展模式。鼓励农民工离土不离乡，发展小城镇产业，吸纳农民工就地就业，形成大中小城镇协调发展的模式，有效控制中心城市人口。划定水体保护线、绿地系统线、基础设施建设控制线、历史文化保护线、永久基本农田和生态保护红线，防止"摊大饼"式扩张。

不断完善城市基础设施体系建设。城市人口不断地集聚，一方面会导致公共资源稀缺，教育、医疗优质资源分布不均匀，造成城市居民事实上的不平等；另一方面，人口聚集密度提高会增大城市污水排放、垃圾清理、供水、供热、电力、燃气等城市"生命循环系统"运行压力。应该合理规划布局城市医疗、教育资源，营造和谐的社会氛围，大力提高城市排污、供水、供电、燃气等系统的安全运行管理，确保城市生活能有序安全运行，保障城市居民的生活需要，按照绿色循环低碳的理念进行规划建设，进行垃圾分类、雨水循环利用等。此外，应该加强城市防涝、抗震、消防、人防等应急体系建设，确保城市居民的生命安全。

将城市生产空间、生活空间、生态空间融合成为一个有机的系统。城市生产空间、生活空间和生态空间的布局规划要科学合理，实现生产空间集约高效、生活空间宜居适度、生态空间山清水秀。合理布局城市社区、产业园区、公园绿地系统，把创造优良人居环境作为中心目标，努力把城市建设成为人与人、人与自然和谐共处的美丽家园。增强城市内部布局的合理性，提升城市的通透性和微循环能力。强化尊重自然、传承历史、绿色低碳等理念，将环境容量和城市综合承载能力作为确定城市定位和规模的基本依据。城市建设要以自然为美，把好山好水好风光融入城市，大力开展生态修复，让城市再现绿水青山。

(二) 创新城市管理服务

城市管理应该从粗放模式向更加精细的模式转变。坚持以人为本的城市管理方式，综合运用现代信息手段，整合医疗、公共交通等公共资源，便利居民看病挂号、安排出行。提升城市管理的人性化设计，建设立体停车位，节约城市用地，加强城市盲道建设，照顾特殊人员的需求。加强智慧城市建设，使大数据信息技术融入到城市生活中，譬如智慧交通、智慧医疗、智慧社区等，以信息技术手段确保城市管理的精细化。疏解中心城区的人口数量，以产业搬迁带动人口流动，将老城区的大型商圈分散搬迁至人口较少的新城，有效疏解老城区的人口和商业。加强老城区的棚户区改造，合理安置搬迁居民，对老旧小区的物业服务进行提升，推广现代物业管理方式。加强城市排污、排水系统的改造升级，增强城市应急救助体系建设，确保市民生命财产安全。尊重市民对城市发展决策的知情权、参与权、监督权，鼓励企业和市民通过各种方式参与城市建设、管理，真正实现城市共治共管、共建共享。

推动形成绿色低碳的生产生活方式。推广绿色建筑，加强老旧小区的节能改造，严格落实节能、节水、节地、节材和环保、抗震、防雷等设计标准和要求。严格制定企业排放标准，尤其是冬季采暖期，严格执行排放标准，对不符合排放标准的企业采取相关的惩罚措施，并责令限期整改，减少城市空气污染。建设朝夕车道，缓解上下班高峰期城市道路交通拥堵，在上下班高峰期增加调整部分公交发车数量和时间间隔，解决部分公交线路在上下班高峰期的拥挤问题。推广绿色出行方式，积极发展共享单车、共享汽车等共享经济，建设自行车车道，保障非机动车出行安全。积极培育宁夏本土特色建筑文化，挖掘传统建造工艺，研究凝练具有宁夏地域历史民族文化特点的建筑元素符号系统，纳入地方建筑设计标准。

（三）不断改善民生

提高城市公共服务水平。在信息化建设方面，继续覆盖城市家庭宽带接入能力，家庭宽带接入能力达到100Mbps，推行智慧社区、智慧医疗、智慧交通等便民服务。积极推动五个地级市和县（市、区）接入自治区政务云系统，运用大数据服务城市居民。大力提升社区服务水平和能力，社区综合服务设施覆盖率达到100%，加强社区医疗服务能力和社区老年人服务能力，确保社区居民看病便利。建设特殊人群服务设施，譬如残疾人设施、城市道路盲道建设等，坚持以人为本的城市设施建设理念。继续加强城市环境卫生改进活动，对生活垃圾进行分类回收、城市污水排放集中处理，提高城市供水、供电、供热等民生服务能力，继续加强对城市生态环境的改善，建设绿化带、小微公园等，建设绿色城市。

提高城市低保水平，建立多渠道城市困难职工帮扶机制。根据城市物价水平变动，逐年调整城市低保帮扶额度，确保城市低保人群的正常生活。建立城市贫困人口的帮扶机制，精准识别贫困原因，对困难群众进行有针对性的帮扶，建立社区居委会、工会等多种扶贫帮扶机制，在大病救助、再就业培训、职业介绍等方面对贫困人口进行帮扶和救助。保障进城务工农民工的合法权益，重点关注农民工工资、社会保障以及教育、医疗服务水平，确保农民工按时拿到工资，确保农民工社会保险按时交纳，保障农民工的合法权益，针对农民工子女入学问题，应该加强各部门协调力度，制定农民工子女入学办法，协调城市教育资源，解决进城务工人员子女教育问题。

宁夏新型城镇化发展研究

肖兆龙　　张文婷

城镇化是人类社会发展的自然历史过程，是现代化的重要标志。党的十八届三中全会以来，宁夏加快推进城镇化进程，城市建成区面积快速扩大，基础设施和服务功能逐步完善，城乡面貌发生巨大变化，全区城镇化发展站在了一个新的历史起点上。当前，立足宁夏区情，准确把握经济社会发展新趋势，遵循城镇化发展规律，科学谋划具有时代特征和宁夏特色的新型城镇化道路，对实现经济繁荣、民族团结、环境优美、人民富裕，与全国同步建成全面小康社会奋斗目标具有重大现实意义和深远历史意义。

一、宁夏新型城镇化现状

进入新世纪以来，自治区党委、政府高度重视城镇化工作，先后召开新型城镇化、城市工作会议，出台系列政策文件，不断健全完善顶层设计；开展空间规划等各类规划编制，不断加强规划引领；实施区域中心城市带动、沿黄城市带、宁南区域中心城市和大县城建设战略，城镇基础设施不断完善。做大做强非农产业，加强进城务工人员培训，农业转移人口

作者简介：肖兆龙，宁夏住房和城乡建设厅城乡规划与勘察设计处副处长；张文婷，宁夏城镇化和城乡规划编制研究中心经济师。

市民化加快推进。2016年，全区城镇人口379.9万人，城镇化率56.29%，比2015年提高1.06个百分点。户籍人口城镇化率43.89%，比2015年提高3.29个百分点。到2017年年底，预计全区常住人口城镇化率和户籍人口城镇化率各提高一个百分点。

（一）顶层设计不断完善

近年来，自治区相继制定出台《关于加快推进新型城镇化的意见》《关于鼓励引导农民变市民进一步加快城镇化的若干意见》《关于加强城市规划建设管理工作的实施意见》《关于进一步推进户籍制度改革的实施意见》《宁夏新型城镇化"十三五"规划》《加快推进新型城镇化建设行动方案》等政策文件。以省域为单位编制《宁夏空间发展战略规划》，继海南之后第二个中央深改办批复开展空间规划（多规合一）试点探索，围绕构建全区统一、相互衔接、分级管理的空间规划体系目标，以空间规划为引领，编制宁夏城镇体系、村庄布局等全区性规划及美丽小城镇、美丽村庄等建设规划，开展城市总体规划评估修编，实现城乡规划全覆盖。初步确立了"一带三区、一主两副"的空间格局，进一步明确全区发展重心和要求，为加快形成各具特色、功能互补、协同发展的组团式城镇体系提供顶层设计，积极引导城乡建设有序发展。

（二）农业转移人口市民化加快推进

不断深化户籍制度改革，大幅放宽银川市城区落户条件，全面放开石嘴山市、吴忠市、固原市、中卫市市区，以及县级市市区和建制镇落户限制，出台《宁夏回族自治区居住证管理办法》；率先在全国实现城乡居民基本养老保险、医疗保险全统筹全覆盖；加大旧城改造力度，居民居住条件显著改善；加强进城务工人员、失地农民等技能培训，吸引农民进城就业创业。2016年，城镇新增就业人口8.2万人，农村劳动力转移就业人口74.4万人。农业转移人口落户城镇、平等享受城镇基础设施、基本公共服务保障，融入城镇的积极性不断提高。坚持"四化"同步，加快产业结构调整，推进产城融合，做强做大非农产业，2016年，全区三次产业增加值构成由2015年的8.2∶47.4∶44.4调整为2016年的7.6∶46.8∶45.6。三次产业对经济增长的贡献率分别由2015年的4.2%、57.8%和38.0%转变为2016年的4.5%、45.5%和50.0%。以国家新型城镇化、中小城市、投融资体制等城镇化领域试点为突破,积极探索户籍管理、城乡土地制度、农业转移人口市民化社会保障等城镇化改革,为全区城镇化发展提供经验。

(三)城镇综合承载能力进一步增强

坚持以城市群为主体形态,加大城镇建设力度,着力推进沿黄城市带提质扩容,启动清水河城镇产业带建设,规划建设银川阅海湾中央商务区、固原西南新区等一批城市新区,持续推进县城建设。2016年,全区城市污水处理率91.95%,比上年提高2.98个百分点。燃气普及率84.39%,比上年提高1.12个百分点。城市建成区绿地面积2.23万公顷,增长7.68%;建成区绿地率35.26%,比上年提高0.58个百分点;建成区供水管道密度6.31公里/平方公里,建成区排水管道密度4.74公里/平方公里。人均公园绿地面积17.57平方米,比上年增加0.33平方米,基础设施不断完善,城镇化质量不断提高。2016年,城市建成区面积618.35平方公里,较2015年减少11.87平方公里,人均建设用地面积(不含独立工矿、园区用地)163平方米,较2015年减少8平方米,城镇化发展进入了由规模扩张向品质提升转变、由注重外延向注重内涵转变的关键阶段。

(四)城乡一体化深入推进

坚持以城带乡,全面启动美丽乡村建设,整合各项涉农资金,大力实施危窑危房改造、农村环境综合整治及美丽小城镇、美丽村庄建设等工程,全面提升农村发展水平。编制完成全区村庄布局规划,完善小城镇和中心村建设规划,科学指导农村建设。强化村镇建设管理,在60%以上的乡镇设置村镇规划建设管理机构,配备200多名村镇规划建设管理员。推动城市基础设施向农村延伸,公共服务设施向农村覆盖,积极探索平罗县等农村集体产权、宅基地、林权等制度改革,促进城乡要素市场一体化建设,初步建立起城乡一体化发展体制机制,为就近就地城镇化奠定了基础。

二、存在的问题

(一)产业支撑不足,城镇聚集能力较弱

产业与城镇融合、协调发展不够,产业整体规模小,依靠产业吸纳人口进城作用不突出。沿黄地区产业布局统筹不足，同质化问题比较明显，园区土地集约利用率不高、单位产出效益偏低。中南部城镇产业聚集能力弱，县域经济发展不充分，县城对周边村镇辐射带动作用不明显。

（二）户籍城镇化水平低，城镇化质量有待提升

2016年，全区户籍城镇化率43.89%，低于常住人口城镇化率12.4个百分点。有相当一部分进城未落户常住人口不能充分享受社会公共服务保障。在新型城镇化政策鼓励下，农民进城购房意愿较强，但受农村土地、惠农政策等因素影响，进城落户积极性不高，城镇人口"二元化"现象制约城镇化综合质量进一步提升。

（三）基础设施仍有差距，城镇特色不够明显

宁夏城镇基础设施建设相对滞后，除人均道路、公共绿地面积排在全国前列外，污水和垃圾处理率、排水管道密度等多项指标均处于全国中下水平。县城以下建制镇基础设施水平偏低，个别县城供排水设施不完善，影响城镇综合承载力进一步提升。城镇特色不突出，风格不鲜明，历史风貌保护和文脉延续不够。

（四）交通网络不完善，城镇功能联系不紧密

宁夏处于全国主要铁路运输网络边缘，是全国为数不多未开通高铁的省区之一，国际、国内航线不足，尚未形成体系完善的快速立体交通网络。城际交通形式单一，缺乏快速轨道交通系统。城镇公共交通体系不健全，公交分担率低。

（五）土地集约节约水平不高，城镇生态环保压力较大

城镇用地规模扩张较快，用地效率偏低，2016年全区城市人均建设用地面积（不含独立工矿、园区用地）远超国家人均标准。城镇开发建设挤占农用地、湖泊湿地、绿地等现象时有发生，固体垃圾、污水、废气等污染物不能完全有效处理。

三、对策建议

要全面贯彻落实十九大和自治区第十二次党代会精神，按照"五位一体"总体布局和"四个全面"战略布局，牢固树立"创新、协调、绿色、开放、共享"的发展理念，大力实施创新驱动、脱贫富民和生态立区战略，充分发挥宁夏空间规划的引领作用，优化城镇空间布局和形态，有序推进农业转移人口市民化，加快大中小城市和小城镇协调发展，促进城镇建设由规模扩张向质量提升转变，着力构建区域城乡协调发展新格局，走出一条以人为本、四化同步、优化布局、生态文明、文化传承的特色新型城镇化道路，为实现经济繁荣、民族团结、环境优美、人民富裕，确保与全国同步建成全面小康社会提供有力支撑。到2020年，全区常住人口城镇化率达到60%左右。建立级配合理、优势互补、功能完善、特色鲜明、空间优化的新型城镇体系，形成城市带承载力不断提升、中心城市作用更加突出、大中小城市和小城镇协调发展格局，把宁夏建设成为宜居宜业的新型城镇化示范区。重点抓好6个方面。

（一）有序推进农民市民化

按照"尊重意愿、自主选择，因地制宜、分步推进，存量优先、带动增量"的原则，通过加速社会融合、分担保障成本、健全配套体系，加快农业转移人口市民化。一是要不断深化户籍制度改革。认真落实居住证制度，以居住证为载体，健全、完善和扩大向居住证持有人提供公共服务的范围。对于符合条件的居住证持有人，可以在居住地申请登记常住户口。加快剥离附着在户籍上的各种利益，还原户籍的人口登记管理功能，消除城乡户籍壁垒。二是要建立成本分担机制。依据农业转移人口规模，统筹制定市民化成本分担方案，完善由政府、企业、个人共同参与的市民化成本分担机制。通过解决好农业转移人口的市民"身份"问题，使他们在城市找到归属感和认同感，获得更多更好的发展机会。三是要全面落实"人地钱"挂钩机制。不断完善省级财政转移支付规模、结构动态调整机制，加大对农业转移人口落户较多地区的资金奖励力度，增强市县政府积极性。及时制定"人地"挂钩的实施细则等具体政策，落实与转移农业人口相关的土地承包经营权、宅基地使用权、集体收益分配权脱钩政策，保障农业转移人口在城镇落户的合理用地需求，调动农业转移人口进城落户积极性，为农业转移人口市民化提供制度保障。

(二) 大力促进公共服务均等化

实现城镇常住人口基本公共服务全覆盖，关键要解决好农业转移人口就业、医疗、教育、社保等方面的问题，使他们进得来、留得住、过得好。一是要解决好就业问题。农民进城不仅仅是打工谋生或者享受城镇低保，而是通过就业获得更高的收入、过上更好的生活、得到更好的发展。要加强就业服务平台建设，完善区市县乡四级公共就业服务体系，实施农民工职业提升计划，提高就业能力和收入水平。鼓励和支持农民工创业发展，完善小额担保贷款等扶持政策，为农民工在城镇创业提供信贷支持。二是要解决好教育和医疗问题。探索教育经费"费随人走"机制，将农民工随迁子女义务教育纳入居住地教育发展规划和财政保障范围，确保农民工子女平等、免费接受义务教育。将农民工及其随迁家属纳入社区医疗卫生服务体系，建立统一、规范的居民健康档案。三是解决好住房问题。逐步将符合条件的农民工纳入城镇住房保障体系，采取廉租房、公共租赁住房等方式改善农民工居住条件。继续将稳定就业的农民工纳入住房公积金制度覆盖范围。允许农民工集中的开发区、工业园区建设单元型或宿舍型公共租赁住房，支持农民工较多的企业建设农民工集体宿舍，切实解决好农民工的住房难题。四是要解决好社会保障问题。将进城落户农民纳入城镇社会保障体系，整合城乡居民基本养老保险制度，做好城镇职工医保、城镇居民医保、新农合、工伤失业保险、城乡救助体系之间的衔接，切实解决好农业转移人口市民化后社保关系的转移接续问题。通过推进基本公共服务均等化，提高社会保障水平，使农民工及其随迁家属真正融入城市社会、享受城市生活。

(三) 着力优化城镇空间布局

按照宁夏空间规划确定的"一带三区、一主两副"总体空间格局，以沿黄城市带为主体，以银川都市圈为核心，以各级中心城市为基础，优化城镇布局，提升发展水平，建设1个区域中心城市，4个地区中心城市，10个县域中心城市，127个镇，形成"区域中心城市—地区中心城市—县域中心城市—镇"四级级配合理的城镇体系。一是着力推动沿黄生态经济带协同发展。坚持生态优先理念，紧紧围绕沿黄地区协同发展要求，着力推进基础设施互联互通、产业发展协作互补、生产要素统筹配置、公共服务共建共享，及时研究编制沿黄生态经济带发展规划，坚持产业化与城镇化"双轮驱动"，在发展产业的同时，注重功能区的建设，做到产业发展、生活配套和生态建设同步规划、同步实施和同步发展，实现产城融合、绿色发展。二是加快打造银川都市圈。加快推动银川、石嘴山、吴忠市和宁东融合发展，统筹基础设施、产业发展、公共服务、生态环境建设。协调推动都市圈各市县分工协作、功能互补、组团发展，把这一区域打造成宁夏的发展核心，成为辐射带动全区发展的重要引擎。三是着力培育副中心城市。提升固原、中卫市城市综合承载能力，完善城市综合服务功能，加快城市建设和产业发展，强化分工协作、错位发展，构建区域组织核心，成为带动宁夏中南部生态保育、人口聚集、产业发展的地区中心城市。四是建设美丽小城镇和美丽乡村。依托现有城镇发展基础、交通和资源优势，集中打造43个功能齐全、特色突出、辐射力强的产业重镇、商贸强镇和旅游名镇，使城镇成为生态文明拓展的空间、历史文化传承的载体、居民幸福生活的家园。抓好以"两处理、两改造"为重点的新一轮农村环境综合整治，健全环境卫生管护运行机制，推进农村生活污水和垃圾处理。完善乡村公用设施、公共服务，加快消除农村D级危房，促进乡风文明，让农民过上宜居宜业的好生活。五是强化规划刚性约束。进一步统筹好生态空间、农业空间、城镇空间，明确生态红线、永久基本农田保护红线和城镇开发边界，使其成为空间治理的重要手段，维护规划的权威性和严肃性，实现一张蓝图干到底。

（四）更加注重推进产城融合

新型城镇化平台在城镇，关键在产业。要坚决摒弃卖地建房造空城的错误倾向，坚持产业跟着城市走、人口跟着产业走的思路，真正把产业发展与城市建设紧密结合起来，走产城融合发展的新路子，打牢新型城镇化和农民市民化的产业基础。一是要强化城市规划的引领作用。抓住实施空间规划试点的难得机遇，进一步优化产业和基础设施布局，统筹考虑居住用地、产业用地、公共用地之间的关系，推动城市间、城镇间、园区间的产业协作，实现城市内部空间结构与产业发展有机衔接，防止城市"空心化"。二是要发挥房地产建设的基础性作用。既要挤掉过去城镇化带来的房地产泡沫，又要合理推动房地产业健康发展，支持房地产业继续扮演好城镇化先行军角色，为城市发展制造业、服务业提供生产办公之地，为进城农民提供安居之所，从而更好地发挥基础性作用。三是要强化产业发展的支撑作用。坚持以产兴城、产城互动的新型城镇化思路，因地制宜布局发展相应产业。城市中心城区重点发展现代服务业，近郊可以布局先进制造业和观光休闲农业，远郊鼓励发展生态旅游业和特色农业，推动产业梯度布局，促进产业发展与新型城镇化、农民市民化良性互动和融合发展。

（五）不断提升城乡管理水平

城镇建得再好，如果管理跟不上，必然会得"病"。要把城市综合执法体制改革、智慧城市建设、工程质量安全摆在更加突出的位置，努力实现城镇的精细化管理。一是要改革城市综合管理执法体制。认真研究"管什么""怎么管""谁来管"的问题，进一步厘清城管、环卫、绿化等方面的职能职责，依法确定城市管理权力和责任清单，统一设置城市管理综合执法机构，全面铺开城市综合执法体制改革，推进城市管理走上法治化、规范化、现代化的轨道。二是要提升城市运营能力。要树立"精明增长""紧凑城市"的理念，充分发挥政府、市场和社会的作用，促进资源优化配置，增强发展后劲。进一步拓宽资金渠道，持续推进PPP模式推广运用，吸引社会资本积极参与城镇污水处理、集中供水供热、垃圾收集处理等基础设施的建设和运营，进一步缓解财政投入压力。要经营好城市资源，对城市的自然资源、基础设施资源、人文资源等进行优化整合，通过市场化、产业化的经营方式，推进资源的合理配置和高效利用，实现城市资源的增值。三是加快智慧城市建设。围绕智慧政务、智慧城建、智慧民生、智慧产业四大应用领域，面向政府、公众、企业三类用户，建设智慧城市运营管理中心等服务平台，整合公共服务资源，形成跨地区、跨层级、跨部门的一体化公共服务模式。

（六）全面提升城乡绿色发展水平

环境是城市形象的有形载体，也是地方发展的无形资本。环境的好坏，直接决定着城市的美誉度和群众的获得感。要深入贯彻生态立区战略，坚持把生态优先理念贯穿城乡规划建设管理运营全过程，着力营造良好的生产生活生态空间。一是深入推进"城市双修"。加快编制城市生态修复和城市修补专项规划，全面摸底城市生态和建设中存在的问题，以项目带动推进"城市双修"工作。按照"300米见绿、500米成园"要求大力建设公园、小游园、街头绿地，到2020年城市建成区绿地率达到38.5%。深入开展国家及自治区园林城市（县城）、国家生态园林城市创建活动，提升城市绿化品质。二是加大城市环境整治力度。深入开展"蓝天碧水·绿色城乡"专项行动，淘汰城市燃煤小锅炉，加快热电联产、供热输送等集中供热工程建设，抓好扬尘治理，大力推行国V标准，全面淘汰黄标车老旧车，有效解决"恶臭围城"、雾霾天气等突出问题。推广中卫"以克论净"城市环卫管理经验，大力提高城市道路清扫保洁机械化作业水平，加强污水处理厂、公共厕所、垃圾收集转运等设施建设，有效治理城市黑臭水体，不断改善城市环境。三是推动绿色建筑发展。深入开展绿色建筑行动，完善绿色建筑评价体系，大力发展装配式建造方式，积极推进建筑节能和绿色建筑发展。四是推广绿色交通。合理布局行人过街设施、隔离设施和交通标志，开展公交接驳点步行改造，新建城市道路必须同步规划建设自行车和步行道系统，营造良好的自行车、步行交通空间。

（七）强力推进体制机制创新

宁夏人口少，如何通过农民市民化加快推进新型城镇化进程，依然是当前和今后一个时期需要深入认真研究和解决的重要课题。要抓好新型城镇化、农村综合改革等试点机遇，坚持用改革的办法进一步破解在新型城镇化进程中遇到的难题。一是要创新投融资体制。探索利用财政资金的导向作用和杠杆效应，灵活运用PPP等模式，吸引社会资本参与经营性市政基础设施建设。特别在集中供热、集中供水、污水治理、城乡供水一体化、城乡公交一体化、城乡供气一体化等方面，通过财政授权特许经营等方式，解决发展资金不足和城乡统筹发展的问题。二是要完善土地管理机制。依法稳妥探索集体建设用地使用权进入市场流转，努力提高城镇现有土地利用率，严控增量，盘活存量，节约集约用土，严禁违法占地、粗放用地。立足产城融合和职住平衡，推进混合建设用地模式，重点推广城市公交场站、大型批发市场、会展和文体中心、城市新区建设中的地上地下空间立体开发、综合利用、无缝衔接等节地技术和模式，推动设施资源资产化，提高利用效率。

宁夏特色小城镇发展定位
及建设模式研究

杨　普　杨文平　王　栋　徐海波

特色小镇发源于浙江，2014年在杭州云栖小镇首次被提及，这种在块状经济和县域经济基础上发展而来的创新经济模式，是供给侧改革新的实践。2016年7月，住建部、国家发改委、财政部下发了《关于开展特色小镇培育工作的通知》（建村〔2016〕147号），启动特色小镇培育工作，计划到2020年，培育1000个左右各具特色、富有活力的休闲旅游、商贸物流、现代制造、教育科技、传统文化、美丽宜居等特色小镇，引领带动全国小城镇建设。近年来，按照中央、国务院关于推进新型城镇化的战略部署，东南一些发达省份积极利用本地经济、科技、人才资源优势，启动特色小镇培育建设工程，取得显著成效。实践证明，推进特色小城镇建设是深化供给侧结构性改革、加快以人为本新型城镇化的重要平台，既有利于促进大中小城市和小城镇协调发展，也可以充分发挥城镇化对新农村建设的辐

作者简介：杨普，宁夏住房和城乡建设厅村镇建设处处长；杨文平，宁夏住房和城乡建设厅村镇建设处副处长；王栋，宁夏城镇化与城乡规划编制研究中心副主任、工程师；徐海波，宁夏住房和城乡建设厅村镇建设处副调研员。

射带动作用，推动经济转型升级和发展动能转换。宁夏特色小镇建设如何适应形势、因地制宜、走出一条符合宁夏实际和特色的科学发展之路，能够真正实现开发一座特色小镇，带动一个区域发展，富裕一方百姓，亟须加强理论探索和实践研究。

一、特色小镇的内涵及江浙等地小镇建设经验

"特色小镇"是相对独立于市区，区别于行政区划单元和产业园区，具有明确产业定位、文化内涵、旅游和一定社区功能的发展空间平台。其创建目标是促进产业转型升级盘活存量用地，一般不大于10平方公里，典型代表有基金小镇、丝绸小镇、互联网小镇、黄酒小镇等。特色小镇一般是城乡地域中地理位置重要、资源优势独特、经济规模较大、产业相对集中、建筑特色明显、地域特征突出、历史文化保存相对完整的乡镇。它介于城乡之间，地位特殊，特色鲜明。特色小镇的创建目标是实现就地城镇化，辐射带动乡村，创建范围在建制镇辖区，常见的类型有商贸物流型小镇、现代制造型小镇、教育科技型小镇、传统文化型小镇、美丽宜居型小镇、休闲旅游型小镇等。

江浙等地建设发展特色小镇之所以能异军突起，除了长期形成的地缘优势、经济基础、产业规模、科技人文资源外，一个重要的原因就是思路理念创新、体制机制灵活，规划建设、产业支撑、文化传承、创新驱动、投融资运营等要素相互融合，由传统向特色优势嬗变，聚集了强大的发展后劲。

（一）先进的发展理念

浙江、江苏两省在建设发展中能准确把握"镇"的独特内涵，不单纯拘泥于行政单元概念，更加注重"小镇"对产业、人口聚集作用的发挥，社区功能的体现，并主要通过市场化运作方式推进特色小镇建设，走在了全国前列，在国家公布的首批特色小镇名录中，浙江省有8个，全国最多，江苏省有7个，紧随其后。具体建设中，江苏省明确提出，"特色小镇不是行政区划单元，而是产业发展载体；不是产业园区，而是同业企业协同创新和合作共赢的企业社区；不是政府大包大揽的行政平台，而是企业

为主体、市场化运作、空间边界明晰的创新创业空间"，一个乡村、一个园区、一个区域，均有可能成为特色小镇的建设对象，极大丰富了特色小镇的内涵和外延。浙江省在特色小镇建设中坚持"政府搭台、企业唱戏"，政府重点做好规划引导、资源整合、服务优化、政策完善、评估奖惩等工作，投资建设则通过市场化方式进行，主要由企业完成，不但减轻了政府负债压力，也厘清了政府与企业的责任与分工。如杭州西湖云栖小镇，就是以阿里巴巴为战略合作伙伴打造的基于云计算产业的特色小镇。

（二）强劲的产业支撑

在建设特色小镇进程中，江、浙两省充分发挥民营经济发达、产业分工精细、上下游链条较长的特点，始终坚持以产业为核心，"一镇一业""一镇一品"，形成了"纽扣镇""拉链镇""茶叶镇"等一批产业特色鲜明、具有集群优势等特色小镇。江苏省在特色小镇建设中根据区域要素、资源禀赋和比较优势，宜工则工、宜商则商、宜农则农、宜游则游，着力打造涵盖高端制造、信息技术、健康养老、现代农业、旅游风情等独特业态，提升了小城镇的整体发展实力。浙江省立足把特色小镇建成"产业集中、专业化强、富有特色的地方特色产业集群"目标，重点聚焦信息经济、环保、健康、旅游、时尚、金融、高端装备制造七大产业和茶叶、丝绸、黄酒、中药、青瓷、木雕、根雕、石雕、文房等历史经典产业，推进特色小镇在产业、文化、旅游"三位一体"建设和生产、生活、生态融合互动发展方面取得显著成效，把小镇建成了产业集聚的财富高地和综合平台。

（三）丰富的文化内涵

浙江、江苏两省是文化底蕴十分浑厚的地区，锁住乡愁、传承文脉，在保护中发展、在传承中创新，以此彰显具有厚重历史质感的乡土文化魅力，是两省特色小镇建设的灵魂。具体实施中，江苏省制定了乡土文化保护与开发利用标准，针对苏南、苏中、苏北的不同地域特点，恢复、培育了一批原汁原味、具有乡土文化原始风景的特色小镇，并依托江苏"工匠精神"精致专一、传统技艺资源丰富的优势，打造了一批"工匠技艺"小镇，让传统文化得以充分发扬传承。浙江省在特色小镇规划建设中明确要求要根据当地地形地貌和历史文化特点，坚持把文化基因植入小城镇建设发展全过程，与历史文化名镇保护相结合，做好整体规划和景观设计，推广使用具有文化内涵的小镇建筑风格和建筑元素符号，突出彰显历史文化、农耕文化、山水文化等特质，形成了特色鲜明的文化风格。

（四）创新的建设方式

在推进特色小镇建设中，浙江、江苏两省能准确把握、主动适应未来发展趋势，积极引入电子商务、现代信息和互联网、大数据、物联网等前沿技术产业，确保特色小镇建设与时代发展同频同步。江苏省积极推行"互联网+"特色小镇发展模式，围绕大数据、智能制造和机器人、新材料研发等领域，集中打造拥有标志性成果和标志性机构的创新型特色小镇，召开了全国物联网大会等会议，引领了发展潮流和趋势。浙江省依托优越的硬件设施和雄厚的产业基础，建设了拥有标志性产业集群和旗舰企业的创新经济空间，通过培育特色小镇，集聚人才、技术、资本等资源要素，推进产业集聚、产业创新和产业升级，实现"小空间大集聚、小平台大产业、小载体大创新"，从而形成新的经济增长点，打造了乌镇互联网大会、全国云栖大会等特色品牌。

（五）灵活的体制机制

坚持把体制机制创新作为推进特色小镇的重要动力，敢于突破，先行先试，取得积极成效。江苏省加强省域层面顶层设计，充分整合各项政策资源聚焦特色小镇建设，财政、国土等部门明确了投资融资、土地使用等专项扶持政策，设立了特色小镇建设基金，鼓励金融机构支持特色小镇发行企业债券、项目收益债券、专项债券或集合债券用于公用设施项目建设，统计部门专门建立特色小镇监测评价指标体系，各相关部门分别制定了有针对性的绩效评价办法，将考核评价结果与政策兑现挂钩，有效推进了特色小镇建设。浙江省对特色小镇采用"宽进严定"创建制度，事前不再审批，事中、事后强化监管，严格执行"竞争入列、优胜劣汰、达标授牌"新机制，对纳入创建名单的特色小镇，给予3—5年的创建期，政策上实施期权激励制和追惩制，对如期完成创建目标的特色小镇，按照土地实际使用指标的50%给予配套奖励，信息经济、环保、高端装备制造等产业类特色小镇则按60%奖励，未如期完成创建且不合格的淘汰出局。同时在大部分特色小镇成立了管委会，作为政府派出机构开展沟通协调与服务工作，不直接干预企业的市场行为，确保了特色小镇建设的质量和效益。

二、宁夏小城镇建设沿革和特色小镇培育发展现状及存在问题

宁夏全区22个县（市、区）现有193个乡镇（含建制镇103个、乡90个），其中县城所在地和划入城市规划区的有33个乡镇。基本形成了以乡镇镇区为行政商贸中心向周边辐射的小城镇发展格局。到2015年年末，小城镇建成区面积218.38平方公里，聚集人口94.99万人，成为推动农村产业化、城镇化发展的重要载体和支撑，其中，镇区人口20000人以上的8个，10000人以上的20个，5000人以上的24个，1000人以下的25个。

近年来，自治区党委、政府高度重视小城镇建设，特别是2013年以来，先后组织实施了沿黄特色小城镇和美丽小城镇建设，自治区财政安排专项补助资金12亿元，撬动社会资金200多亿元，重点对产业基础较好、交通区位优势明显的92个小城镇进行了建设改造，集中实施了特色街区改造工程，高标准建设了绿化、亮化、给排水、道路、垃圾污水处理、天然气入户等基础设施，新建了一批教育、医疗、商业、养老等公共服务配套设施，小城镇居住环境明显改善，承载能力显著提升，吸纳村庄向小城镇转移居住的人口达到50余万人。同时，注重小城镇特色发展，因地制宜打造了一批旅游、商贸、工业等产业特色名镇、强镇。全区有28个镇被命名为全国重点镇，有7个镇被确定为全国景观旅游名镇，原州区三营镇列入全国新型城镇化试点镇，有42个镇列入自治区重点镇，先后有镇北堡、泾河源等7个小镇成功入选全国特色小镇，形成了全国重点镇、区级重点镇、特色镇等分层分类、梯度培育、特色发展的小城镇发展格局。2017年4月，经自治区党委、政府批准印发了《关于加快特色小镇建设的若干意见》，从2017年开始，宁夏启动了首批10个自治区级特色小镇培育建设，分别是西夏区镇北堡镇、灵武市宁东镇、永宁县闽宁镇、平罗县陶乐镇、惠农区红果子镇、盐池县大水坑镇、同心县韦州镇、泾源县泾河源镇、中宁县石空镇、海兴开发区三河镇，示范带动全区特色小镇建设发展，并鼓

励各市县区按照成熟一批、培育一批的原则，结合各地实际，因地制宜开展特色小镇培育创建工作。

虽然宁夏特色小镇培育有一定基础，但由于宁夏地处西部偏远贫困地区，受经济基础薄弱、开放程度不高、贫困程度较大、地方财力不足、生态资源环境承载压力大等因素的制约，除个别拥有优质旅游资源、交通区位优势和城郊经济带动的小城镇外，大部分小城镇还处在基础设施和公共服务配套补短板的阶段，产业发展培育难度大，特色小城镇建设的基础条件尚未具备，在小城镇发展的规模、层次、成效方面与江浙等发达省市还有很大差距。主要表现在：一是支持小城镇产业发展的政策还需要进一步完善。比如基础设施建设财政投入支持不足，每年自治区财政安排小城镇奖补资金1500万元，地方财政无力配套，与动辄上亿元的小城镇建设投资差距较大。目前还没有设立扶持小城镇产业发展的专项奖补资金，在很大程度上影响和制约了小城镇的产业发展。二是受经济发展水平、资源、区位等因素的制约，大部分小城镇缺乏有规模、有实力的主导产业，招商引资难度大，当地群众在本地增收渠道窄，向县城流动量大，90%的乡镇吸纳集聚人口在万人以下，短期内难以形成新的、大的经济增长点，一部分小城镇建成区处在萎缩状态，发展缺乏后劲。三是乡镇在财税、用地、人才引进等方面自主权限少，政策机制不够灵活，缺乏发展活力，在综治维稳方面投入的力量多，在小城镇建设、产业发展建设、投融资方面思路不宽、办法不多、力量有限。四是各地在小城镇发展的功能定位上趋于雷同，特色差异化发展上把握不准，没有充分挖掘出体现当地地域文化、产业发展和吸引外来投资的特色元素。同时在市场化运营、投融资方面的理念还比较落后。

三、宁夏发展特色小城镇应把握的方向

鉴于宁夏地理位置、历史文化、自然资源、产业现状等优劣势，宁夏特色小城镇培育打造应重点把握以下几个方面。

（一）要注意整体塑造特色

特色小镇的特质在于"特色"，其魅力也在于"特色"，其生命力同样

在于"特色"。因此，保持小镇"特色"的鲜明性，是打造特色小镇的首要原则。一是保持鲜明的地域特色。宁夏作为塞上江南，是镶嵌在黄河流域的一颗明珠，特色小镇的打造应体现大漠边塞、西部水乡的地域特色。二是保持鲜明的产业特色。宁夏特色小镇的打造，应该把产业优势糅合进去，产业发展有群众、记忆、设施等方面的基础，有品质、品牌、区位等比较优势，有市场消费空间、科技创新空间、增值增收空间、转型升级空间等发展前景。着力培育边塞休闲旅游，枸杞、大米、清真食品加工等特色农副产品生产、深加工等产业链，依托国家"一带一路"建设、中阿博览会等平台，培育商贸物流的重要节点小镇，形成自身的特色产业。三是保持鲜明的生态特色。生态农业基地、绿色产业体系、生态型现代化城市交通体系、低碳的生活方式，决定了特色小镇的打造，必须符合生态的建设目标，保持其鲜明的生态特色。如在环境设计、建筑设计、资源的利用和保护、循环经济等方面都要注入"生态"理念。四是保持风格的独特性。不同区位、不同模式、不同功能的小镇，从建筑样式特色、布局形态特色、设施功能特色、服务品牌特色以及小镇文化内涵特色，都需与其产业特色相匹配，坚持一镇一品、一镇一业，同一产业门类，要因地制宜、细分领域、错位发展，确保特色的唯一性。

（二）要注意乡土文化留存

乡土文化是"小镇文化"的内核，也是小镇最有魅力的元素之一。只有外壳，而无鲜活乡土文化内涵的小镇是难有生命力的。所谓"原生性"和"鲜活性"，是指用独特的自然风貌、生活习俗和人的生产劳动等社会性生态元素，诠释小镇文化传统。宁夏也有可供挖掘的乡土文化，如剪纸、社火表演、回族传统婚庆仪式等民俗文化，只要善于开发、善于利用，就一定能够让小镇散发诱人芳香。

（三）要注意产镇融合发展

国内外许多成功经验告诉我们，特色小镇的打造，必须结合产业规划统筹考虑，这样才能有望保持小镇持久的繁荣。选择和培育一个适合小镇自身发展的产业，更显重要。一个有活力的产业，能凝聚人气，吸引人流、物流、资金流，同时能促进就业、繁荣市场。特色小镇的打造，以产建镇、产镇融合，重点聚焦文化旅游、加工制造、商贸物流、民俗体验、休闲旅居养老等特色产业，吸引各类生产要素向小镇交流汇集，使产业做强做大，逐步发育成为小镇发展的有力支撑。

（四）要注意生态旅游功能

与传统小镇相比，特色小镇的一个显著特点是，它不是简单地作为一种聚居形式和生活模式而存在，它是一种宝贵的文化旅游资源和贸易、休闲、度假的场所。因此，围绕景镇一体化，注重培育和发挥特色小镇旅游休闲功能，从道路、交通、环境、建筑风貌，到功能布局、各类设施，从休闲、娱乐，到餐饮、商贸，除了要充分满足居民物质和精神生活需求外，一切要从打造生态旅游小镇的思路出发，精心打造，彰显特色，使生态旅游业、现代服务业，成为小镇赖以发展的产业之一，为小镇发展提供源源不断的经济收入。

四、宁夏特色小城镇下一步发展的对策建议

特色小镇建设是宁夏实现经济繁荣、民族团结、环境优美、人民富裕，与全国同步建成全面小康社会目标的重要内容。下一步，宁夏应在积极引入浙江、江苏两省特色小镇建设经验、做法的基础上，结合宁夏自然山川风貌、历史文化特点和村镇建设实际，以加快推进新型城镇化为抓手，突出问题导向补短板，深入推进宁夏特色村镇培育建设，重点从以下几方面抓起。

（一）补齐政策短板，做好顶层设计

针对宁夏城镇现状、产业基础、自然风貌和文化特色，对接全区新型城镇化、城市规划建设管理及美丽乡村建设实施意见，着眼打造村镇建设发展的"升级版"，按照自治区党委、政府推进关于加快特色小镇建设的若干意见部署要求，对未来3年全区特色村镇建设的形态模式、培育重点、扶持政策、实践路径等内容进行明确，为各地开展特色村镇创建提供方向指引和政策支撑。同时，加快建立特色村镇规划、设计、建设、管理、运营等标准规范和评价体系，探索引入第三方机构对全区特色小镇创建成果进行客观评估，确保全区特色村镇规范化、标准化建设发展，逐步提升创

建效益。特别是针对目前各地都普遍存在的各类产业园区，允许一些地区打破行政区划限制，在具备一定条件的园区尝试推进具有产业聚集效应和社区居住功能的"非建制镇"特色小镇培育建设，如华夏河图艺术小镇、永宁纳家户回乡风情小镇等，进一步拓展拉伸特色小镇的内涵和外延，为全区未来特色小镇建设探索有益经验。

（二）补齐规划短板，科学合理布局

从发展趋势看，小城镇不是拥挤林立的高楼大厦，也不是功能分割的简单"拼盘"，而是产业、人口、社区、文化、生态等各种要素高效聚集、融合互动的发展综合体。在宁夏特色小镇建设中，要特别注重规划的引领管控，要把节地、节能和环境保护、绿色低碳等理念要求贯穿始终，按照"多规合一"要求，在与自治区空间规划深度衔接基础上，引入中国乡建院等专业机构，深入研究、精准定位，以生产、生活、生态"三生融合"，工业化、信息化、城镇化"三化驱动"，项目、资金、人才"三方落实"为重点，高起点、高标准编制特色村镇规划，编制核心镇区修建性详细规划和城市设计，合理布局特色小城镇的产业结构和功能分区，超前考虑、科学配套适应发展需要的市政基础设施和公共服务设施，全面提高小镇综合承载、人口吸纳和产业聚集能力，确保特色小镇职住平衡、集约发展。

（三）补齐产业短板，打造发展核心

产业决定特色小镇的未来，没有产业支撑，城镇就会陷入"空心化"，缺乏持久的生命力。虽然宁夏在小城镇的核心产业培育发展方面与浙江、江苏两省还有不小差距，但经过多年累积，也相对形成了比如泾河源镇的文化旅游、大水坑镇的商贸物流、宁东镇的现代工业、红果子镇的加工制造业等一些特色鲜明的主导产业。在下一步工作中，必须要始终坚持把产业培育放在核心地位，根据各地特色小镇的区位优势、资源禀赋、经济基础、行业分工等现状，积极发展有基础、有特色、有前景的主导产业，确保小城镇的核心竞争力。就目前看，宁夏特色小城镇产业培育可以重点从5个层面着力，即：依托镇域及周边文化旅游资源优势，打造特色自然景观，建设一批文化旅游小镇；以补充城市产业"短板"为方向，在一些城市周边小城镇，推动发展具有乡村特色，融现代文明、田园风光、地域风情于一体的观光休闲、生态经济,打造一批生态休闲小镇;立足小镇已有工业基础,调整优化产业结构,推动优势特色产业做大做强,建设一批工业园区小镇;利用小镇交通便利、商贸发达、人口聚集的优势,整合提升相关业态,建设一批商贸物流小镇;挖掘民族地域文化传统,彰显当地民情风俗,打造一批民族风情小镇;鼓励依托特色资源、良好环境,大力培育健康养老、保健养老、智慧养老等产业,打造一批幸福养老小镇。需要特别强调的是,特色小镇一定要"特"在产业个性化、发展链条化、分工精细化上,绝不能"百镇一面""一哄而上"、同质竞争,在主导产业培育方面必须要锁定主攻方向,推动差异化、互补式发展,提升活力,增强可持续性。

(四)补齐文化短板,塑造城镇特色

文化是特色小镇建设的灵魂。经过多年的历史浸润和发展演进,宁夏逐步形成了西夏文化、黄河文化、红色文化和回族文化"四大文化"主轴,为我们建设特色城镇奠定了独特的文化基调。具体推进中,要保持自然本底,立足宁夏北部川区、南部山区、中部干旱带三种地形地貌和特有的文化传承,依据原有生态环境和乡土文化资源,宜山则山、宜川则川、宜水则水、宜林则林,按照"天人合一、尊重自然"的理念,有效融入现代文明气息和乡土文化因素,培养能体现宁夏本土建造技术工匠队伍,在有历史传承、具备条件的地区推行具有地域特点和生命力的夯土建造等"土技术",因地制宜推进特色小镇建设,尽可能保留具有乡土气息的原始风貌,着力打造留得住乡愁、显得出乡韵,凸显特有地理文化标志的特色小镇。要突出文化内核,充分挖掘各地具有时代纵深和文化特质的历史、传说、民俗等故事,比如青铜峡峡口镇的黄河文化,银川镇北堡镇的影视文化和西夏文化,西吉将台堡镇和泾源六盘山镇的红色文化,吴忠东塔乡的回族文化,永宁闽宁镇的移民文化,等等,可通过展示一些具有特定意义的建筑符号,讲好具有宁夏特色的"文化故事",集中体现特色小镇的人文内涵和独特魅力。要注重塑造特色,在特色小镇建设中积极推行城市设计制度,通过建立并发布文化遗产保护名录,加大传统街区、民居、建筑保护,在建筑群体中推广使用体现西夏文化的飞檐翼角、体现民族特点的圆形穹顶等融入中华文明元素的建筑风格，确保在特色小镇建设中充分体现历史文化厚度，打造具有文化底蕴，能记得住、叫得响的精品城镇。

（五）补齐制度短板，创新体制机制

特色小镇既是传统要求，又是新生事物，必须要创新体制机制，才能释放出预期"活力"。在组织保障方面，要进一步发挥自治区新型城镇化领导小组的统筹协调作用，建立省级特色小镇培育、申报、评选、考核、激励、淘汰等制度，有效整合各方力量，聚焦支持特色小镇建设，确保特色小镇建设有序推进；对具备条件的城镇，可探索强镇扩权模式，下放一些财权、事权，增强特色小镇自主发展能力。在用地保障方面，要保障好特色镇发展必需的用地空间，通过开展城乡建设用地增减挂钩试点，对旧村庄、旧宅基地和闲置农村建设用地进行整理复垦，为特色小镇建设预留空间；可结合农村土地制度改革，允许进城落户人员在本集体经济组织内部自愿有偿退出或转让宅基地，为特色小镇增加建设用地指标。在资金保障方面，自治区财政可参照美丽乡村建设补助政策和标准，对列为自治区特色小镇培育对象的，自治区每个每年给予奖补2000万元，连续支持3年。同时鼓励支持各地积极争取将自治区重点培育的特色小镇列入国家特色小镇培育对象，中央财政奖补资金可不抵扣自治区财政奖补资金。对列入自治区特色小镇培育对象的，各市县区也要配套资金。对确定为自治区特色小镇培育对象的，可在城市维护建设税、城市基础设施配套费、耕地占用税等税费方面进行减免，特色小镇土地出让收益按规定计提专项资金后，应全额用于特色小镇基础设施建设。在市场运作方面，要坚持"谁投资、谁受益"，鼓励单位、集体和个人参与建设，建立政府引导、市场运作、多元投资、共同开发的运行机制，可探索由县（市、区）政府成立国有或民营投融资公司，按照规划要求和标准，开展特色小镇招商引资、融资、技术孵化、供应链整合等服务工作，同时支持通过产业基金、股权众筹、PPP模式、BT模式等方式引入社会资本，鼓励企业、个人积极参与特色小镇建设，让更多资金、资源、人才等要素向特色小镇聚集，提升整体发展效益。

经济篇

JING JI PIAN

宁夏推进房地产去库存研究

徐 梅 杨 军 姚富星

党的十九大报告提出"坚持房子是用来住的、不是用来炒的定位，加快建立多主体供给、多渠道保障、租购并举的住房制度，让全体人民住有所居"，体现了党中央对当前经济新常态下错综复杂城镇住房矛盾根源认识的新高度，也将成为未来长时期内我国住房政策的根本性指导思想。去库存方面，报告也提出"坚持去产能、去库存、去杠杆、降成本、补短板，优化存量资源配置，扩大优质增量供给，实现供需动态平衡"的要求。为落实好会议精神，住房和城乡建设厅认真贯彻执行国家和自治区房地产调控政策，坚持以房地产市场去库存为重点，因城因地施策，全力推进房地产市场平稳健康发展。

一、宁夏房地产市场现状

宁夏的房地产市场经历了十多年的快速发展期，自2013年以来，随着开发总量的持续增加，供需关系逐渐发生变化，房地产库存增大，市场已处于基本饱和状态，开始进入深度调整期。当前，"稳中求进"是房地产市

作者简介：徐梅，宁夏住房和城乡建设厅房地产管理处调研员；杨军，宁夏住房和城乡建设厅房地产管理处副处长；姚富星，宁夏住房和城乡建设厅房地产管理处副调研员。

场发展的总基调，去库存成为房地产市场的主要任务。

（一）房地产市场运行情况

根据自治区统计局2017年11月底数据分析，2017年房地产市场发展呈现以下特点：一是房地产开发投资总体呈下降趋势。1—11月全区房地产开发投资620.4亿元，同比下降7.1%，低于全国平均增长比例14.6个百分点，低于西部平均增长比例11.4个百分点。开发投资占全区固定资产投资的17.5%，比去年同期降低2.1个百分点。二是商品房销售面积持续增长。1—11月，全区新建商品房销售901.9万平方米，同比增长7.4%，2017年全年宁夏商品房销售连续11个月保持增长。其中住宅销售面积778.5万平方米，同比上涨6.6%。三是商品房待售面积总量持续下降。11月，全区商品房待售面积1036.6万平方米，同比下降14.9%；其中，住宅待售面积475万平方米，同比下降32%。四是房地产开发企业资金依然紧张。1—11月，全区房地产开发企业到位资金627.7亿元，同比增长2.3%。其中，银行贷款60.1亿元，下降21.2%；自筹资金228.1亿元，下降4.3%；其他资金330.9亿元，上涨13.3%。在其他资金中，定金及预收款202.1亿元，上涨13%；个人按揭贷款80.7亿元，上涨17%。五是房地产库存化解取得成效。11月底商品房去库存周期为12.1个月，比2016年年底的15.5个月下降了3.4个月，基本处于合理区间。

综合分析以上情况可以看出，宁夏房地产市场保持了稳定向好的运行态势，呈现出新增上市量下降、库存量下降、销售量增加的"两降一增"良好趋势。随着商品房销售面积的持续较快增长，全区商品房待售面积和商品房去库存周期总体呈现下降局面，商品房待售面积比2016年11月底减

表1 2017年1—11月全区商品房及住宅销售面积情况

	1—2月	1—3月	1—4月	1—5月	1—6月	1—7月	1—8月	1—9月	1—10月	1—11月
商品房销售面积（万平方米）	64.6	151.3	225.3	316.8	412.2	489.2	576.9	657	755.7	901.9
同比增幅（%）	20.4	15.1	6.8	11	12.8	8.1	8.8	6.2	2.1	7.4
住宅销售面积（万平方米）	57.9	136.1	200.8	278.9	361.8	429.5	507.95	578.5	661.1	778.5
同比增幅（%）	24.4	19.5	13	15.9	17.5	11.7	12.4	8.8	2.9	6.6

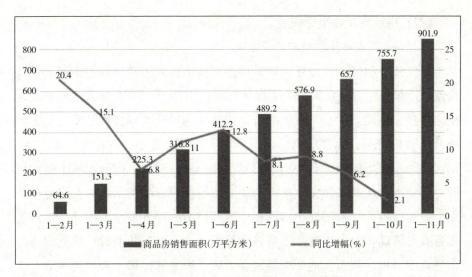

图1　2017年1—11月宁夏商品房销售面积对比图

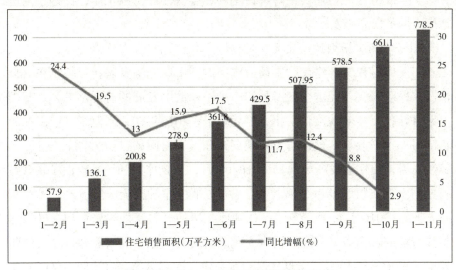

图2　2017年1—11月宁夏住宅销售面积对比图

少181.8万平方米；商品房和住宅去库存周期分别比2016年年底下降3.4个月、3.8个月，均保持在合理区间，去库存工作取得了阶段性成果。目前宁夏房地产开发投资已超额完成年度计划任务，商品房价格总体平稳，房地产市场秩序规范有序，保持平稳健康发展，为宁夏经济发展做出了积极贡献。

(二) 房地产工作主要成效

1. 房地产市场保持平稳健康发展

宁夏住房和城乡建设厅认真贯彻落实自治区人民政府《关于促进全区房地产市场平稳健康发展的若干意见》，紧紧围绕严控住房建设规模和土地供应总量、推动"两房"深度融合、扶持住房租赁市场发展、支持企业转型升级、构建多元化住房供应体系、切实履行政府主体责任等方面内容，加大房地产市场调控，合理引导市场预期，先后开展了国有土地上房屋征收、房地产领域非法集资、房地产中介市场秩序专项整治、规范房地产开发企业经营行为维护房地产市场秩序专项整治，并开展全区房地产重点工作督查等活动，加大房地产市场日常检查，实行常态化监管，强化房地产市场监测分析、规范房地产交易资金管理、积极防控房地产市场风险，认真落实年度房地产行业信用等级评定和社会责任评价等工作，促进宁夏房地产市场平稳健康发展。

2. 房地产市场调控政策逐步完善

宁夏住房和城乡建设厅主动适应房地产市场经济发展新形势，在《自治区人民政府关于促进全区房地产市场平稳健康发展的若干意见》的基础上，督导各市县陆续出台了相关配套政策。2016年初，制定了《宁夏回族自治区"十三五"城镇住房发展规划》和《宁夏回族自治区"十三五"保障性安居工程建设发展规划》；2016年5月，宁夏住房和城乡建设厅联合财政、国土、农牧、教育、税收、金融等6部门印发《全区房地产去库存实施方案》；2016年11月，自治区住建厅起草的《关于加快培育和发展住房租赁市场的若干意见》经自治区人民政府研究同意，以政府办公厅文件印发施行；2016年10月，宁夏住房和城乡建设厅起草的《自治区人民政府关于化解全区房地产库存的若干意见（送审稿）》，经自治区人民政府研究同意，于2017年1月以政府文件印发施行。2016年度宁夏住房和城乡建设厅还出台了《关于加快培育和发展全区住房租赁市场的实施意见》《关于加强房地产经纪管理的若干意见》等一系列相关配套文件，为全区房地产市场规范有序运行提供了强大制度保障。

3. 房地产有效拉动国民经济增长

按照自治区政府确定的2016年度房地产重点工作目标任务，宁夏住房和城乡建设厅进一步加大推进房地产业供给侧结构性改革力度，从房地产市场产品供给质量出发，提高房地产供给结构对需求变化的适应性和灵活性，不断扩大有效供给，同时从社会对商品房合理需求和消费出发，大力推进棚改货币化安置、扩大住房公积金覆盖范围、支持农民进城购房、支持居民购房消费，供需两端同步发力，有效化解房地产市场库存。截至2017年11月底，全区房地产开发投资620.4亿元，同比下降7.1%，占全区固定资产投资的17.5%；新建商品房销售901.9万平方米，同比增长7.4%，为实现"保增长、调结构、扩内需、促发展"的目标做出了积极的贡献。

4. 房地产业发展促进城市快速发展

进一步完善了以市场为主满足多层次需求、以政府为主提供基本保障的住房供应体系。大力发展住房租赁市场和二手房交易市场，构建购租并举的住房制度和梯度消费的住房理念。各市县加强市场调控和政策引导，在保持房地产开发投资稳定增长、拉动全区经济社会发展的前提下，着力推动绿色、环保、生态建筑理念，推进住宅产业化，使大多数市县有计划、有步骤地调整和完善了城市的布局结构，形成了商业贸易区、居民住宅区、工业园区、高新技术区等布局合理、功能完善的城市构架，城市规模迅速扩大，城市面貌日新月异，城市形象与品位不断提升，城市居民居住条件得到极大改善。

二、去库存工作中的主要问题及原因分析

（一）房地产市场库存总体偏大

从自治区统计局数据看，截止11月底，全区商品房待售面积1036.6万平方米，市场供应量较大，虽然房地产市场回暖迹象较为明显，但市场供过于求的基本面没有改变。从市场供需关系看，截止2016年底，全区城镇住宅约1.56亿平方米，城镇居民住房套户比为1.15，已经超出1.1均衡值，人均住房面积达到31.3平方米的消费拐点（30—35平方米之间为饱和值），房地产市场基本处于饱和状态。从购房消费群体看，人口结构是影响住房

需求的基本要素，目前宁夏人口结构发生逆转，全区除银川市外，其他城市基本为人口净流出城市，特别是石嘴山市人口流出较为严重，城市主要购房群体下降直接影响库存消化速度。

（二）存在区域性和结构性矛盾

受城市人口转移变化、市场供需矛盾突出等因素影响，一些市县区商品房销售缓慢，库存量大，去库存周期较长，分地区来看，目前银川市兴庆区、贺兰县、灵武市；石嘴山市大武口区、惠农区；吴忠市红寺堡区、青铜峡市；泾源县房地产去库存周期在15个月以上。但随着全区棚改货币化安置力度持续加大，个别市、县商品房需求增加，住宅去库存周期只有几个月，供求关系面临失衡，房价上涨压力增大，需要适当增加库存。从全区商品房销售看，商品房销售面积连续多月持续较快增长，住宅去化周期逐月缩短，销售情况总体向好，但部分市县区商业办公地产销售缓慢，库存量较大，去库存周期较长，非住宅去库存所面临的形势不容乐观。

（三）房地产市场供给和需求错位

从房地产市场"需求侧"来看，随着宁夏经济社会的快速发展和人民生活质量的不断提高，广大居民对住房的质量、品质、功能、居住环境、生活服务设施、物业服务质量等要求不断提高。从房地产市场"供给侧"来看，同质化、低档次的楼盘重复建设，大量积压，不断形成库存；但高品质的楼盘稀缺，中房、建发等公司的楼盘出现"一房难求"就是鲜明事例。从城市基础设施大配套来看，由于政府基础设施配套滞后或总体布局不合理等因素影响，有的开发楼盘周围教育、医疗、交通、商业及生活设施等公共配套不完善，满足不了居民的基本居住需求，加上个别开发企业急功近利，开发的楼盘项目设施配套不全，生态和人文环境质量不高，满足不了居民对住房环境水平的要求，导致楼盘销售不畅。

（四）房地产开发企业资金普遍紧张

2016年以后，随着国家房地产信贷政策不断收紧，宁夏各商业银行对开发企业的贷款在额度和条件上也趋紧。受地域和经济发展等相关因素制约，宁夏房地产企业融资渠道狭窄，仍然高度依赖银行的开发贷款。全区房地产企业银行贷款仅占全部投资的10%左右，企业到位资金、国内贷款、自筹资金同比下降幅度较大，均比全国平均水平分低，一些企业通过非银行渠道进行融资，成本高且风险大，企业资金紧张极易引发逾期交付、"烂尾楼"和企业欠薪等问题。还有一些开发企业为了节约现金流转，近三分之一工程款采取用商品房抵顶的形式支付给建筑企业，导致市场销售秩序混乱，企业间的债权、债物关系复杂交错，潜在的风险不容忽视。

（五）房屋建筑品质和物业服务水平有待于提高

宁夏房地产之所以出现库存，不完全在于供给过剩，即使是去库存压力最大的市县，仍然有房子质量和户型好、小区环境优美和配套设施完善、房地产开发企业和物业服务企业口碑好的楼盘卖得很好，从另一个侧面也反映出商品房的供给侧存在结构性问题，特别是目前宁夏大多数房地产企业为二级以下资质，总体竞争力不强，开发的商品房品质较低、同质化严重；房屋建造方式相对传统落后，对绿色建筑、节能建筑、装配式建筑、商品住宅全装修、推进住宅产业现代化的推广程度不高；大部分建成后的住宅小区推行物业服务标准化程度不高，缺少有实力的物业企业进驻服务，不能满足人民日益增长的住房需求。

三、房地产市场去库存需要关注的新情况

综合分析目前宁夏商品房总量、在建项目、待售项目和房地产企业的土地储备情况，房地产去库存任务依然繁重，仍将是一个长期的过程，新形势下出现的新情况、新问题必须引起重视。

（一）房地产对经济发展的贡献率有下降趋势

房地产对经济发展具有很强的拉动作用，2000—2010年，宁夏房地产投资从50亿元到2008年超过117亿元用了六年时间；从117亿到2010年的254亿只用了3年的时间。全区房地产开发投资平均以每年29.5%的速度增长，房地产开发投资占全区社会固定资产投资比重和全区GDP的比重呈逐年提高态势。2011—2016年，宁夏房地产投资分别为330.55亿元、429.15亿元、558.97亿元、654.80亿元、633.63亿元、728.16亿元，占全区固定资产投资的比重分别为20.1%、20.3%、20.8%、20.5 %、17.9%、19%，近几年，宁夏房地产投资占固定资产投资的比重及对GDP的贡献率呈下降趋

势，这既是其自身发展进程中问题与矛盾所致，也是新常态下转型升级的必然。国际经验表明，人均GDP达到8000美元时，住房消费增速趋缓；城镇化水平在30%—60%区间时，是住房消费加速发展阶段。2016年，宁夏人均GDP达到6800多美元，银川市已达10000多美元；全区人均住房面积达到31.3平方米；全区城镇化率达到56.29%，其中银川市达到75.7%，住房消费由刚性变为改善性需求，由此可见，受区域经济发展、消费人口、供需结构变化等影响，宁夏住房消费已经进入自身调整周期，房地产增速趋缓并逐步减弱是大势所趋。因此，在新旧发展动力的转换过程中，一方面要维护房地产市场相对稳定，促进新旧动能加快转换，避免造成经济断崖式塌方，确保经济社会健康持续发展；另一方面要逐步减少经济增长对房地产业的依赖程度，促进房地产业与工业、农业、服务业协调发展，避免房地产业过度透支全社会消费能力，造成"一业兴，百业衰"的畸形发展模式。

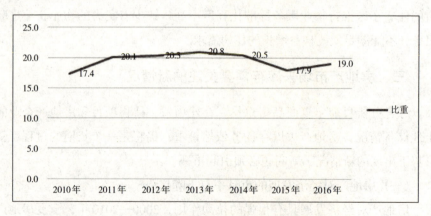

图3　2011—2016年房地产投资占宁夏固定资产比重

（二）房地产去库存与供给侧结构性改革必须统筹推进

目前宁夏已出台并且近期已见效的去库存举措，基本都属于需求端的微刺激，虽然符合"稳"和"准"的总体原则，但无法从根本上改变宁夏房地产市场的根本格局。需要靠供给侧的结构性改革推进，社会整体方面要加大新型城镇化力度，加快推动户籍制度改革，找准对接产业增加城市就业岗位，让农民工在城市扎下根；房地产行业方面要改变房屋建造方式，提高房屋质量与产业化水平，提供与市场需求相匹配的业态产品，避免大面积的同质化、低品质新建商品房进入市场。房地产去库存的目标任务中，本身就包含"防止新的产能过剩"，房地产去库存要将"三去一降一补"作为一个整体去统筹协调推进，兼顾因过分求快导致市场再次形成错误预期，让地方政府克制土地财政冲动，让市场机制真正发挥决定性作用，让房屋真正回归"居住"本性，让市场决定商品房价格，让开发商、金融机构、地方政府等市场主体学会为自己的错误市场行为买单。可见，深入推进房地产供给侧结构性的改革是房地产去库存的治本之策。

四、2018年工作措施及对策建议

十九大报告中对于住房建设和房地产政策新的表述"坚持房子是用来住的、不是用来炒的定位，加快建立多主体供给、多渠道保障、租购并举的住房制度，让全体人民住有所居"，这对下一阶段房地产市场发展定了基调。宁夏的城市总体属于三、四线城市，去库存成为稳定房地产市场的主导面，必须继续坚持"稳市场、去库存、强监管、谋发展"的工作思路，维护房地产市场持续平稳健康发展。

（一）进一步强化房地产市场调控

房地产市场调控就是要努力实现房地产市场"供求基本平衡、结构基本合理、价格基本稳定"的总体目标。为有效维护房地产市场平稳健康发展。一是主动加强与有关部门的协调联系，全面落实国家金融、税收、首付、公积金、购房补贴等鼓励住房需求政策，及时研究解决出现的各类问题，不断提高国家调控政策的执行力。二是切实抓好自治区人民政府化解房地产库存政策文件的贯彻落实。积极协调各市、县人民政府全面落实主体责任，结合实际制定和完善适用、管用的政策措施，因地制宜、分类施策去库存。三是建立房地产市场分析联动机制。充分发挥国土、统计、物价、金融、税务等有关部门的作用，建立、健全信息共享和市场形势分析研究、协商机制，加强对房地产市场形势监测研究，建立统一的房地产市场监测和分析报告发布制度，准确把握新情况、新问题，分类施策，主动作为，正确引导市场预期，引导理性投资和合理消费。

（二）继续加大房地产去库存力度

以深入推进供给侧结构性改革为主线，坚持从供、需两端发力，多措并举加快房地产市场去库存。一是从加快供给侧结构调整方面去库存。地方政府落实去库存主体责任，因城因地施策，有效抑制各地过度依赖土地财政而引发的投资冲动。要严控房地产市场土地供应总量。合理把控商品房用地供应，从源头上减少新增入市土地，同时加快"存量"土地转型开发利用，消除潜在住房供应。要合理掌握楼盘审批、预售办理节奏，调节好商品房入市"阀门"。二是从做好需求侧挖潜工作方面去库存。要发挥好政策调控支持作用，通过降低首付、扩大公积金受益面、落实税费优惠政策等方式，进一步提高购房居民的支付能力。要持续加大棚改货币化安置力度，对有条件的地区应100%采用货币化安置，并通过政府集中回购、居民自主购买等方式有效化解市场库存。地方政府要出台政策支持农民进城购房居住，并鼓励各商业银行采取农行"安家贷"模式支持更多农民进城买房居住。

（三）积极防控房地产市场风险

房地产市场平稳健康运行，事关经济发展、民生保障和社会稳定大局。一是地方政府要进一步落实主体责任，建立健全住房和城乡建设、法院、公安、国土资源、工商、物价、金融、信访等相关部门的联合工作机制，及时发布和通报房地产风险信息，积极预防和控制风险隐患，及时处置风险事件。二是各级住房和城乡建设部门要将风险防控列入房地产市场管理的重要内容，纳入日常监管范围，构建长效监管机制，使房地产市场风险防控工作制度化、常态化，加强对房地产市场秩序的整顿规范和对房地产企业的运行监测，建立企业风险档案，及时掌握企业可能发生的资金链断裂等苗头性、趋势性问题，进一步强化逾期交房、"烂尾楼"、非法集资等易发和突发事件的风险防控工作，把矛盾和问题处置在萌芽状态，化解在基层，防止风险扩大蔓延。三是商品住宅库存量小或价格上涨过快的市、县，要采取切实有效方式，加快商品住宅进入市场的供应节奏，或增大土地供应，满足市场需求。棚户区改造量较大的市、县要在积极消化商品房库存的同时，把握好棚改腾退土地的出让和开发节奏，保持房地产市场供需基本平衡。

（四）鼓励支持房地产业健康发展

新形势下，经济发展的动力正在由要素驱动、投资驱动转向创新驱动。实现房地产业健康发展，一是进一步加快建筑产业现代化步伐，鼓励推行绿色建筑、节能建筑、装配式建筑、商品住宅全装修等新型建造方式，发挥品牌引领作用，打造"百年建筑"，提高房地产市场产品供给质量，满足人民日益增长的高品质住房需求。二是鼓励具有资信和品牌优势的房地产开发企业通过兼并、收购和重组，跨区域、多元化和品牌化开发经营，适应养老、旅游、健康、文化、体育等相关产业发展的需求，发展新产业、培育新动能，形成一批实力雄厚、竞争力强的房地产开发企业，实现房地产企业品牌和核心竞争力的提升。三是按照《自治区党委人民政府关于加强城市规划建设管理工作的实施意见》，贯彻落实好自治区"全面推行标准化物业服务，推动物业服务提标扩面"的决策部署，深入推进物业服务标准化工作，以提高全区物业服务水平来促进房地产去库存。

（五）探索开展"租购同权"试点工作

紧跟我国住房租赁市场改革步伐，结合宁夏逐步构建"以政府为主提供基本保障、以市场为主满足多层次需求"的住房供应体系，积极开展一些试点工作。一是盘活二手房市场。鼓励住房租赁和二手房经营机构，通过长期租赁或购买社会房源等方式筹集房源，向社会租赁和出售，拉动房地产市场梯次消费。二是支持房地产开发企业转变经营方式，将新建商品房库存项目中长期持有的房源投向市场，用于租赁经营或作价入股，盘活库存房源，有效消化房地产库存。三是政府扶持住房租赁市场发展，对个人出租住房按照5%的征收率减按1.5%计算缴纳增值税，对个人月收入不超过3万元的出租户2017年底前可免征增值税，减半征收个人所得税；并扩大公租房保障范围，支持公租房保障对象通过市场租赁住房，政府对符合条件的家庭给予租赁补贴。

（六）进一步加快全区城市化进程

贯彻落实自治区第十二次党代会关于城市规划建设管理决策部署、全区推进新型城镇化工作会议和城市工作会议精神，有序推进城镇化和城市工作，不断提升城镇发展质量促进房地产去库存。一是加快新型城镇化建设，推进区域协调发展，认真执行《宁夏空间发展战略规划》，坚持规划引领管控，按照全区一盘棋的发展思路，统筹规划，实施"一主三副，核心带动"，构建"结构合理、分工明确、功能互补、产城融合"的空间格局，形成城市产业集聚、人口集聚，为房地产市场发展提供有力支撑。二是在教育、医疗等城市基础设施大配套上下功夫，统筹推进"软"环境品质提升，特别是借助宁夏"十三五"交通规划实施，到2020年前与北京、西安、兰州实现高铁互通，提升宁夏的城市竞争力，构建以银川为中心城市的经济圈，打破宁夏600万人口魔咒，给房地产市场注入活力、带来利好，全面促进房地产市场平稳健康发展。

宁夏建筑业转型升级对策研究

童文峰 李飞

　　建筑业是国民经济的基础性产业，经济增长拉动力强，增加值占GDP总量的比重在各产业门类中位居前列；产业关联度高，能带动上下游相关产业迅速发展；对地方财政增收的贡献大，是构成地方财力的主要税源之一；就业吸纳能力强，为社会人员特别是农村富余劳动力提供了就业机会，是重要的国民经济支柱产业和富民产业之一。建筑业为宁夏经济社会发展、城乡建设和民生改善做出了重要贡献。但长期以来，建筑业始终存在"四低、三大、两多"的问题，即，准入门槛低、工业化程度低、技术创新率低、建筑寿命低，市场竞争大、建造过程能源资源消耗大、环境污染影响大，建筑工程质量和安全问题多、违规用工行为多及垫资施工、拖欠工程款多等现象，严重制约了宁夏建筑业产业发展。针对这些问题，亟须通过改进传统建造方式，促进建筑业转型升级，逐步破解宁夏建筑业产业发展的瓶颈和桎梏。

　　作者简介：童文峰，宁夏住房和城乡建设厅建筑管理处处长；李飞，宁夏住房和城乡建设厅建筑管理处副主任科员。

一、宁夏建筑业发展基本情况

近年来，面对国内外经济形势的深刻变化、经济下行压力加大、市场竞争加剧等不利因素，宁夏建筑业坚持深化改革、促进行业发展、强化项目管理、企业转型升级相结合的思路，发展总体保持平稳增长的势头。

（一）产业地位不断提升，经济效益显著

建筑业在宁夏经济社会发展中扮演着重要的角色，建筑业发展在推动经济发展、社会民生、城市建设等方面发挥了重要的作用。"十二五"期间，宁夏建筑业总产值累计达到2593亿元，实现增加值累计达到1609.7亿元，建筑业增加值在全区GDP占比稳定在12%以上，支柱产业地位得到进一步强化，对全区经济发展贡献率不断提升。

（二）行业发展趋势平稳，整体质态迈上新台阶

截至"十二五"末期，宁夏共有在册建筑施工企业1281家，较2012年初的871家增加了410家，增长率47%。其中，一级企业由16家增加到33家，二级企业由262家增加到341家，一、二级建造师人数由7412人增加至15300人，行业整体竞争力稳步提升的同时，也带动相关产业协同发展。建筑材料涵盖近80多个大类、2000多个品种、3万多个规格，可带动50多个相关产业，如室内装修、家具陈设等都属于它的附属产业。因此，建筑业的发展能带动许多关联产业的发展，尤其是以建材为主的各相关市场的发展。

（三）技术水平显著提高，创新创优成果显现

"十二五"期间，宁夏建设领域累计评出"西夏杯"优质工程86个，建安杯150个，自治区级安全文明标化工地470个，国家AAA级安全文明标准化工地22项，共有3个项目荣获国家建设工程最高奖"鲁班奖"，全区荣获中国建筑优质装饰奖等各类国家级专业奖项27项，自治区级工法90项，国家级工法7项，工程质量水平不断提高，安全生产形势平稳可控。2017年，宁夏被确认为住建部确定的"监理企业向政府报告工程质量安全情况""建筑施工安全生产监管信息化""建筑施工安全生产标准化考评"试点省区，将对进一步发挥工程监理在保证工程质量控制、安全监督中的

作用，弥补监管力量不足问题，有效落实工程建设各方主体责任，提高施工现场安全生产水平，不断夯实安全生产基础，提高建筑施工安全生产监管和工程建设水平等方面有积极促进作用。

二、宁夏建筑业发展存在的主要问题

（一）行业总体发展受阻

1. 建筑业产值增速放缓

2016年全区建筑业产值继2015的近5年增速最低后，进入平稳发展期。建筑业产值从2011年的428.94亿元增加到2014年的626.23亿元，增长了46%，2015年建筑业产值524.53亿元，比上年下降16.1%，而2016年建筑业产值511.25亿元，比上年下降2.5%，建筑业总产值增速呈曲折波动现象，经历了"高位（2011年），平稳（2012—2014年），低位（2015年），回升（2016年）"四个运行阶段。6年间，全区建筑业总产值年均增长7.9%。

近6年来建筑业企业产值平稳增长，一方面反映了2011年以来全区各项基础设施的大力投资；另一方面也反映了在经济下行压力加大的形势下，建筑业企业客观分析市场，抢抓机遇，承揽工程，从而促进建筑业总产值的稳步增长。"十二五"后期，由于受经济持续下行、固定资产投资后劲不足以及房地产市场持续低迷等严峻形势的影响，宁夏建筑业发展也面临着增长乏力等不利局面；建筑业增加值从2011年的239.06亿元增加到2016年的434.2亿元，增长了81.63%。建筑业产值增速从2011年开始不断下降，呈波浪式发展态势，总体呈现下降趋势，与宁夏稳增长、控总量的调控政策相一致，调控成果逐渐显现。建筑业增加值占GDP的比重逐年增加，反映出建筑业仍处于重要的支柱产业地位。

2. 房屋建筑施工规模缩小

2016年，全区建筑企业房屋建筑施工面积为2771.34万平方米，比上年下降15.6%。其中，新开工面积1161.44万平方米，下降43.1%，实行招投标承包面积2869.57万平方米，下降27.3%；全区建筑业企业房屋建筑竣工面积1017.77万平方米，比上年下降17.0%，降幅收窄0.8个百分点；竣工产值为378.19亿元，比上年下降6.4%，降幅扩大1.2个百分点。

图1　2011—2016年全区建筑施工面积及竣工面积

从图1可以看出，2011年至2013年全区建筑施工面积、竣工面积持续不断扩大，从2014年开始缩小，表明宁夏建筑市场持续发展空间在不断缩小，建筑业企业生存发展空间不断被压缩，转型升级压力增大。

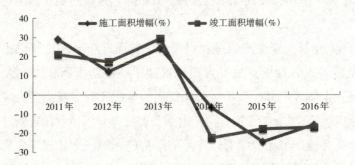

图2　2011—2016年全区建筑施工面积增幅及竣工面积增幅

从图2可以看出，建筑施工面积增速从2011年开始不断下降，呈波浪式发展态势，总体呈现下降趋势，与宁夏应对国家经济下行压力，提质增效相一致，调控成果逐渐显现。竣工面积增速从2011年开始不断下降，反映出房地产开发投资的减少直接影响建筑业的发展。

2017年1—9月，全区共监管建筑工程项目1683个，单体16024个，总建筑面积9613万平方米，总造价859亿元。同比2016年在监工程减少2888个，总建筑面积减少3764万平方米。2017年全区新开工程691项2042个单体，总建筑面积1367.5095万平方米；同比2016年新申报项目减少1186

项，总建筑面积减少357.51万平方米。

2017年前三季度全区完成建筑业产值约1295.9亿元，其中区内建筑业企业完成337.36亿元，同比增加5.7%；实现增加值352.38亿元，同比增加9.9%。

3. 地区发展差异较大

2016年，银川、石嘴山、吴忠、固原和中卫五市建筑业总产值分别为352.55亿元、21.36亿元、60.64亿元、35.51亿元和41.14亿元；从增速看，银川、石嘴山、吴忠、固原和中卫五市建筑业总产值的增速分别为-5.2%、-6.4%、1.9%、11.3%和6.9%。

银川市建筑业产值占全区建筑业总产值的比重接近7成，达到68.96%，经济集聚效应继续凸显。分析其原因，一是银川市的建筑业企业所占比重大，占全区建筑业企业的67.3%，且聚集了全宁夏优势企业、人才、装备；二是银川市的建设项目投资规模比其他四市大。

4. 区外完成建筑业产值下降

2016年，全区建筑企业积极开拓外省市业务，在外省完成产值38.83亿元，比上年下降12.1%，占全区建筑业总产值的比重从上年的8.3%回落到7.6%。

（二）企业抵抗能力偏弱

1. 企业数量和质量不对应

截至目前，宁夏共有在册建筑施工企业1281家，较2016年初的1145家增加了136家，增长率11.88%。但是，企业数量的增加并没有带来竞争能力的提升。总体上，企业水平不够高，资质结构不合理。1281家施工企业中，特级资质企业1家，一级企业33家（其中施工总承包企业21家，专业承包企业12家），二级企业341家。全区总承包资质中，特级企业、一级企业、二级企业数量，分别占建筑业企业总数的0.08%、2.58%和26.62%，三级及不定级企业占70.72%。宁夏企业整体资质水平偏低，专业素质和资金、设备不足，在承揽项目方面受限，难以适应日益激烈的建筑市场竞争环境。

2. 行业队伍素质有待进一步提升

勘察设计优秀人才缺乏，设计水平总体不高。建筑业技术工人队伍整体素质不高，农民工流动性强，给行业管理带来困难，给工程质量安全带来隐患。由于许多建筑企业人才培养、使用机制不完善，宁夏建筑业人才流失严重，特别是专业承包领域方面的执业人员和专业人才严重缺失，人才问题成为制约宁夏建筑业做大做强的瓶颈。整个行业懂项目、会管理、会外语、了解国际工程项目的人才更是凤毛麟角。

3. 区外进宁建筑施工企业对区内建筑市场冲击较大

目前，外省进宁建筑施工企业 1791 家，其中特级 78 家，一级 1174 家。区外进宁建筑施工企业资质等级、融资能力、开拓市场能力远高于区内建筑业企业，资金、设备优势明显，对区内建筑施工企业冲击较大。

4. 宁夏本地建筑企业还不能适应经济发展和国际竞争的需要

一是建筑业生产能力过剩，恶性竞争，严重存在"三低一高"（产值利润率低、劳动生产率低、产业集中度低、市场交易成本高）的现象。二是建筑业生产方式落后，工程建设过程中资源浪费大、污染物排放多。三是宁夏建筑企业的科技创新能力、技术装备水平与发达地区还存在着不少差距。四是人口红利的消失，60 后、70 后老一代建筑工人随着年龄增长退出建筑市场后，新生代农民工大多不愿意"子承父业"，建筑业若不转型建筑工业现代化生产，将面临无工可用的境况，企业用工成本也将进一步提高。加之，职业教育严重滞后，操作工人业务素质低下，不能适应现代建筑产品快速发展形势的要求。总的来说，建筑业仍是一个劳动密集型的传统产业，其发展还没有真正转移到依靠集约化管理和技术进步的良性轨道上。

（三）产业结构需要调整

1. 低端过剩产能、高端技术能力不足

在前十年投资高速增长尤其是房地产开发投资畸形膨胀的时候，受市场供求关系影响和利益驱动，出现了大批建筑业企业并迅速壮大起来，但随着固定资产投资增长趋于平稳特别是房地产开发投资趋于理性后，由于建筑业企业队伍并未减少，因而就出现了施工力量明显大于施工任务的情况，市场竞争日趋激烈。近年来，政府投资房屋建筑大幅压缩，房地产开发投资维持在500亿元左右，房地产市场低迷，宁夏建筑市场明显呈现"僧多粥少"现象，建筑业供过于求的状况仍十分突出。

2. 装配式建筑技术支撑不够

宁夏建造方式大多仍以现场浇筑为主，装配式建筑比例和规模化程度较低，与发展绿色建筑的有关要求以及先进建造方式相比还有很大差距，建筑工业化技术应用发展十分有限，建筑工业化的内涵缺乏正确认识，标准体系不够健全，建筑工业化的发展整体上依然缓慢。

3. 建筑产业现代化刚处于起步阶段

宁夏建筑业企业仍面临造价成本偏高、技术管理人才欠缺、标准规范和管理体系不健全、社会认知度不高等问题，试点工作推进缓慢，需要自治区各级政府部门形成合力加快推进。

（四）保障机制仍需加强

1. 法律法规依据欠缺

我国建设领域唯一一部大法《建筑法》自1998年实施至今已有19年，《宁夏建筑管理条例》也已经实施了18年，尽管这些法律法规对规范宁夏建筑市场行为发挥了重要作用，但是当前建筑市场环境已经发生巨大变化，现有法律法规的许多条文已不适应需要。一是缺少规范建筑市场秩序的法条；二是对建设单位违法问题的法律约束还跟不上，造成建设单位和施工单位两个建筑市场主体在法律上权力义务的不对等；三是由于建筑市场信用体系建设尚需完善，建筑企业工程转包挂靠、违法分包、拖欠工程款和农民工工资、恶性竞争的隐蔽性复杂性以及企业主体责任不落实、诚信缺失等诸多违法违规行为缺乏法律的认定标准和处罚依据，依法严惩重罚执行难度较大。

2. 社会保障措施滞后

由于建筑从业人员流动性大，部分劳务公司不与工人签订劳动合同，且不给劳务工人办理养老、失业、医疗、工伤等保险，拖欠务工人员工资，大量产业工人未进入保障状态，损害劳务人员利益的事情时有发生。

3. 管理体制不畅

企业管理层和作业层之间的差距不断拉大，劳务分包企业"空壳化"严重。建设工程招标投标管理体制不畅，存在多头管理和体制机制不顺问题。市场监管机制不畅，地市级监管部门缺乏对县市级的指导和监督，个别市县建设行政主管部门对存在违法发包、转包挂靠、违法分包行为的企业查处打击不力，市场震慑力不足，致使违法违规现象时有发生。

4. 诚实守信的行业自律机制尚未形成

企业主体责任落实不够到位，工程质量和安全生产形势仍然严峻，长效机制建设的工作措施有待进一步贯彻落实。

5. 扶持缺乏政策支持，建筑业企业改革步伐缓慢

尽管建筑业实现的增加值在宁夏GDP中占比较高（年均超过11%），但相对于其他行业，宁夏自2010年至今未出台扶持建筑业改革新政策，行业整体受重视程度不够。

三、宁夏建筑业发展趋势判断及展望

我国经济发展正处于新的转折时期，经济保持中高速增长态势将成为常态，固定资产投资增速趋缓，大规模工程项目建设量也将随之持续减少。国家经济将从过去依靠规模扩张、低价劳动成本、低价土地政策、低价环保成本发展向依靠质量提高效益型转变，倒逼传统建筑业加快转型升级步伐。未来几年，宁夏建筑业经济从十年来高速增长向中低速增长转变，建筑业经济趋于平稳增长，建筑业企业将进入结构调整和增长转型的阵痛期，面临着外在因素和内在因素的倒逼，需要加快推进全面深化改革，真正把"转方式、调结构、防风险、促升级"贯彻落实到行业管理中，保持建筑业持续健康发展。

在当前经济形势下行的态势下，清醒地认识到建筑业经济发展困难的同时，也要洞察到国家和自治区加大投资力度推进基础设施建设，为建筑业提供了广阔的市场空间，企业应敏锐跟踪国家固定资产投资的方向。宁夏建筑业必须牢牢抢抓"十三五"期间大力推进银川都市圈建设，推动银川、石嘴山、吴忠和宁东一体化发展，推进基础设施互联互通，打造西部地区生态文明建设先行区，打造西部独具特色的旅游目的地，加快推进宁东能源化工基地建设、国家循环经济示范区建设、国家新能源综合示范区建设、宁夏东北部老工业城市和资源型城市产业转型升级示范区建设的发展先机，结合"一带一路"倡议，实施"走出去"战略拓展境外市场。

未来几年，宁夏建筑业危机和机遇并存，建筑业改革发展迫在眉睫，建筑业企业需要紧跟国家经济政策调整，加快调整业务范围。特别是，随着工程建设量总体减少，行业"僧多粥少"现象更为突出，建筑业市场竞争加剧，同时行业诚信体系进一步健全，"诚信激励、失信惩戒"的优胜劣汰机制加快形成，要求企业必须进一步提升市场竞争力，规范企业自身行为。建筑行业"营改增"全面开展，将倒逼建筑业企业经营管理进行深刻改革，重新架构经营管理模式，践行现代企业管理制度，促进企业管理水平升级。《国家新型城镇化规划（2014—2020年）》作出的新型城镇化战略部署，对建筑业在建设质量、绿色环保、资源集约等方面提出了新的要求。推进建筑产业现代化已在行业达成共识，工厂化预制、现场装配的建筑部品部件、BIM技术及互联网+技术在工程领域推广应用，势必进一步推进建筑业转型升级步伐，提升建筑业发展质量。

四、宁夏建筑业转型升级对策研究

宁夏建筑业的转型升级，必须深入贯彻落实党的十九大及自治区第十二次党代会精神、《国务院办公厅关于促进建筑业持续健康发展的意见》《自治区党委、人民政府关于加强城市规划建设管理工作的实施意见》，严格遵循"创新、协调、绿色、开放、共享"发展理念和"适用、经济、绿色、美观"新建筑方针，全面深化建筑业供给侧结构性改革和"放管服"改革，大力实施"创新驱动发展"，做好体制机制创新、技术水平创新和管理能力创新三者的有机结合，提升发展层次和水平，从根本上实现建筑业由粗放式经营向精细化管理的根本变革。

（一）强化顶层设计，明确建筑业转型升级目标

紧扣全区住房和城乡建设"十三五"规划，坚持市场调节与政府监管相结合，坚持行业科技进步与规模增长相结合，坚持国内与国际两个市场

发展相结合，坚持节能减排与科技创新相结合，坚持深化改革与稳定发展相结合，确保宁夏建筑业产业转型升级进步明显，核心竞争力显著增强，管理水平全面提升，建筑市场秩序明显改善。

（二）坚持统筹兼顾，推动建筑业实现转型发展

1. 调整优化发展结构

按照扶优扶强、做专做精、提高产业集中度的原则，大力推行工程总承包和全过程工程咨询服务试点，优化专业类别结构和布局，扶持高等级资质企业、专业企业发展，形成总承包、专业承包、劳务分包等比例协调、分工合作、优势互补的建筑业发展格局，促进传统建筑业向现代建筑服务业转变。一是大力推行工程总承包。积极发展设计—采购—施工总承包或者设计—施工总承包模式等一体化的工程总承包模式，提高工程建设水平。鼓励有实力的勘察设计和施工企业开展工程总承包、项目管理业务。允许具有相应工程设计或施工资质的企业承接工程总承包业务。工程总承包合同中涵盖的全过程各专业业务，可由总承包单位择优直接发包。建设单位可以依法采用招标或者直接发包的方式选择工程总承包企业。工程总承包企业可以在其资质证书许可的工程项目范围内自行实施设计和施工，也可以根据合同约定或者经建设单位同意，直接将工程项目的设计或者施工业务择优分包给具有相应资质的企业，按照"总包负总责"的原则，落实工程总包单位在质量安全、进度、成本等方面的责任。政府投资项目和装配式建筑应采用工程总承包方式建设。二是培育全过程工程咨询企业。支持投融资、勘察设计、工程监理、招标代理、造价咨询等企业采用联合经营、并购重组等方式，向全过程工程咨询方向发展。在政府投资项目中率先实行全过程工程咨询服务，鼓励社会投资项目采用全过程工程咨询服务，选择符合条件的大型企业开展全过程工程咨询服务试点。在民用建筑项目中，充分发挥建筑师的主导作用，为工程项目提供全过程工程咨询服务。三是优化提升专业承包企业。鼓励施工总承包企业分设具有独立法人资格的专业承包公司，引导二、三级企业走"专、特、精、新"道路，向特色专业承包方向发展。推动劳务企业向专业实体企业发展，引导劳务作业班组成立专业化作业的小微企业，提升专业施工水平。四是改革

建筑用工模式。建立以施工总承包企业自有技术工人为骨干、专业承包和专业作业企业自有工人为主体的多元化用工方式，鼓励施工企业将部分技能水平高的农民工转化为自有工人，稳定和扩大农民工在建筑行业就业创业。大力发展木工、水电工、砌筑、钢筋制作等以作业为主的专业企业，作为建筑工人的主要载体，逐步实现建筑工人公司化、专业化管理。鼓励具有一定管理能力的班组长组建作业专业企业，符合相关条件的，落实小型微利企业所得税优惠等税收减免扶持政策。全面落实劳动合同制度，实行建筑工人实名制管理，实现建筑工人身份信息、培训情况、职业技能、从业记录、诚信记录及用工信息等互联共享。

2. 培育壮大骨干企业

引导产业做优做强、做专做精、提高产业集中度。支持大型骨干企业从施工总承包向工程总承包发展，向公路、水利、铁路、矿山、石化等专业领域拓展，着力打造"宁夏建筑航母"企业。支持中、小企业向特色专业企业转型，鼓励企业整合资源，晋升资质等级，拓宽业务范围，延伸产业链条，占领高端和新兴市场。鼓励优势勘察设计企业转型为具有项目前期咨询、工程总承包、项目管理能力的工程公司。确定30家左右重点骨干企业作为全区重点扶持对象，优先列入工程总承包和全过程工程咨询试点企业并向社会推介。规范行业管理，扶持装配式建筑、装饰装修、钢结构、通信、智能化、消防、环保等专业承包企业做专做精。

3. 推动行业外向发展

各级政府要积极拓宽服务渠道，延伸服务链条，围绕"一带一路""中阿博览会"等带来的机遇，通过举办大型推介活动等形式，为宁夏建筑业企业"走出去"搭建平台，为开拓境外市场提供有力支撑。有关部门应当给予企业承接境外工程项目前期费用、对外投资合作保险费和境外安全保障费用补助及贷款贴息等方面的扶持，加大建筑企业境外承接工程业务政策性信用保险的支持力度，降低企业收汇和融资风险；要建立建筑业企业境外信息沟通机制，及时发布境外投资环境介绍和对外经济技术合作信息，引导企业寻求商机，同时跟踪解决企业在区境外承包工程过程中遇到的困难，营造良好的外部市场环境。

（三）注重创新引领，推进建筑产业现代化发展

1. 注重科技创新应用

着眼企业产业化、产业项目化、项目园区化，政府推动、企业主导，以技术升级、工法革新等为突破，对接房屋建筑市场，进一步加大装配式建筑和工具式模板等技术体系开发、应用，积极推进以设计标准化、构件成品化、施工机械化、管理信息化为特征的现代化生产方式，实现技术、管理和效益的高度统一。加快创新成果向技术标准转化的进程，联合科研、设计、高校等单位，形成产、学、研相结合的企业技术创新体系，提升企业自身的科技贡献率和劳动生产率，提升核心竞争力。加强企业技术中心建设，依托技术中心平台开展科技创新活动。

2. 注重体制机制创新

引导建筑业企业按照现代企业制度要求，完善企业产权制度和法人治理结构，健全激励约束机制。通过产权转让、增资扩股、资产剥离、主辅分离等方式推动企业改革，增强企业活力和动力。鼓励管理、技术、资本等要素参与收益分配，调动企业经营管理人员、技术骨干的积极性和创造性。以建筑业"营改增"为契机，完善各项基础工作，加强企业财务管理，提升企业管理能力，增加企业效益。

3. 注重管理模式创新

积极运用信息技术改造传统建筑业，提升项目管理的标准化、信息化水平。探索建设具有区域特色的建筑产业园区，整合装备制造、建材生产、设计咨询、资金物流等要素，引导建筑业企业集聚发展，努力形成建筑经济新的增长极。鼓励建筑业企业科学管理，构建标准化管理体系。科学管理、精细化管理是现代企业发展的主体趋势，是提高企业管理水平和市场竞争力的重要抓手。全面推行精细化管理模式，按照"精、准、细、严"的要求，大力推进工程项目管理优化升级，统筹成本控制，质量、安全、工期进度等，提高管理效能，降低生产成本。鼓励建筑企业按照现代企业管理运营的要求，建立健全现代企业管理制度，大力改进现代管理理念、管理模式和管理制度创新，培养建筑业管理优秀人才和产业技能工人，完善公司治理结构。引导非公有制建筑企业优化股权配置，由家族式

管理向现代管理制度转型，形成股权合理流转、股东进退有序的体制机制。进一步完善建筑工程质量安全管理制度，形成覆盖建筑市场各方责任主体和建筑工程全过程的质量安全管理制度体系，开展并深化标准化文明工地和优质工程创建活动，做到科学化、规范化、标准化、程序化管理，使全区质量安全管理工作迈上新的台阶。

4. 注重运营方式创新

以建设项目为载体，鼓励建筑业企业强化金融资本运作，通过整合银行、基金等社会资源，采取 BT、BOT、EPC、PPP 等方式，积极参与城乡棚户区改造、城市综合管廊、海绵城市、市政基础设施等项目，实现对建设项目从策划、咨询、勘察、设计、施工、采购、装修，到建成营运等全过程的建设与管理，提升在建筑产业链中的地位和话语权，增强企业盈利能力。

（四）培育人才队伍，夯实建筑业转型升级根基

进一步加快建筑业人才培养，着力培养和造就一批高素质的企业家、一批勘察设计领军人物、一批市场急需的项目经营管理人才和一批技术精湛的技术能手。

（五）规范管理运行，优化建筑业产业发展环境

1. 加强建筑法规制度建设，依法行政

进一步建立健全建筑领域法律法规体系，建议国家尽快修订《建筑法》，出台《建筑市场管理条例》，加快《宁夏建筑管理条例》的修订完善工作。为进一步规范建筑市场秩序、打击违法违规行为、保证工程质量安全提供法律和制度保障。

2. 创新市场监管机制，规范市场行为

建立全区统一的建筑市场准入、清出机制，坚决遏制和打击围标串标、转包挂靠、违法分包等违法违规行为。结合整顿和规范建筑市场秩序工作，营造良好的法律环境，采取法律的、经济的和必要的行政手段，坚持治标与治本相结合，按照"属地管理""查工程实体与查市场行为相结合"的原则，实施综合整治。加强单位协同配合，强化项目立项审批、招投标、施工许可、资金拨付、信贷、用工管理等方面的监管，加强同人社、司法、公安等部门的协同配合，建立健全企业自控、社会监督、政府监管的工程质量安全保障体系。加强诚信体系建设，营造健康的建筑市场环境，整合工程建设信用信息资源，推进建筑市场诚信信息公开，加强部门协作，实现规划、建设、工商、税务、社保、银行、保险等各类信息的共享互认，加强信用评价结果的综合运用，建立"一处违法，处处受制"的施工现场与市场管理的两场联动监管机制，引导企业形成主动守法的诚信意识。

3. 改革项目组织实施方式

禁止肢解发包、指定分包、"阴阳合同"等行为。建设单位在合同签订后、正式开工前，应当支付承包单位不低于合同额10%的预付款。全面推行施工过程结算，建设单位应按照合同约定及时拨付工程款。规范工程价款结算，对政府投资和以政府投资为主的项目的审计监督，不应影响正常的工程结算，不以审计结果作为工程竣工结算依据。严格竣工结算时限要求，未完成竣工结算的项目，不得办理产权登记。探索建立建设项目抵押偿付机制，有效解决拖欠工程款问题。

宁夏政府购买棚改服务的
实践与对策建议

郭亚莉

政府购买棚改服务，是指通过发挥市场机制作用，把政府应当承担的棚改征地拆迁服务、建设或筹集安置住房、货币化安置、公益性基础设施建设等方面工作，按照规定的方式和程序，交由具备条件的社会力量承担，并由财政部门会同住房保障、发改部门根据合同约定向其支付费用的一种工作模式。[①]"住有宜居"是中央确定的重大民生课题。棚户区在一定程度上体现了城市发展不平衡、居民收入差距大、社会公共服务不均衡、社会公平正义受损等问题。党的十九大要求加快建立多主体供给、多渠道保障、租购并举的住房制度，让全体人民住有所居。因此，采取政府购买棚改服务的模式、加大加快棚户区改造是建设和谐社会的必然要求。

一、宁夏政府购买棚改服务的模式及意义

（一）政府购买棚改服务的模式设计

2015年6月30日，国务院发布《关于进一步做好城镇棚户区和城乡危

作者简介：郭亚莉，宁夏社会科学院综合经济研究所研究员。

[①] 孟维福.政府购买棚改服务融资问题研究〔J〕.河北金融,2017(7).

房改造及配套基础设施建设有关工作的意见》，部署进一步做好城镇棚户区和城乡危房改造及配套基础设施建设工作，切实解决群众住房困难，有效促进经济增长。根据国家棚改部署，2016年3月21日，宁夏回族自治区住房和城乡建设厅、财政厅联合出台《关于推行政府购买棚改服务工作的意见》，首次明确政府购买棚改服务的范围、购买主体、购买方式等。

在《关于推行政府购买棚改服务工作的意见》中明确，政府购买棚改服务的范围限定在纳入国家和自治区棚改规划和计划、政府应当承担的棚改征地拆迁服务以及安置住房筹集、公益性基础设施建设等方面，不包括棚改项目中配套建设的商品房以及经营性基础设施。政府购买棚改服务的主体是各级住房和城乡建设行政主管部门，以及纳入行政编制管理、承担棚改职责且经费由财政负担的群团组织。政府购买棚改服务包括6大内容：居民棚改意愿入户调查；棚改项目的可行性论证及评审；棚改项目的征地拆迁服务；棚改安置住房的筹集，包括新建、改扩建、货币化安置等；棚改片区公益性配套设施建设；2015年以前已经开工的棚改安置房和公租房小区不完备的配套设施项目，不包括已申请国家开发银行和农业发展银行政策性贷款的项目。

《关于推行政府购买棚改服务工作的意见》要求，政府购买棚改服务资金，应当逐年列入本级财政预算统筹安排。公开招标应作为政府购买棚改服务的主要方式；各级政府将利用政府债券、财政贴息等给予大力支持；棚改承接主体应是符合国家和自治区关于政府购买服务相关要求的棚改项目服务供应商，包括依法在工商行政管理部门或行业主管部门登记成立的企业、机构；在登记管理部门登记或经国务院批准免予登记的社会组织；符合条件的事业单位及融资平台等。原则上承接主体以国有独资或国有控股企业为主，鼓励多种所有制企业作为承接主体承接棚改任务。

（二）政府购买棚改的安置方式

从2016年开始，宁夏全面推行政府购买棚改服务工作。棚户区改造货币化安置的方式主要有三种，分别是政府购买存量住房安置、被征收人自主购买存量住房和货币直接补偿，满足群众多样化居住需求。

政府购买房源作为安置房。棚户区改造征收部门在尊重民意前提下，统一购买存量保障性住房或商品住房，作为解决住房困难和经济困难群众安置房源，安置棚户区被征收户。

政府搭平台，居民自主购买。在调查摸底、充分尊重群众意愿的前提下，政府为满足有购房需求的被征收人通过市场自主购买住房，满足个性化住房需求，公开征集确定房源及销售价格，并建立房源库，将房源库与房屋征收同步入驻项目现场，供被征收人自主选择购买。

货币直接补偿。根据货币补偿标准直接向棚户区被征收人支付货币补偿款。在棚户区改造过程中，对选择货币补偿的，按照市场评估价补偿，补偿标准不低于同类地段购买同面积普通商品住房的价格。为让利于民，宁夏对选择货币补偿的，住宅房屋实行评估单价适当上浮补助。

（三）政府购买棚改服务的意义及综合效益

1. 政府购买棚改服务的意义

2016年以前，政府主要承担棚户区改造的工作任务，由于资金需求量大，使得政府承受着棚改巨大的资金压力；由于棚改建设周期长，部分安置房不能满足棚改居民的需求。从2016年起，我国棚户区改造模式进行重大调整，全面推行政府购买棚改服务。政府购买棚户区改造服务，分期付款给有能力的市场化企业，企业获得市场化融资后负责棚户区的拆迁、补偿、异地建房等一系列工作。

第一，有助于推动财政预算管理体制改革。2014年国务院发布《地方政府性债务管理的意见》（国发〔2014〕43号），2015年1月新预算法开始实施，标志着政府要加快建立规范的地方政府举债融资机制，明确政府与企业的权责界限，明确政府债务只能通过政府及其部门举借，融资平台公司不得新增政府债务。财政部门比以往更深入地参与到棚户区改造工作中，有助于做好未来预算管理工作。第二，有助于防范和化解政府性债务风险。国务院明确规定，政府购买棚改服务模式属于政府分期购买服务的范畴，不列入地方政府债务，地方政府可以依靠未来预算中的采购资金分期向企业进行还款，有助于提高财政部门管理水平，特别是风险控制意识，有利于政府打造健康可持续财政。第三，有助于规范引导金融机构和社会资本有序参与。政府购买棚改模式通过完善的制度设计和合法合规的政府采购流程，通过市场化方式，规范引导金融机构、社会资本有序参与棚改，进一步构建多层次、多方式、多渠道的棚改资金供给体系。第四，棚户区改造工作的操作流程、组织程序比原来更加规范。

2. 棚户区改造货币化安置的综合效益

推进棚户区改造货币化安置有较好的综合效益，青铜峡市连续两年推行棚改100%货币化安置，其经验被住建部推广全国。

第一，通过货币化安置，可减少群众过渡安置时间，避免给群众生活和工作带来不便，以及过渡期集中租房而产生的较高租房费用。第二，安置房建设从用地、报建到建成竣工交付使用至少需要3年时间。目前采取的货币化安置，不仅节省时间，也节约了建设安置房的人力和物力成本。第三，货币化安置基本实现了拆迁安置户分散居住，避免因集中居住引发的群体性问题和稳定风险。第四，货币化安置可有效地引导群众向城市中心区以外的地段疏解、安居和置业，降低主城区人口密度，减轻城市承载压力，有利于城市转型升级。第五，货币化安置可促进棚户区改造与利用存量商品房的有效衔接，既完成了安置，又消化了库存，对于盘活资金和活跃经济都有积极作用。

二、宁夏政府购买棚改服务的进展

（一）保障性安居工程建设

自2007年保障性安居工程启动建设以来，宁夏加快推进以棚户区改造为重点的保障性安居工程建设，截至2015年年底，全区共筹集资金1062.8亿元，其中：中央补助资金157.5亿元，自治区投入34.5亿元，市、县自筹370.7亿元，国开行和农发行贷款500.1亿元，改造各类棚户区27.4万套，其中：城镇棚户区20.7万套、国有工矿棚户区2.1万套、国有林区危旧房0.5万套、国有垦区危旧房1.7万套、中央下放地方煤矿棚户区2.4万套，建设各类保障性住房27万套，对2.3万户家庭发放住房租赁补贴。通过实物和货币保障，使165万多群众改善了住房条件，保障性安居工程覆盖面达到43.25%，其中：棚户区改造21.79%、保障性住房21.46%。中央下放地方煤矿棚户区改造已于2012年年底全部完成，国有工矿棚户区改造于2014年年底全部完成，林区危旧房改造于2015年年底全部完成。

经济篇

表1 2011—2015年各市县区保障性安居工程建设情况表

单位：套、户

任务 地区	合计	保障性住房建设任务					各类棚户区改造任务					
		保障性住房小计	廉租住房	经济适用住房	公共租赁住房	限价商品房	棚户区小计	城市棚户区	国有工矿棚户区	林业危旧房	垦区危旧房	煤矿棚户区
全区合计	432399	173666	38057	29232	100069	6308	258733	197658	16076	4146	17300	23553
银川市	68002	30321	3000	11200	11965	4156	37681	37488	193			
永宁县	24310	2960	90	1500	1370	0	21350	21350	0			
贺兰县	9380	1314	80	150	1044	40	8066	8066	0			
灵武市	20686	5440	1200	800	3390	50	15246	13226	0			2020
石嘴山市	56355	16073	1050	4060	9963	1000	40282	10846	7903			21533
平罗县	15695	4215	757	1120	2338	0	11480	7080	4400			
吴忠市	58720	24272	6008	980	17284	0	34448	32158	2290			
青铜峡市	9531	4847	1196	588	2941	122	4684	4684	0			
盐池县	8393	4751	1377	915	2459	0	3642	3442	200			
同心县	9765	3375	1700	200	1475	0	6390	6390	0			
红寺堡区	2672	2190	390	120	1680	0	482	482	0			
固原市	28898	9798	3850	919	4359	670	19100	19100	0			
西吉县	10265	5860	3250	520	1940	150	4405	4405	0			
隆德县	8348	4778	1960	110	2588	120	3570	3570	0			
泾源县	3128	1347	625	100	622	0	1781	1781	0			
彭阳县	8739	5742	2732	570	2440	0	2997	2457	540			
中卫市	25119	16730	3790	3480	9460	0	8389	7839	550			
中宁县	19854	15671	978	1300	13393	0	4183	4183	0			
海原县	13310	8124	4024	600	3500	0	5186	5186	0			
海兴开发区	316	316			316							
宁东管委会	9467	5542			5542		3925	3925				
区林业厅	0	0					4146			4146		
区农垦集团	0	0					17300				17300	

资料来源：宁夏回族自治区住房和城乡建设厅.宁夏回族自治区"十三五"住房保障规划（2016—2020年）.2015.6.

（二）"十三五"以来政府购买棚改服务工程情况

"十三五"以来，宁夏实行政府购买棚改服务工程。根据《宁夏回族自治区"十三五"住房保障规划》总体目标：2016—2020年，全区规划实施保障性安居工程16.5319万套（户）。其中：新增租赁补贴户数1.3577万户，占总目标任务的8.2%；筹集公共租赁住房2.5060万套，占总目标任务的15.2%；实施城市棚户区改造12.6071万户（其中建制镇棚户区2.1233万户），占总目标任务的76.2%；国有垦区危房改造0.0611万户，占总目标任务的0.4%。

2016年，全区计划改造棚户区住房6.3533万套，其中：城镇棚户区住房6.3488万套、垦区危旧房0.0045万套，新增低收入住房保障家庭租赁补贴0.3650万户，基本建成保障性安居工程3万套，公租房累计实物配租 15万套，年度计划投资49.3亿元。截止到2016年12月底，全区城镇棚户区改造住房开工率为100.2%；垦区危旧房改造开工率为100%，新增低收入住房保障家庭租赁补贴占年度计划的116.9%；完成投资占年度计划的168.8%；基本建成占年度计划的200.3%；公共租赁住房实物配租13.4654万套。其中：吴忠、贺兰、宁东、盐池等11个市县和单位100%实行了棚改货币化安置，全区通过棚改货币化安置消化库存商品住房1.4418万套，共150万平方米，有力地推动了房地产去库存工作。而且自治区首次将城镇棚户区改造纳入财政支持范围，共安排补助资金2.5346亿元；争取中央保障性安居工程补助到位资金26.8002亿元，按照已到位补助资金测算，全区城镇棚户区改造住房套均补助4.07万元，为历年来最高。全区各市县通过政府购买棚改服务等方式，积极争取农发行、国开行的棚改融资贷款，有14个市县棚改项目获得农发行贷款审批授信，4个市县棚改项目获得国开行贷款审批授信。截止到2016年12月底，国开行宁夏分行已审批授信棚改贷款33.7亿元，发放贷款7.6亿元；农发行已审批授信棚改贷款87.23亿元，发放贷款55.69亿元，为棚改提供了有效的资金支持。

2017年宁夏全区保障性安居工程年内计划改造城镇棚户区住房53423套，在2016年实现棚改货币化安置50%目标基础上达到70%以上，有条件的市县区力争达到100%。保障性安居工程基本建成44000套；新增低收入住房保障家庭租赁补贴2040户，公共租赁累计实物配租176000套。截至2017年3月，已提前下达中央财政城镇保障性安居工程专项资金指标60045万元，自治区财政补助3.15亿元已列入年度预算，这些资金投入将有力保障全区保障性安居工程顺利实施。

  截至2017年，宁夏已经形成了租赁型、棚改型、自住型、政企合作型共有产权住房供应结构，确保中低收入住房困难家庭能多层次、多渠道享受住房保障政策，构建以政府为主提供基本保障、以市场为主满足多层次需求的住房供应体系。棚户区改造已经成为汇聚民心的惠民工程，实现了城市人居环境提升、产业布局优化、市民住房改善、去库存速度加快的局面。

表2 2016、2017年宁夏住房保障目标任务分解表

任务地区	城镇棚户区改造任务（套）		新增保障住房家庭租住房补贴户数（户）		公共租赁住房累计实物配租（套）		基本建成任务（套）	
时间	2016年	2017年	2016年	2017年	2016年	2017年	2016年	2017年
全区合计	63533	53432	3650	2040	150000	176000	30000	44000
银川市	6915	7021	1000	500	26600	28600	4500	6000
永宁县	5525	100	0	0	850	1860	1500	100
贺兰县	3864	0	100	20	1250	1350	2000	
灵武市	7924	350	150	100	3900	6680	2600	350
石嘴山市	522	638	400	300	16700	19450	3000	
平罗县	2129	3801	40		3100	3570	160	3800
吴忠市	3000	3245	500	400	19500	24540	0	8200
青铜峡市	1000	2150	0	0	3600	4820	840	650
盐池县	1000	1000	0	0	3200	3850	800	1000
同心县	226	3000	200	200	2800	3300	500	1000
红寺堡区	0	1800	0	200	1200	2240	900	1800
固原市	9283	10000	300	300	7900	10000	3000	8300

续表

任务 地区	城镇棚户区改造任务 （套）		新增保障住房家庭租 赁住房补贴户数 （户）		公共租赁住房累计实 物配租（套）		基本建成任务（套）	
时间	2016年	2017年	2016年	2017年	2016年	2017年	2016年	2017年
西吉县	1052	501	200	0	7000	7540	0	500
隆德县	1450	200	260	120	5700	6160	700	500
泾源县	575	1500	0	0	1300	1450	200	800
彭阳县	424	439	500	0	5500	5960	300	400
中卫市	11000	5500	0	0	14200	15030	5300	6000
中宁县	1500	6500	0	0	15000	16000	2000	3300
海原县	3759	1500	0	0	6000	8060	1600	1300
宁东管委会	2340	4187	0	0	4600	5540	0	0

数据来源：宁夏回族自治区住房和城乡建设厅

三、宁夏政府购买棚改服务中出现的问题

（一）政府购买棚改服务的融资困境

按照国发〔2015〕37号文件要求创新融资体制机制，推行政府购买棚改服务模式。当前，棚户区改造涉及面广，资金需求量大，推行政府购买棚改服务存在资金瓶颈的现实困难。

一是受经济发展水平的制约，宁夏各市县地方政府的财政能力不足，使得政府短时间内无法提供充足的资金投入到棚户区改造工程上，无法满足棚户区改造的资金需求。各市县政府直接与国开行、农发行开展政府购买棚改贷款服务，但因有的市县负债率较高，难免出现贷款风险问题。

二是棚户区改造多为政府民生工程，利润率相对较低，且没有相应的外在激励机制，企业和社会资本不愿意进入棚户区改造领域。同时，棚户区改造资金成本高、周期长的特性，使得商业银行缺乏信贷动力。因此，导致资金缺乏根本性的保障。

三是按照国开行政府购买棚改服务贷款的政策，只有信用等级为AA级

的市县区才符合贷款条件，而国开行对宁夏各市县区政府信用评级结果是，达到AA级的只有2个（银川市为AA、宁东管委会为AA–），其他18个市县区均不具备购买服务资格。后虽然贷款条件放宽，但依然不能达到宁夏棚改计划对资金的需求。

四是贷款发放手续繁杂，进度缓慢，贷款发放与货币化安置进度不同步。在推进货币化安置过程中，政府与棚改居民签订征收安置补偿协议时，居民要求及时拿到补偿款，但银行只有在形成实际工作量后，才能通过层层申请审批发放贷款，造成各地资金压力很大。

（二）棚户区改造占用了较多政府行政资源，增大了政府行政成本

棚户区改造是棚户区居民的普遍要求，但需求和期望不同的棚户区居民面对统一的拆迁政策时，往往会产生不同的"公平"感受，并最终会影响到他们对棚户区改造的支持态度。因此，宁夏各市县区地方政府不得不投入巨大的人力和物力，开展艰苦细致的摸底、动员工作，向居民解释棚户区改造的意义和政策，以争取民众理解和支持。但是，总会出现个别拆迁户漫天要价、形成"钉子户"的情况。在实行货币补偿时，由于双方对合同中的约定条款达不成一致或理解不同，也可能导致纠纷发生。这些现象在一定程度上增加了地方政府的行政成本，并且还会对城市整体规划的实施、社会的安定和经济社会的发展造成破坏和阻滞，目前，部分市县政府对加大棚改工作力度存在一定的畏难情绪。

（三）棚户区拆迁改造工作难度大

棚户区拆迁改造涉及不同的人群，利益诉求也不同，造成拆迁工作无法顺利完成。在具体片区棚户区拆迁中情况复杂，有些居民希望加紧拆迁，有些居民希望不拆迁，有些居民希望拆迁但是有条件耗下去，打持久战争取更多补偿款项等；有居民为了在拆迁中得到更多赔偿，私搭乱盖；有居民把拆迁看作是自己住房升级换代的机会；有些居民希望以小博大，换取更大房屋。这样不同的住房需求、不同的拆迁补偿要求，加大了棚改工作的难度。

四、政府购买棚改服务的思考

（一）创新资金筹措机制，落实风险防范机制

第一，发挥金融体系的支持作用。各地政府要抓住国家实施棚改信贷扶持的政策机遇，用足用活用好国开行、农发行棚改专项贷款和其他金融产品。此外，政府应鼓励商业银行创新金融产品，改善金融服务，增加信贷资金安排，对棚改项目实施主体给予贷款支持。

第二，政府购买棚改服务项目一般周期长、资金投入量大，这就要求政府要与政策性银行建立长期信赖合作关系，必须使政府的资金保持相对健康的运行状态，并且必须按时履行已经建立的信贷契约还款义务。同时，政府应加强同各大商业银行的对接合作，进一步增强政府的融资能力。这样才能从根本上保证政策性银行和商业性银行持续放贷，才能形成可持续发展能力，从而有效防范各种风险。

第三，进行财政可承受能力的测算以规避风险。加强预算管理包括做好年度预算和中长期财政预算编制工作、合理安排政府购买棚户区改造服务资金并纳入财政年度预算、探索建立风险预警防范机制等。

第四，可参考四川省的做法，成立一家自治区级非平台类国资公司，用自己的资产和信用作抵押，申请贷款，各市县政府根据每年棚改任务量和资金需求向该公司"购买"棚改服务，同时还必须制定还款计划和预算清单，交同级人大审核通过后，平台公司"放款"。同时，要加强对市县财政的监督指导力度，各市县必须将政府购买棚改服务纳入预算管理。对财政非常困难的市县因棚改任务较重确需举借政府债务的，可以在核定的债务限额内，由自治区政府根据市县需要统一代发地方政府债券筹集资金。

第五，自治区政府对信用评级较低，不具备政府购买棚改服务能力的市县区给予资金支持和保障。

（二）建立信息公开机制

政府购买棚改服务要有严格的公开性。

一是棚改服务的购买主体对符合以下与棚改服务有关的政府信息应当主动公开：涉及公民、法人或者其他组织切身利益的，需要社会公众广泛知晓或者参与的等情况。

二是各级棚改服务主管部门应当通过本部门政府网站公开棚改服务相关法律、法规、规章及审批指南，让尽可能多的承接企业获悉并参与到竞争中来，让资金实力雄厚的企业都能公平地参与其中，使政府对购买主体做出最优选择。

三是政府对承接棚改服务主体的经济能力、资信水平及发展前景等信息存在不对称，民政、工商等主管部门应将企业承接政府购买棚改服务行为纳入信用记录，并及时在年检（报）、评估、执法等监管体系中予以体现，若企业出现弄虚作假、冒领财政资金等违法违规行为，依法给予行政处罚，并将其列入政府购买服务黑名单。

（三）积极发挥政府作用

对于政府来说，需要加强在改造中的领导引导、协调和监督作用，积极开展棚户区改造工程，有利于城市整体功能的改变、有利于城市景观的改善，有利于保障棚户区居民利益。保证棚户区改造在国家法律和城市规划的严格要求下进行。棚户区改造涉及的法律范围广，涵盖行政法、民法等领域，但其"行政属性"更强，需要政府充分发挥行政效能，采取合理合法的措施，真正取信于民。

（四）严格监督检查

棚改工程是一项极容易引发社会矛盾的工作，尤其近年，各地棚改引发的社会矛盾甚至群体性事件的情况时有发生。一方面，应该检讨拆迁补偿和安置等方面存在的问题；另一方面，要加强监督，建议自治区政府督查室，将各市县棚改进展情况，列为全年重点督查工作内容，进一步加大督查力度。对在棚户区改造及安置住房分配和管理过程中滥用职权、玩忽职守、徇私舞弊、失职渎职的行政机关及其工作人员，要依法依纪追究责任；涉嫌犯罪的，移送司法机关处理。

（五）坚持秉承"以民为本"的服务理念

在改造过程中处理好历史遗留的产权问题，着眼于切实保障居民的切身利益，棚户区改造最大的难题是利益问题，要保证人民群众的利益不受到损害。禁止强拆强迁，棚改安置方式由棚户区居民自愿选择，加强安置住房分配过程的公开透明，维护棚户区群众的知情权和参与权，提高居民的幸福指数，依法维护群众合法权益。

宁夏城市建设领域PPP模式
推广应用研究

李有军　高　荃

依据世界银行PPP（Public Private Partnership）指南2.0的定义，PPP是指私人部门同政府部门之间达成共同提供公共产品或服务的长期合同，由私人部门承担主要风险及管理责任，后根据绩效（performance）情况得到回报。在我国，PPP是指在基础设施及公共服务领域建立的一种长期合作关系。通常模式是由社会资本承担设计、建设、运营、维护基础设施的大部分工作，并通过"使用者付费"及必要的"政府付费"获得合理投资回报，政府部门负责基础设施及公共服务价格和质量监管，以保证公共利益最大化。其主要特点是政府对项目中后期建设管理运营过程参与更深，企业对项目前期科研、立项等阶段参与更深，政府和企业全程参与，双方合作时间更长，信息也更对称。

一、国外、国内PPP模式应用情况

PPP 模式最早由英国提出。20世纪90年代，英国为缓解政府财政压

作者简介:李有军,宁夏住房和城乡建设厅城市建设处处长;高荃,宁夏住房和城乡建设厅城市建设处副处长。

力，提高公共服务效率，在交通（公路、铁路、机场、港口）、卫生（医院）、公共安全（监狱）、国防、教育（学校）、公共不动产管理等领域实施PPP模式。截止到2013年，英国共实施PPP项目725个，投资总额542亿英镑，其中665个项目进入运营阶段，约占公共部门总投资的11%。将市场机制引进基础设施投融资领域，通过PPP模式建设工程项目，在政府、企业风险分担，转变政府职能，提高资金使用效率等方面显现出诸多优点，随后逐步在其他国家得以实施。智利于1994年引进PPP模式，到2007年完成36个项目，投资额60亿美元。葡萄牙自1997年启动PPP模式，首先在公路网的建设上进行应用，至2006年的10年间，公路里程比原来增加一倍。巴西于2004—2007年将公路、铁路、港口和灌溉等23项工程作为PPP模式的首批招标项目进行了招标，总投资130.67亿雷亚尔。目前，PPP模式被认为是政府提供现代、优质的公共服务以及提升国家竞争力战略的关键因素之一，日益成为各国政府实现其经济目标，提升公共产品或服务水平的核心理念和措施。

国内 PPP 模式的研究及实践比发达国家晚一些，国家体育场是我国第一个采用 PPP 模式理念建设的体育设施。为保证2008年奥运会正常使用，政府在该项目上提供不低于项目总投资51%的资金，通过招标公开选择合作方，与政府出资人代表——国资公司共同组建项目公司，完成国家体育场的建设、融资、运营和管理。北京市地铁四号线的建设和运营也采用了PPP 模式，这也是中国城市轨道交通建设首个 PPP 项目。除上述成功的 PPP 项目外，国内也不乏一些操作不当的项目：如杭州湾大桥项目，在实施过程中，由于政府部门难以转变角色而导致私人部门中途撤资；又如沈阳第八水厂，由于政府盲目承诺固定回报、项目没有进行招标等不规范做法，最后致使政府在交易中蒙受巨大损失。

PPP模式在我国经历30多年的发展，现在正处于逐步规范化阶段。截至2016年6月，全国纳入国家发改委PPP综合信息平台项目库的项目9285个，总投资额10.6万亿元，其中执行阶段项目共619个，总投资额达1万亿元。国家财政部示范项目232个，总投资额8025.4亿元，其中执行阶段项目105个，总投资额3078亿元。从全国情况来看，市政工程、交通运输、片区开发三个行业项目居前三位，合计超过入库项目的一半。截至2016年6月，市政工程PPP项目总投资2.8万亿元，其中污水处理、市政道路、供水、垃圾处理4个二级行业的项目数分别为740个、514个、367个、277个，占市政工程项目总数的58.6%；投资额方面，轨道交通、市政道路、管网3个二级行业的投资额较大，分别为1万亿元、3994亿元、3221亿元，占市政工程项目总投资额的64.6%。

在宏观经济下行，政府财政不足矛盾依然严峻的背景下，PPP作为缓解财政压力，提振市场需求的有效手段之一，将引入大量社会资本进入。从理论上讲，只要项目具有一定经济效益，就能够借助社会资金对其进行投资，不再受制于地方政府财力的约束，其规模由"有限"变为"无限"，未来政府基建和市政领域的增量项目将全面转向PPP模式，我国基础设施建设正迎来PPP时代。

二、宁夏城市建设领域PPP模式应用现状

(一)宁夏城市建设领域PPP模式发展阶段

宁夏城市建设领域引进社会资本，开展投融资体制改革，推行PPP模式和市场化经营管理进程，可划分为两个阶段。

第一阶段：2002—2010年。2002年原建设部印发《关于加快市政公用行业市场化进程的意见》，2004年颁布《市政公用事业特许经营管理办法》。按照这两个文件精神，自2002年开始，自治区住建厅陆续出台相关政策文件，指导各地开展城市基础设施市场化建设和特许经营管理。各地结合实际，制定具体实施办法，如银川市出台《市政公用事业特许经营管理条例》、吴忠市制定《市政公用设施特许经营实施意见》、固原市印发《固原市天然气特许权出让方案》等。这一时期市场化改革的重点集中在燃气和供热行业，在这两个行业中大力引进社会资本，推行BOO（建设—拥有—运营）模式。2005年，银川市在餐厨垃圾处理行业实行BOT（建设—运营—移交）模式。

第二阶段：2011年以来。银川市率先在城市供水行业推广应用PPP模式，对自来水公司实行经营权和股权转让，由政府出资51%（4.99亿元）、

中铁公司出资49%（4.80亿元），组建银川中铁水务集团有限公司，实行特许经营管理，市政府与中铁公司签订《特许经营协议》，经营期限30年。之后，对已建成的第一至第四污水处理厂和第一、第三中水厂采取TOT（转让—运营—移交）模式，以8.1亿元转让给马来西亚达力集团，成立达力（银川）污水处理有限公司；对已建成的第五污水处理厂同样采取TOT模式，以1.76亿元转让给上实环境（银川）污水处理有限公司运营管理；对新建的第六污水处理厂（已建成运营）和第七污水处理厂（试运行）、第九污水处理厂（在建）采取BOT模式，分别由银川新兴蓉投资发展有限公司（四川成都）、银川中电环保水务有限公司（南京中电）和北京北控水务（宁夏）有限公司投资建设和运营管理。对银川市生活垃圾焚烧发电项目采取BOT模式，由银川中科环保电力有限公司（杭州锦江集团）投资建设和运营管理。2016年以来，全区大力实施城市地下综合管廊、海绵城市建设，银川市、固原市分别获批国家城市地下综合管廊、海绵城市建设试点城市。银川市、固原市作为国家试点城市，采用PPP模式组织建设，项目概算投资共计108亿元，其中政府直接投资不到项目总投资的10%，其他资金全部通过PPP模式从企业筹集。吴忠市、石嘴山市、宁东管委会抢抓国家城市地下管廊建设试点机遇，大力实施地下综合管廊建设，目前全区开工建设地下管廊项目17个，形成管廊26.82公里，完成投资30亿元。以银川市城市地下管廊建设为例，其引入PPP融资模式具体实践做法为：在组织管理方面，市政府成立了银川市地下综合管廊试点项目领导小组，全面负责地下综合管廊试点项目建设工作的统筹领导；在融资平台构建方面，按照"统一规划、统一建设、统一管理"的原则，确定银川市住房和城乡建设局为地下综合管廊项目实施机构，在市属国有独资企业银川市政综合开发公司的基础上筹建了"银川市市政建设和综合管廊投资建设管理有限公司"，指定其为政府出资人，同社会资本合作组建项目公司（SPV）作为"PPP"模式融资平台；在合作方确定方面，项目全部采用"投资+建设"一体化招标，坚持公开、公平、公正的原则，在全国范围内招标，确定4家企业中标；在资金管理方面，专门制订了专项资金使用方案，从项目建设到运营的各个阶段，由第三方造价咨询服务机构针对不同项目的造价控制、资金使用等情况进行全过程跟踪审计，针对各项目公司制定不同的财务管理办法及计量支付管理办法，保证建设资金合理、合法使用，提高资金使用效率；在具体融资方式上，依据PPP合同约定，项目总投资的70%由项目公司采用银行贷款方式进行债务性融资。通过竞争比选，多轮沟通谈判，资金成本由银行基准利率4.9%下浮了10%，控制在4.41%左右，每亿元节约资金成本49万元。同时，银川市管廊建成运营期具有稳定现金流，银川市还正在研究采用通过资产证券化方式，进一步盘活管廊PPP项目存量资产，提高项目资产流动性，促进管廊及后续项目社会资本参与积极性。又如固原市海绵城市建设项目，按照住房和城乡建设部"体现连片效应、避免碎片化"要求，针对固原海绵项目散小多杂等特点，固原市多次反复讨论研究，将试点期全部非经营性项目和经营性项目合理搭配，形成总投资29.88亿元的PPP项目，厘清责任，整体打包，向社会公开采购社会资本方，确定了投资合伙人和专业施工队伍。通过各类试点及实践，为今后PPP融资及做好城市运营和专业管理提供借鉴。

（二）宁夏建设领域融资平台建设情况

1. 组建城市建设投融资公司和保障性住房融资平台

2003年以来，银川市、石嘴山市、大武口区、永宁县、贺兰县、同心县等市县区陆续创建了城市建设投融资公司，将投融资公司作为城市基础设施建设项目的融资平台、投资主体和国有资产的运营主体，服务地方政府能力不断提高，筹集城市建设资金不断增加。其融资方式早期主要为间接融资，即由政府将优质资产注入公司，向银行做抵押、质押贷款。2010年，国务院印发《关于加强地方融资平台管理有关问题的通知》（国发〔2010〕19号）后，各地城投公司无法再从银行获得贷款，逐步从间接融资转为直接融资，实现商业化运作。银川市城投公司转型后，将100%股份划转至银川联通资本投资运营有限公司，主要通过发行城投债和私募债筹集资金，共发行两期33亿元城投债、一期14.9亿元私募债。2014年，经自治区政府批准，成立宁夏惠民投融资有限公司，承担全区棚户区改造、危房危窑改造贷款融资和自治区政府产业引导基金受托管理、重大项目投融资的管理和运营。

2. 组建市政集团公司

2004年以来，全区各地陆续组建国有独资的市政产业集团。石嘴山市整合燃气热力总公司、供排水总公司和城市建设投资控股有限公司成立星瀚市政产业（集团）有限公司，负责全市城市基础设施建设和运营管理，并拓展业务范围，从事发电、房地产开发、工程代建、建筑安装、工程设计、宾馆服务等，下辖17个公司，为市政产业发展探索出一条新路子。该公司还参股国电大武口热电有限公司、翰达实业有限公司（从事天然气经营）和在水一方有限公司（从事商贸餐饮），推进混合所有制改革。中卫市组建应理城乡市政产业（集团）公司，将供排水、污水垃圾处理、房地产开发、资产投资等多个公司合并重组，实行一体化管理、多元化经营，扩大企业资产规模和经营范围，增强企业融资发展能力。平罗县成立德渊市政集团公司，实行多种经营。各地还鼓励有实力的市政公用企业跨地区、跨行业经营，如银川市供水公司兼并灵武市、贺兰县、永宁县供水公司，实行一体化管理；宁夏水投公司对宁东管委会、固原市等实行跨地区一体化经营，提高了这些地区水资源统一调度水平和城市供水能力。

总体来看，经过两个阶段的发展，目前PPP模式在全区实践中有以下几个特点。

一是政策准备逐步完善。结合宁夏实际，自治区政府及相关部门及时出台了《关于推广政府和社会资本合作模式的指导意见》《政府和社会资本合作（PPP）项目以奖代补资金管理暂行办法》《自治区PPP融资支持基金设立方案》，草拟了《政府和社会资本合作（PPP）项目专家评审暂行办法》等文件，为全区PPP模式的开展和实施提供了一定政策依据和制度保障。二是规模逐步扩大。近年来，全区建设领域采用PPP模式等融资形式建设运营的项目涉及资金近150亿元，项目资金总量不断上升，规模不断扩大。仅在地下管廊建设方面，目前全区在建及2017年计划建设的地下综合管廊项目概算投资123亿元，所有项目均采取PPP模式，将拉动社会投资112亿元。三是范围逐步拓展。全区城市燃气、供热行业基本实现市场化、社会化，污水、垃圾处理行业社会化程度较高，供水行业次之。市政道路、地下管网、园林绿化等非经营性行业目前还基本由政府投资建设和经营管理。四是融资平台基本建立。全区各市县均在城市市政建设管理运营企业的基础上建立了各自的融资平台，在利用PPP模式的"硬件设施"准备上能够满足PPP模式实践需要。五是区域差异性显现。银川市在建设领域融资涉及行业多，石嘴山市、中卫市、平罗县等在供排水行业进行了融资，固原市在海绵城市建设试点中对PPP模式有新的探索，其他市县在燃气、供热两个行业也有一些好的作法。全区地级城市融资范围大于县级城市，川区市县融资形式多于山区市县。六是经验逐步积累。银川市在建设领域融资形式实践比较多，BOT、TOT、PPP等模式均有涉及，各类经验较为成熟。其他市县通过一定实践，也积累了一些经验。全区PPP融资模式的在政策制定、制度完善、实践实验、人才储备等方面均取得一定经验。

三、PPP模式在宁夏建设领域资金需求及应用分析

（一）宁夏建设领域资金需求

根据《宁夏城市基础设施建设"十三五"专项规划》，到2020年，宁夏城市基础设施水平要达到西部省区前列。其中：城市新增道路242公里，面积980万平方米；新增自来水厂4座，新增供水能力30.5万立方米/日，配套建设管网120公里；城市热源改造100兆瓦，新建热源1407兆瓦，新建及改造供热管网分别为1514公里、618公里；新增污水处理厂8个，新增处理能力15.7万立方米/日，改造污水处理厂处理规模72万立方米/日，配建管网长度500公里，新增污水再生利用能力19.2万立方米/日，新增污泥处理能力160吨/天；新增生活垃圾无害化处理厂（场）9座，新增处理能力2455吨/日；新增城市公园绿地面积2949公顷；建成城市地下综合管廊170公里。以上项目投资估算近360亿元，每年投资均在70亿元以上，总体需求仍然旺盛。

（二）PPP模式推广应用分析

1. 政策形势分析

2014年以来，国务院以及财政部、国家发展改革委、住房和城乡建设部等部门陆续出台一系列有关PPP的政策文件，自治区政府以及财政厅、发改委、住建厅跟进制定相关文件，在全社会大规模推广政府和社会资本

合作模式。新一轮PPP模式推广应用政策显现出新的特点：一是从专业部门主导转向由财政和发改综合部门直接主导，推广的领域从试点到全面，从某几个行业到全社会，从竞争性、经营性行业扩展到非竞争性、非经营性行业；二是从以打破政策限制为主转向以实行政策鼓励为主，降低市场准入门槛，对社会资本实行同等待遇；三是从PPP实施的宏观政策研究转向微观政策研究和实际工作，同时更加注重对土地、价格、税收、行政性收费等微观政策的完善，更加注重合作双方之间的谈判。可以预见，今后一段时间，国家仍会积极鼓励PPP模式在各个领域的推广应用。

2. 应用范围分析

城市市政公用领域十分广泛，包含城市道路、排水、供水、供热、燃气、垃圾处理、环卫保洁、园林绿化等多个行业，其投资总额也很大，仅"十三五"期间，宁夏市政公用行业领域项目投资估算就近360亿元。但在投资比例和工作重点上仍应有侧重：一是地下管廊建设。宁夏计划到2020年建成170公里，保守估算投资在144亿元，若包含地下管廊建设涉及入廊管线、新建城市道路等内容，投资会更大。若按照国家发改委、住建部全国城市市政基础设施建设"十三五"规划，地下管廊建设在城市新区新建城市道路的配建率将达到30%，全区各市均需建设地下管廊，其投资范围及数量均会大幅增加。二是海绵城市建设。按照全国城市市政基础设施建设"十三五"规划，到2020年，全区设市城市20%的建成区将达到海绵城市建设要求，宁夏需最少建设88.06平方公里的海绵城市建设项目，若不包含固原市目前正在进行的海绵城市建设项目，全区还需建设81平方公里的项目，投资也是巨大的。三是宜居环境建设。城市供水水质、污水处理、垃圾处理、环卫保洁、黑臭水体治理、清洁能源使用等方面在国家层面有很多量化指标，宁夏在此方面还有较大差距，为达到这些指标，今后一个时期以上行业的投资也将是一个重点。

3. 关键环节分析

推进城市建设领域PPP合作，需要把握好几个关键环节：一是找对伙伴，引进好企业。应当通过面向国际、国内公开招标，引进业内公认的、有成熟经营管理经验的上市公司，对PPP项目的建设质量、运营绩效、回报机制、调价机制等制定一系列规范化标准，发挥市场主体技术和管理优势，实现政府与市场的优势互补和双赢。二是发挥价格调节作用。经营价格高低和是否盈利，是社会资本决定是否投入的关键。因此，根据不同项目，不同股权构成、运营方式、基础设施建设、运维成本等具体情况，确定不同收费价格，打破由政府部门直接定价，充分运用价格机制调动经营公司的积极性，保证政府和公司双方共同利益是工作重要环节。三是完善法规，稳定政策。各地如何结合本地实际，出台适合本地社会经济发展现状，覆盖建设领域各行业，有针对性、操作性强的地方性法规和规范性文件，为PPP模式应用提供制度保障是又一重点环节。

四、PPP模式实践存在的问题

（一）缺少地方法规

由于宁夏没有PPP方面的法规，在工作实践中采用的基本是部委规章，使得各级地方政府需用大量的时间和精力消耗在很多相同目的和效果的工作上，而无暇顾及对不同项目差异性的分析和研究。另外，过于开放式的政策构架也不利于对 PPP 项目的统一管理，不同部门的规章，还有相互矛盾的地方，使一些地方在实施 PPP 后，出现了与合同法、会计法相矛盾的地方。

（二）风险管理难度大

风险的预测与管理以及合理的风险分担机制是 PPP 项目能否成功运作的关键，PPP项目通常投资大，耗时长，风险系统庞大，目前宁夏各级政府对PPP项目的风险识别重要性认识不足，存在一系列系统性风险及临时性风险。

（三）私人企业融资存在障碍

相对于其他投资主体，私人企业在融资上表现出融资渠道窄、融资成本高以及融资规模小的缺陷，使其在参与基础设施建设中处于不利地位。全区目前还未形成有效的私人经济融资机制，国有银行和一般的股份制商业银行基本上不将私人企业作为融资支持的主要对象。另外，信贷市场结构不合理，中小金融机构体系尚未建立，私人经济融资困难，制约了私人资本投资到公共设施项目。

(四) 合理的价格 "难以确定"

公共产品或服务定价，在公众 "优质价廉" 期望与私人投资者 "利润最大化" 期望之间存在客观矛盾，这种情况使各级政府部门陷入两难境地。即，政府缺乏对私营企业所提供服务的可能成本的科学合理分析，曾经向企业承诺提高价格的保证难以兑现，同时又承担着公众对于涨价的指责和抱怨。

(五) 盲目承诺投资回报率

投资回报率是投资扣除成本后实际获得的收益率。PPP项目建设周期较长，投资较大，面临较多的不确定因素，因而项目投资者往往要求政府提供其固定投资回报率的保证。国家虽然明确规定各级政府不得向外商承诺固定回报率，而且要限制投资回报率，使其拥有合理回报而不能获得超额利润。但在实践中，宁夏一些地方政府求财若渴，争相发展项目，承诺投资回报率，甚至一些政府承诺投资回报率过高，导致蒙受很大经济损失的情况发生。

(六) 专业化机构和人才短缺

PPP模式在宁夏虽有一些实践，但对于全区各市县建设领域的管理者来说，还是一个陌生的事物，尤其是在如何融资方面，更是缺乏相应的知识储备。一个PPP项目包含设计、建设、经营和融资多个专业，其专业化水平很高，宁夏这样的专业化机构和人才还十分短缺。

五、政策措施

(一) 完善法律制度

清晰、完整和一致性的法规是PPP模式有效运作并发挥其优势的必要保证。建立清晰的法律、法规制度，充分尊重法律尊严，做到有法必依是推进PPP模式十分重要也是最迫切的任务。只有通过立法，才能明确政府部门、企业在项目中需要承担的责任和风险，保护双方利益，有效约束参与双方行为。

(二) 加强风险管理

加强PPP项目事前防范，事中控制，事后补救风险管理。即，在风险还没有发生前采取相应措施，减少风险可能带来的损失；在风险发生的过程中把握风险的发展方向，尽可能地控制风险，使其向有利的方向发展；在风险发生后采取紧急行动，减少风险带来的损失。在考虑成本与效益的前提下，还要考虑防范策略的有效性，切实做到有效、立竿见影降低风险。

（三）消除融资壁垒

消除政策中对私人资本的歧视以及诸多限制条件，使私人企业在银行贷款等金融政策方面享受与国有企业同等待遇。鼓励重点PPP项目使用国家政策性银行贷款和外国政府贷款。允许保险基金、社保基金、住房基金等大型基金在基础设施领域投资PPP项目。

（四）确定合理价格

应当在保证消费者权益的基础上，形成既不损害项目生存能力，又鼓励私人企业改善服务、提高经营效率以及合理价格形成的体制机制。既保证以最低的价格提供产品/服务（经济效益），又要有足够的激励作用（合理的收益和风险控制），鼓励私人企业改善服务，并提供新产品、新服务。

（五）转变政府角色

PPP模式离不开政府的积极推动，要按照"谁投资、谁决策、谁收益、谁担风险"的原则，将各级政府原来在公共基础设施建设中的主导角色，转变为与私人企业合作时对公共产品或服务的监督、指导以及合作者的角色，形成风险共担、利益共享的政府和商业性资本的合作模式。政府部门在合作过程中的各项决策应遵循经济规律，并满足社会公平的要求，保证公私合作过程中双方在法律上的公平和平等，并按照"有所为，有所不为"的原则，把握好政府参与度。

（六）建立监督机制

一是建立问责机制。一方面政府部门应本着对公众负责的立场可对服务提供者进行问责；另一方面公众可按照合同约定对政府本身进行问责，实现民意表达。二是鼓励公众参与。建立公民、团体参与平台，让公众从项目规划到合同谈判一直参与项目的监督，使公众利益在政府与私人企业的合约中得到反映。

（七）培养引进专业人才

通过聘请专家授课、举办各种层次培训班，加强与国外合作、与国内省区的交流，广泛学习各方经验教训，提高全区各级政府对PPP模式的认识和管理能力。同时，通过引进专业机构及人才等多种方式，培养复合型、开拓型的人才，积极推动宁夏PPP项目顺利实施。

宁夏装配式建筑发展研究

袁立荣　田　刚

　　装配式建筑是指将建筑的部分或全部构件在工厂预制完成，然后运输到施工现场，将构件通过可靠的连接方式组装而成的建筑，具有标准化设计、工厂化生产、装配式施工、一体化装修、信息化管理和智能化应用等特征。与传统建造方式相比，装配式建筑具有建造速度快，受气候条件制约小，节约劳动力，并可提高建筑工程质量等优点，符合节能环保、绿色发展的要求。在当前全面推进生态文明建设和加快推进新型城镇化进程的大背景下提出发展装配式建筑，意义重大而深远。

　　装配式建筑与建筑工业化、建筑产业化密不可分。建筑工业化是指建筑在生产方式上由传统方式向社会化大生产方式的转变，是实现建筑产业化的手段和基础。建筑产业化是整个建筑行业在产业链条内资源的优化配置，是建筑工业化的目标。装配式建筑是一种建造方式的变革，需要依靠工业化的手段来完成，是建筑产业化发展的重要内容和形式。当前宁夏正处于发展装配式建筑的起步阶段，研究分析欧美等发达国家以及我国建筑工业化发展的经验，可以探索适合宁夏装配式建筑发展的道路。

　　作者简介：袁立荣，宁夏住房和城乡建设厅科技与标准定额处处长；田刚，宁夏住房和城乡建设厅科技与标准定额处调研员。

一、国外发达地区装配式建筑发展历程及分析

英、法、美以及苏联等国家和地区的装配式建筑主要是在第二次世界大战后发展起来的。20世纪50年代，由于住房紧缺和劳动力匮乏，欧洲兴起了建筑工业化高潮。随着经济的恢复和建筑技术水平的提高，欧洲各国开始采用工业化装配的方式（主要是预制装配式）建造住宅，大量的预制技术体系在政府当局的支持下发展起来。其中苏联和东欧实行计划经济，国家对住宅进行成片规划，大量的预制工厂使住宅的建设速度大大提高，以建设装配式大板建筑为主的工业化建筑模式和体系延续至今。英、法等西欧发达国家在20世纪五六十年代也重点发展了装配式大板建筑。美国于20世纪70年代早期开发了数种预制建筑体系。瑞典和丹麦的建筑工业化也在该时期得到较快发展。20世纪80年代，新加坡和中国香港地区引进预制技术，建筑工业化开始发展。建筑工业化的发展使大规模的住宅建设成为现实，不仅解决了战后居民的居住问题，而且对这些国家20世纪六七十年代的经济腾飞起到了巨大的推动作用。

在建筑工业化发展过程中，各国按照各自的特点，选择了不同的道路和方式（见表1）。在发展道路方面，除美国较注重住宅的个性化、多样化，没有选择大规模预制装配化道路外，其他大部分国家和地区，如欧洲、苏联、新加坡等都选择了大规模预制装配化道路。在发展方式方面，丹麦、瑞典和美国主要通过低层、中低层和独立式住宅的建造发展装配式建筑；新加坡主要通过高层住宅的建造发展装配式建筑；其他国家，如日本、芬兰、德国等则是两种方式兼而有之。

综上所述，尽管各国建筑工业化产生的历史背景、国家的政策、发展的侧重点与取得的成果等都不尽相同，但都经历了以追求数量，提高劳动效率为重点的第一阶段；从追求数量向追求建筑品质方向过渡的第二阶段；更加注重节能降耗以及资源循环利用可持续发展的第三阶段。同时也呈现出以下6个共性特征。

一是建筑工业化以发展工业化住宅为主要内容。国外的建筑工业化主要是第二次世界大战后发展起来的，一方面战争带来的房荒问题使住宅的

表1 发达国家建筑工业化发展概况

国家	起因	发展历程	主要特征
美国	工业化与城市化发展,城市住宅需求量剧增;扩大内需,刺激经济发展。	1.20世纪30—40年代,美国政府制定促进住宅建设和解决中低收入者住房问题的政策和制度,使住宅产业走向大生产阶段; 2.二战后,模数化制定在住宅的设计和建造中逐步得到采用并进一步完善; 3.从20世纪90年代起,制定"节能之星"评定标准、《能源与环境设计规范》,成为指导住宅产业化建设的主导理念和节能环保型建筑的标准。	1.市场力量的推进; 2.建设标准和政策的完善; 3.政策性金融机构的建立; 4.政府的科研技术支持。
瑞典	解决战后的房荒问题	1.20世纪50—70年代大规模建房阶段,开始借助工业化建造体系提高生产效率,并致力于提高住宅性能,大力发展高性能的预制工业化住宅; 2.20世纪80年代的成熟阶段,住房需求基本得到满足,住宅产业化的重点逐步转移到提高住宅的质量和性能上; 3.20世纪90年代后的平稳发展阶段,鼓励建造商和政府机构建造与环境相和谐的高性能住宅,并积极占领国际市场,将工业化住宅和先进的技术、产品出口到世界各地。	1.标准体系的完善; 2.经济政策的支持; 3.住宅建设合作组织的参与。
日本	战后面临的住房紧缺	1.1960—1973年的满足基本住房需求阶段,制定了一系列住宅工业化政策,研究建立统一的模数标准,连续制定新住宅建设五年计划,通过大规模的住宅建设满足了基本住房需求; 2.1973—1985年的设施齐全阶段,住宅需求从数量增加向质量提高转变; 3.1985年后的高品质住宅阶段,住宅产业化在满足高品质需求的同时,也完成了产业自身规模化和产业化的结构调整,进入成熟阶段。	1.政府的主导作用; 2.促进住宅建设和消费经济政策的制定; 3.保障住宅产业发展的技术政策;
新加坡	解决建国伊始面临的房荒问题	1.20世纪60年代的第一次工业化尝试,开始尝试推行建筑工业化,以失败告终; 2.20世纪70年代的第二次工业化尝试,仍以失败告终,但总结出三点经验,为第三次工业化尝试奠定了基础; 3.20世纪80年代的第三次工业化尝试,开始在公共住宅项目,即组屋建设中推行大规模的工业化,及时总结评估工业化建筑方法,形成适宜新加坡具体情况的发展模式,并由此走向稳步发展。	1.国家主导并制定合适的行业规范; 2.对有预制经验外资承包商的经济支持; 3.工业化建筑方法的本土化。

需求巨大，加上当时的劳动力严重不足，导致落后的建筑业生产方式不能满足大规模的建设需求，为加快建设速度，各国开始采用工业化方式来建造住宅；另一方面20世纪50年代后各国经济的恢复与发展和技术水平的不断提高为建筑工业化的发展提供了坚实的经济和技术基础。在这样的背景下，以住宅作为研究和实践的主体，国外的建筑工业化一步步发展起来，并从住宅领域逐渐扩展到其他建筑领域。

二是紧密结合经济社会发展目标发展建筑工业化。尽管各国政府最初是为了解决住宅短缺问题而制定了一系列建筑工业化的发展政策和扶持计划，但都是围绕社会经济发展的总目标进行的，即将建筑工业化的发展与经济发展和经济结构调整协调起来，在一定时期内，将建筑业作为支柱产业，以此来扩大内需，带动经济增长。建筑工业化的发展不仅解决了早期的住宅短缺问题，而且对本国的经济发展起到了巨大的推动作用。

三是政府政策的扶持和引导。纵观各国建筑工业化发展的历程，不难看出，建筑工业化的发展与政府各方面政策的扶持和引导是分不开的。在引导建筑商方面，瑞典政府于1967年制定了《住宅标准法》，规定只要按照国家和标准协会的建筑标准制造的建筑材料和部品来建造住宅，就能获得政府的贷款。在鼓励工业化住宅消费方面，日本、美国都制定了贷款和税收方面的优惠政策。在促进技术研发方面，日本制定了《住宅生产工业化促进补贴制度》《住宅体系生产技术开发补助金制度》，管理住宅产业化所需的技术开发项目的实施；美国国会每年拨付1000万美元，专门用于新技术开发与研究。

四是政府对标准化工作的重视。标准化体系的建立是建筑工业化的基础，是企业实现住宅产品大批量、社会化、商品化生产的前提。瑞典、日本等国都出台了一整套完善的工业化建筑标准，1971—1975年，日本仅制品业的工业标准就制定和修订了115项，占标准总数的61%。政府对标准化工作的重视极大地推动了各国建筑工业化的发展。

五是注重建筑部品和构配件的通用化。建筑部品和构配件的通用化是推进建筑工业化发展的基础和根本保障。早在20世纪50年代，瑞典就开始大力发展以通用部品为基础的通用体系。丹麦在1965年的《建筑法》中规定了基本模数，并制定了一批必须采用的模数标准。美国和日本的主体结构构件基本都实现了通用化。

六是从专用体系向通用体系发展。建筑工业化发展前期以专用体系为主，目的是加快建设速度，但采用该体系建造出来的住宅缺乏多样性，难以满足人们多方面的需求。瑞典、日本、法国等建筑工业化发展较早、发展较好的国家都走过了从专用体系向通用体系发展的历程，这与最初满足基本住房需求到后来追求高品质住宅的趋势是吻合的，这是建筑工业化发展的必然趋势，也是建筑工业化必须要实现的发展道路。

二、我国建筑工业化的发展历程及分析

(一) 我国建筑产业化发展历程

我国的建筑工业化是在新中国成立后逐步发展起来的。20世纪50年代，新中国刚刚成立，全国各行业面临着从传统手工业向机械工业化的转变，建筑业也不例外，借鉴苏联的经验，开始对建筑工业化进行初步探索。

进入20世纪70—80年代，我国大规模地发展建筑工业化，虽然经历了"文化大革命"时期的短暂停滞，但是由于我国对建筑工业化的积极探索，取得了一定的成果，为今后的发展打下了技术基础。这一时期，在政策方面，肯定了建筑工业化发展的方向，并逐步形成了一套我国发展建筑工业化的技术政策，批准了《厂房建筑模数协调标准》和《建筑模式协调统一标准》(GBJ2-1986)，编制了全国通用建筑标准图集。全国各地在政策引导下开始对墙体进行改革，为适用建筑工业化发展产生了一批如预制构件厂、墙体材料厂、厨卫洁具厂、门窗厂、混凝土集中搅拌站等新兴工厂，包括装配式住宅、内浇外挂住宅、框架剪力墙住宅等新型建筑体系快速发展，尤其是大板建筑有了很大的发展。20世纪80年代初，全国大中城市开始兴建大板建筑，到80年代后期全国已竣工大板住宅建筑700万平方米，1987年全国已形成每年50万平方米、约3万套住宅的大板构件生产能力。

到了90年代，商品住宅逐步发展，福利分房逐步减少，现浇技术不断提升，尽管我国房地产进入高速发展时期，但由于当时我国建筑工业化的水平不是很高，技术条件没有达到那么高的要求，建筑业施工手段仍是以

人工作业为主，使得我国建筑业的经济效益出现短时间的下降，这一时期我国建筑工业化的研究和发展几乎处于停滞甚至倒退状态，曾经在全国推广的"大板建筑"也因为外墙质量、隔热、保温、隔声性能等问题而停止建造。

进入21世纪，由于建筑能耗、建筑污染等问题的出现，建筑工业化又被重新提出并迎来新的发展契机，特别是2015年以来，国家密集出台了一系列政策推动建筑产业化发展。2015年发布《工业化建筑评价标准》《建筑产业现代化发展纲要》；2016年3月5日政府工作报告提出要大力发展钢结构和装配式建筑，提高建筑工程标准和质量；2016年9月14日国务院召开国务院常务会议，提出要大力发展装配式建筑推动产业结构调整升级；2016年9月27日国务院出台《国务院办公厅关于大力发展装配式建筑的指导意见》，确定了"用十年左右时间，使装配式建筑占新建建筑的比例达到30%左右"的目标，在全国全面推广装配式建筑。

（二）我国装配式建筑发展成效及宁夏发展情况

一是装配式建筑顶层制度设计及扶持政策初步建立。《国务院办公厅关于大力发展装配式建筑的指导意见》（国办发〔2016〕71号）发布后，各地政府积极响应，密集出台了一系列政策文件，营造了大力推动装配式建筑发展的良好政策氛围。截止到2017年3月，共有7个省（区、市）和6个地级市出台了17份文件，对装配式建筑发展工作进行统筹安排部署。

宁夏于2017年4月印发了《自治区人民政府办公厅关于大力发展装配式建筑的实施意见》（宁政办发〔2017〕71号），提出"到2025年，全区装配式建筑占新建建筑的比例达到25%"的目标。

二是装配式建筑标准体系逐步完善。2016年住建部出台了《装配式混凝土建筑技术规范》GB/T51231-2016、《装配式钢结构建筑技术规范》GB/T51232-2016、《装配式木结构建筑技术规范》GB/T51233-2016三大技术规范，标志着我国装配式建筑标准体系已初步建立，为发展装配式建筑提供了技术支撑。据不完全统计，截止到2016年年底，全国共出台或在编装配式建筑相关标准规范200余项，其中行业标准14项，地方标准123项，企业标准57项，涵盖了装配式混凝土结构、钢结构、木结构和装配式装修等多方面内容。

目前，宁夏在装配式建筑地方标准制定方面还处于空白，以执行国家和行业标准为主。各省（区、市）出台或在编装配式建筑标准规范情况见图1。

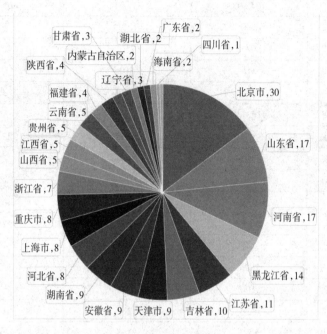

图1　各省（区、市）出台或在编装配式建筑标准规范情况

三是装配式建筑施工面积快速增加。"十二五"以来，特别是2014年以来全国装配式建筑快速发展，工程项目建设量逐年递增。据不完全统计，2012年以前全国装配式建筑累计开工约3000多万平方米，2013年约1500万平方米，2014年约为3500万平方米，2015年约7000万平方米。但地区间差异较大，发展不均衡的现象比较突出，以北京、上海、浙江、江苏、河北为代表的重点推进地区已呈现规模化发展态势，而宁夏、内蒙古、山西等省（区）尚处于起步阶段。装配式建筑三大体系中木结构建筑项目相对偏少。据不完全统计，截止到2016年年底，全国累计开工的装配式建筑项目数量约1000个，其中装配式混凝土结构项目有374个，钢结构项目497个，木结构项目仅26个。2015年，部分省（区、市）装配式建筑

建设情况见表2。

表2　2015年部分省（区、市）装配式建筑建设情况表

排序	省（区、市）	装配式建筑建设规模（万平方米）	装配式混凝土结构建筑建设规模（万平方米）	装配式钢结构建筑建设规模（万平方米）
1	浙　江	1042.82	177.21	865.61
2	北　京	1031	1031	—
3	福　建	672	250	422
4	上　海	610	610	—
5	山　东	513.12	330.71	182.41
6	湖　南	431	400	31
7	广　东	362.45	29.52	332.93
8	辽　宁	304	298.5	5.5
9	河　南	225.6	67.3	158.3
10	江　苏	197.07	172.09	24.98
11	河　北	175.45	22.91	152.54
12	湖　北	104	24	80
13	重　庆	102.4	69.9	32.5
14	安　徽	100	100	—
15	甘　肃	82.5	21	61.5
16	天　津	68.7	12.34	56.36
17	内　蒙	66.9	14.5	52.4
18	云　南	50.82	—	50.82
19	贵　州	45.67	14.87	30.8
20	陕　西	44.25	21.25	23
21	海　南	37.43	—	37.43
22	宁　夏	18.35	—	18.35
23	黑龙江	15.5	15.5	—
24	江　西	14.71	—	14.71
25	吉　林	11.87	3.67	8.2
26	西　藏	5.63	0.3	5.33
27	山　西	5.6	3.3	2.3
28	广　西	1.156	—	1.156

2014年以来，宁夏共实施装配式建筑项目21项61.6万平方米，其中2014年开工4个项目32.4万平方米，2015年开工6个项目18.3万平方米，2016年开工11个项目10.9万平方米。从宁夏已实施的装配式建筑结构类型看，均为钢结构建筑，在装配式混凝土结构建筑和现代木结构建筑方面还是空白；从已实施的装配式建筑的功能来看，均为办公、写字楼、商业等公共建筑，在开发建设规模占大多数的住宅建筑中还是空白。

四是市场主体培育工作已初见成效。随着各级政府部门对装配式建筑发展的高度重视和行业的持续关注，包括万科集团、中建集团等大型企业相继投入到装配式建筑的研发和建设中，为推动装配式建筑的发展发挥了重要作用。截止到2016年年底，全国装配式建筑设计、生产和施工类企业约746家，其中设计单位129家，施工单位221家，生产企业396家（见图2、图3、图4、图5）。

宁夏目前有装配式设计、生产企业共11家，其中设计企业8家，生产

图2　部分省（区、市）装配式建筑设计、施工、生产企业总数量

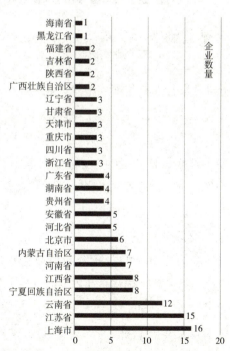

图3　部分省（区、市）装配式建筑设计企业数量

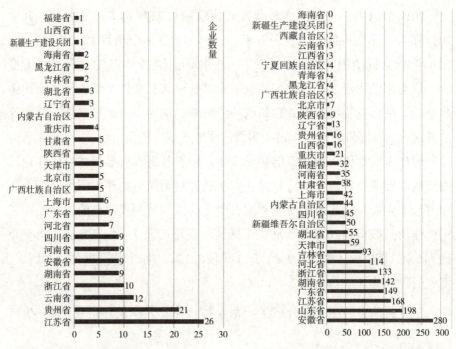

图4　部分省（区、市）装配式建筑施工企业数量　　图5　部分省（区、市）装配式建筑构件生产企业数量

企业3家，没有装配式施工企业。

　　五是装配式建筑生产能力大幅提升。据不完全统计，截止到2016年年底，全国装配式建筑构件生产企业共611家，生产线共计1786条，钢筋混凝土预制构件产能约为1亿平方米，钢结构构件产能约6000万吨，木结构构件产能约200万平方米。装配式建筑配套部件生产企业468家，总生产线共计762条；专用施工机具生产企业91家；专用运输设备企业8家；专用施工设备企业13个。

　　宁夏已批准的14家建筑产业化基地中，符合装配式建筑产业化基地的4家，其中钢结构构件生产企业3家，预制轻质条板生产企业1家，正在建设的装配式产业化基地5家，其中，装配式建筑构件生产企业2家，装配式配套部品生产企业3家（见表4）。宁夏没有装配式建筑专用施工机具、施工设备、运输设备生产企业。

表4　宁夏装配式建筑产业化基地情况

序号	企业名称	产品技术名称	产能	备注
1	宁夏远大可见科技有限公司	钢结构构件	年产100万平方米钢结构	建成
2	宁夏北方精工钢结构实业有限公司	钢结构、新型节能建材	年产钢结构半成品3万吨	建成
3	徐州中煤（宁夏）钢结构建设有限公司	钢结构及预制构配件	年产钢结构半成品8万吨，年产EC轻质墙板60万平方米，年生产总值3亿元	建成
4	宁夏金强节能建材科技有限公司	预制轻质条板	年产轻质隔墙1500万平方米	建成
5	宁夏绿色集成建筑工业产业园	装配式混凝土建筑构配件	年产混凝土装配式建筑构配件150万平方米，10公里城市综合管廊，100万平方米装配式钢结构建筑构件	在建
6	宁夏远高新能源装备制造有限公司	装配式钢结构建筑构配件	年产200万平方米轻质墙板，100万平方米保温装饰一体板，100万平方米钢筋桁架楼承板，7.2万吨钢管束及钢构件	在建
7	宁夏赛乐建筑体系有限公司	CL建筑体系部品部件	年产120万平方米CL建筑体系部品和构件	在建
8	宁夏建科宏盛节能建材有限公司	装配式EPS模块	年产120万平方米免拆模板混凝土墙体，50万平方米装配式空腔模块，20万平方米空心EPS模块轻钢芯肋墙体	在建
9	宁夏中节能新材料有限公司	复合保温墙板	年产50万平方米复合保温墙板	在建

（三）国内外装配式建筑发展情况对比分析

现阶段，我国发展装配式建筑、推动建筑产业化发展与欧美等国家要解决的问题不同。目前，我国基本的居住需求已经满足，已转变为对住房品质的追求，不存在住房大量短缺的问题。当前，我国面临的主要是劳动力短缺，建筑高能耗、高污染等问题，需要有一种更高效、更节能、更环保的建造方式来解决这些问题。同时，我国还面临房地产宏观调控和去库存的压力，房地产投资大幅缩减，政府投资的保障性住房建设也在逐年递减，现实条件决定我们也不能像欧美等国家那样以追求住宅建设的规模为目标。所以，我国发展装配式建筑应当走符合我国国情的装配式建筑发展道路。一方面通过完善建筑工业化体系、促进社会专业化生产来提高效率、减少劳动用工、提高建筑品质；另一方面通过关注建筑工业化在经济、环境、社会方面的影响，降低建筑能耗，减少资源消耗和对环境的影响，实现可持续发展。

尽管我国与欧美等国家发展的背景不同，但从浙江、上海等装配式建筑发展较快较好地区的经验可以看出，仍然呈现以下三个共性特征。

一是抓住住宅大规模建设的有利时机。1998年以来，住宅产业作为国民经济中的重要产业的地位得到确定，住宅产业受到重视，经济适用住房建设速度加快，房地产开发迅猛发展，为住宅产业化发展创造了条件。2005年修订了《民用建筑管理规定》，出台了《建设部关于推进节能省地型建筑发展的指导意见》《绿色建筑技术导则》，为建设节能环保、绿色生态建筑指明了方向，也进一步推动了住宅产业化的发展。2007年，为解决贫困人口住房，在国家的政策要求下各地政府开始大规模建设保障性住房，住宅供应由单一的市场供应转变为市场和政府双途径供应，在政府主导工程中强制推行装配式建筑的做法，进一步促进了住宅产业化的发展。京津冀、长三角、珠三角等经济发达地区很好地抓住了住宅建筑需求旺盛、土地资源日渐紧缺、劳动力成本不断上涨的趋势，在政府工程中强力推行装配式建造方式，引导带动房地产市场行为，极大地推动了本地区建筑产业化发展。更重要的是，通过可建造工程数量上的优势很好地化解了装配式建筑的成本增加问题，使得装配式建筑在经济、质量、效率等方面较传统建造方式具有了更多的可比性，逐步得到市场认可，进而得以大规模推广。这些地区基本上都是在2010年前后开始进行装配式建筑的试点探索，到2015年已经进入全面推广阶段，其覆盖范围已由住宅建筑普及到公共建筑领域，装配式建筑项目数量和规模成倍增长，成为引领我国装配式建筑发展的重点区域。

二是政策扶持和引导效应明显。上海、北京、浙江、湖南等发展较好的省市均通过制定政策、创新机制、政策激励等方式，发挥政府对市场的引导作用，取得了显著的效果。上海市2011—2013年开始试点推进装配式建筑，在政策引导方面，2013年出台《关于本市进一步推进装配式建筑的若干意见》，2014年出台《上海市绿色建筑发展三年行动计划（2014—2016）》《关于推进本市装配式建筑的若干意见》，2015年出台《进一步强化绿色建筑发展推进力度提升建筑性能的若干规定》，2016年出台《上海市装配式建筑2016—2020年发展规划》《上海市建筑节能和绿色建筑示范项目专项扶持办法》《关于装配式建筑单体预制率和装配率计算细则（试行）的通知》等文件；在创新机制方面，由分管副市长召集规划、国土、发改、住建、财政等20余家委办局，组建"上海市绿色建筑发展联席会议"，有效增强装配式建筑推进政策制定和工作协调力度，并以土地源头控制为抓手，在土地出让、报建、审图、施工许可、验收等环节设置管理节点严格把关，保证了装配式建筑项目落地和技术要求落实到位；在政策激励方面，出台了规划奖励、资金补贴和墙材专项基金减免等政策，吸引企业主动参与，激发了市场活力。湖南省装配式建筑发展得到了省委省政府的高度重视，将其列入"十三五"全省重点扶持的十大"新兴产业"之一，出台了一系列政策文件，明确了装配式建筑的工作机构，制定了生产基地奖励、建筑容积率奖励、报建费用减免、金融贷款优惠、消费者购房补助、招投标程序优化等优惠政策，夯实保障基础，促进企业转型，开创了装配式建筑发展的良好局面。

三是建立完善的技术支撑体系。从我国装配式建筑发展取得的成效中可以明显看出，北京、上海、湖南、浙江、山东等装配式建筑建设规模靠前的省市，在标准化建设，设计、施工、生产等市场主体培育，装配式建筑生产能力方面也走在了全国的前列。这些省市在推进装配式建筑发展之初，在国家三大标准出台之前，就开展了有关地方标准的制定工作，形成了较为完善的地方标准体系。如上海市先后发布了《装配整体式混凝土住宅体系设计规程》等10多项标准和图集，初步建立了从装配式建筑设计、施工安装、构件生产到竣工验收全过程的标准规范体系。湖南省已出台装配式建筑各类技术标准12项，在编的8本，涵盖了设计、生产、检测、施工、验收、计价等方面。上海宝业、杭萧钢构、远大住工等企业依托雄厚的技术力量和经济实力，在国家和地方政策支持下，在积极参与各地工程建设的同时，也形成了系统的具有知识产权的企业标准，很好地弥补了国家和地方标准的欠缺和滞后。完善的技术标准为这些地区先行先试发展装配式建筑提供了必要的技术支撑，推动了行业的转型发展，促进了市场体系的建立和完善，培育了一批建筑产业化设计、生产、施工企业，形成了具有一定规模、种类齐全的装配式建筑构件和部品部件生产能力，不仅满足本省市场的需求，还向国内其他省份输出技术、提供服务、供应产品。

（四）宁夏与国内发达地区装配式建筑发展情况对比分析

现阶段，宁夏与国内其他地区发展装配式建筑的大背景是一致的，一方面要面对日益短缺的劳动力资源，急需解决的建筑业高能耗、高污染、低效率问题；另一方面是要面对建筑品质的提升和实现建筑业绿色低碳可持续发展的要求。

2015年以来宁夏房地产投资大幅缩减，新开工项目规模同比下降32.3%；2015年以后宁夏保障性住房建设已经完成，传统意义上的城市棚户区改造也已经完成；2015年至今的棚改以货币化安置为主，新建项目数量大幅减少，并且纳入了商业开发。所以，宁夏装配式建筑的发展，与上海、北京、浙江等省市在起步阶段所面临的情况是不同的，政府工程的引导和示范作用是有限的，不能以追求住宅的大规模建设作为目标。

与浙江、上海等发达地区相比，宁夏的差距突出表现在5个方面，这也是当前制约宁夏装配式建筑发展的关键因素。

一是产业基础薄弱。装配式建筑的工厂化生产是至关重要的环节，它负责把工程设计转化为标准化产品，并向建筑工程供应标准化的构配件。所以，生产环节的保障是决定装配式建筑发展的关键因素。虽然宁夏在建筑产业化发展方面做了大量的工作，也建设了一批产业化基地，但缺少主要的建筑构件生产，配套部品生产方面也不成体系，产品类型单一，预制楼梯、整体厨房、整体卫生间、整体内装体系等方面都是空白，不足以支撑装配式建筑发展所需。同时，宁夏的产业基地主要分布在银川市及其周边，服务范围不能覆盖全区，不能实现区域内均衡发展。

二是设计、施工等市场主体能力不足。全国的统计资料显示，宁夏有装配式设计企业8家，指的是自治区建筑设计院等具备装配式建筑设计资质的甲乙级工程设计企业，但这8家企业基本上都没有装配式建筑设计的实际经验。宁夏施工企业的资质水平总体较低，资质等级高的企业较少，仅宁夏建设投资集团具有总承包资质。宁夏建设投资集团通过重组基本具备了科研、设计、开发、施工等综合能力，但也缺乏实际工程建设的经验。所以严格地讲，宁夏现阶段还没有具备装配式建筑设计、施工能力的企业。由于装配式建筑与传统建筑在设计、施工的方法以及人员的技能要求等方面差别较大，即使这些企业从现在开始转型发展也需要一定的时间和过程，短时期内宁夏装配式建筑的设计、施工主要还将依赖外省（市、区）有经验的企业来完成。

三是观念落后。宁夏的建筑业仍处在劳动密集型、建造方式相对落后的传统产业发展阶段，高耗能、高污染、低效率、粗放式建造模式具有普遍性。受传统惯性思维影响，宁夏很多政府部门和大多数企业对发展装配式建筑、推进建筑产业化始终持怀疑态度，等待观望情绪严重，并没有意识到这是一场不因个人主观意愿而改变的必将发生的变革。所以，尽管宁夏住宅产业化和绿色建筑推广在全国开展得比较早，2000年就出台了《关于推进住宅产业化提高住宅质量的实施意见》，2008年就开始了绿色建筑推广工作，但发展了近10年、20年，宁夏却落后于全国水平，观念的落后、思想的保守是造成这一结果的很重要的原因。

但宁夏现阶段发展装配式建筑也有5个方面的有利因素。

一是政策利好。自治区政府办公厅出台了《关于大力发展装配式建筑的实施意见》，明确提出财政支持、用地保障、金融服务、税费优惠、行业支持等5个方面的激励政策。自治区住建厅、财政厅联合印发了《宁夏回族自治区绿色建筑示范项目资金管理暂行办法》，明确绿色建筑和装配式建筑示范工程、装配式建筑产业化基地建设等方面的奖励政策。2017年自治区财政已安排专项资金支持绿色建筑、装配式建筑及产业发展。

二是技术成熟。国外半个多世纪的探索和实践，已经形成了非常成熟的建筑工业化技术体系。国内发达地区经过近20年的发展，也形成了先进成熟的装配式建筑技术体系，并在实际工程中成功应用。高端技术人员缺乏、科技研发能力弱是宁夏的现实，而且在一定时间内难以改变，但宁夏在引进先进技术、推进引进技术与地方的适应融合方面有丰富的经验，宁夏完全可以通过技术引进弥补不足，指导宁夏工程实践。目前，宁夏已经引进远大可见钢结构、哈尔滨宏盛EPS模块、河北CL体系以及远大住工、杭萧钢构等装配式建筑技术体系，并将在部分工程中应用。

三是经验可循。上海、浙江、湖南等省市在装配式建筑发展过程中，在政策引导、行业监管、工程实践等方面积累了丰富的经验，在推行总承包模式、培育产业化基地和龙头企业等方面有很多成功的做法，也有一些经验教训。我们可以从正反两个方面学习借鉴，使我们少走弯路、顺利发展。

四是标准健全。尽管宁夏地方标准制订工作滞后，但国家三大技术规范已于2017年6月1日正式施行，《装配式建筑评价标准》也将印发，现有国家标准和行业标准基本满足现阶段装配式建筑设计、生产、施工、管理等方面的要求。2017年3月23日，宁夏住房和城乡建设厅与河北、山西、河南、陕西、甘肃等10省（区、市）签订了"工程建设地方标准化工作协作联盟备忘录"，建立"标准互认、版权互换"机制，实现技术互动、成果共享。宁夏可以与同等气候、地质、自然、经济条件的省份加强协作，推动地方性标准建设，借助其他省份的成果在短时期内解决宁夏地方标准支撑能力不足的问题。

五是形势所需。生产成本不断上升，劳动力资源日渐短缺以及资源环境的压力，促使从国家层面上对建筑业提出了更高的要求。淘汰落后技术成为必然，采用更加高效安全、节能环保的技术成为主流，在客观上促使越来越多的开发、施工企业去思考如何发展。发展装配式建筑为这些企业转型发展提供了很好的机遇，正在吸引更多的设计、施工、部品生产和开发企业聚拢，建立产业联盟，形成相互配合、相互竞争的格局。

三、宁夏发展装配式建筑的政策建议

自治区政府办公厅《关于大力发展装配式建筑的实施意见》中提出了健全标准规范体系，全面提升装配式建筑设计、生产、施工能力，提高先进适用技术的推广应用水平、培育市场主体，创新建设管理模式等5项重点任务。除此之外，综合宁夏发展装配式建筑的制约因素和有利条件，我们认为还应该在以下6个方面引起足够的重视。

(一) 切实转变观念

深刻认识当前国家发展装配式建筑决策的背景、内涵和重大意义，按照自治区第十二次党代会提出的"创新驱动发展"要求，转变传统观念，改变传统做法，适应新的发展要求。要从政府部门首先做起，变"不得不做"为"必须去做"，将发展装配式建筑纳入经济社会发展目标，制定推进计划和实施方案，通过创新体制机制、加强宣传引导、落实激励政策，来推动市场主体转变观念，积极主动参与装配式建筑发展。

(二) 保证政策支持的连续性

纵观国内外装配式建筑发展较好的国家和地区，在发展初期都会采取激励政策，通过政策引领和经济杠杆激发市场活力，带动地区经济增长。宁夏已制定相关政策，在做好政策落实的同时，一定要根据发展的步伐和不同发展时期的要求，保证政策的连续性，以增强建设各方主体的信心，坚定他们的决心，确保宁夏装配式建筑发展开个好头、走得更远。

(三) 发挥政府工程的示范引领作用

尽管当前政府投资建设的工程数量减少，但政府工程的示范引导作用仍然不可忽视，这是宁夏以往重点工作得以推进的经验，也是北京、上海等地装配式建筑成功发展的经验。各级政府一定要认真在政府投资工程中落实装配式建筑发展要求，要采取强制性措施推动任务落地，充分发挥政府工程对市场投资项目的示范和引导作用。

(四) 兼顾住宅建筑和公共建筑

住宅建筑是最适合标准化发展、工业化建造的建筑类型，但当前住宅需求减少的现实条件决定了宁夏不能走以发展装配式住宅建筑为主的单一道路。2014年以来，宁夏大约有近60万平方米的公共建筑采用了装配式建造方式，为宁夏在公共建筑中推行装配式建筑提供了可能。同时，广大的农村地区还有大量需建设和改造的农宅，农村市场的潜力不容忽视。所以，宁夏的装配式建筑发展要同时兼顾住宅建筑和公共建筑，同时兼顾低、多层建筑和中高层建筑，同时兼顾城市和农村地区。

(五) 引导产业基地合理发展

装配式建筑与传统建造方式最大的不同就是增加了生产的环节，生产环节的保障能力直接决定装配式建筑发展的规模和水平，而装配式部品构件生产基地的布局是决定能否实现区域均衡发展的关键，既要避免产业重构、重复投资造成产能过剩和浪费，也要合理布局确保宁夏各地发展的需求。目前，宁夏装配式建筑构件及部品生产企业主要集中在银川及其周边，石嘴山市和吴忠市在合理的服务半径之内，完全可以依托银川市的产业优势，与银川市形成互补，避免在本地区建设同类型的产业化基地。中卫市和固原市超出了服务半径，如不在本地发展装配式建筑生产基地，由银川市提供部品部件产品将大大增加运输成本，进而增加整个建筑的建造成本。所以，自治区要制定装配式建筑产业发展规划，合理布局产业基地，并通过立项审批确保布局合理、科学发展。

（六）加强新型职工队伍建设

装配式建筑从设计、生产到施工组装，对过去的建造方式都是颠覆性的改变。设计、生产、施工3个环节必须无缝对接、密切配合，每一个环节都需要考虑其他环节的要求和可行性。因此，对各环节专业技术人员、现场操作工人都是全新的要求，都需要从认识水平、知识结构、专业技能等方面进行提升。所以，发展装配式建筑，打造设计、生产、施工3个方面新型职工队伍是当务之急。各管理部门、各企业必须要竭尽所能，从队伍建设入手，要舍得花力气、花钱去培训员工、引进人才，要积极主动与技术能力强、工程建设经验丰富的区外大型企业开展合作，也只有这样，才能把握住装配式建筑发展的有利时机，促进管理上台阶、企业大发展，否则很难改变宁夏重点工程、大型项目被外地企业一统天下的局面。

宁夏城市管廊建设问题研究

徐东海

所谓综合管廊，所指的就是"在城市地下建造一个隧道空间，将电力、通讯，燃气、供热、给排水等各种工程管线集于一体，设有专门的检修口、吊装口和监测系统。实施统一规划、统一设计、统一建设和管理。综合管廊被誉为保障城市运行的重要基础设施和'生命线'。"①

通过对综合管廊的定义，我们可以看出城市地下综合管廊具有整合性、分化性、保障性、美观性、空间利用全面性。从城市综合管廊建设和运营的角度看，城市综合管廊还兼具资产本质上的公益性和操作本质上的准经营特征。

一、宁夏城市管廊建设的背景与意义

宁夏进行城市管廊建设不是一个独立的基础设施建设行为。在国内，有中央和国家各部委的支持；放眼全球，也有众多可借鉴经验。

"2015年8月，国务院办公厅下发《关于推进城市地下综合管廊建设的指导意见》，指出到 2020年，要建成一批具有国际先进水平的地下综合管

作者简介:徐东海,宁夏社会科学院社会学法学研究所助理研究员。
①《宁夏日报》,2016年5月12日第004版。

廊并投入运营,并由财政部、住建部启动中央财政支持地下综合管廊试点工作。"①世界范围内,在城市里建设地下综合管廊,最早起源于19世纪的欧洲。1833年,法国巴黎诞生了世界上第一条地下综合管廊系统,在此后至今的近200年历史长河中,经过世界各国的不断探索、研究、改良以及实践,技术水平已经成熟并成为了国外发达城市基础设施建设管理的现代化象征和城市公共管理的主要构成部分。

(一)国外综合管廊建设概况

在国外,铺设综合管廊是综合利用地下空间的一种手段,某些发达国家已实现了将市政设施的地下供、排水管网发展到地下大型供水系统、地下大型能源供应系统、地下大型排水及污水处理系统,与地下轨道交通和地下街道相结合,构成完整的地下空间综合利用系统。

1833年,受第一次工业革命影响,法国巴黎伴随城市化进程的加快人口激增,在原有的城市基础设施无法满足人们需求的情况下各种城市问题丛出不穷,霍乱的爆发迫使城市卫生系统给排水网络的改建。世界上首条综合管廊也应运而生。除自来水给排水管道外,管廊还收容了电信电缆、压缩空气管、交通信号电缆。19世纪60年代末,巴黎市副中心的开发使得城市地下综合管廊收容了更多管线,同时管廊的横断面也修改成为矩形形状。

此后,世界各国在其主要城市相继建设地下综合管廊,不仅工程技术有了进一步发展,收纳管线越来越多,相关立法工作也得以开展。1963年,日本政府颁布了《关于建设共同沟的特别措施法》,以规范和推动综合管廊的建设。

2005年,荷兰阿姆斯特丹的商业中心区泽伊达斯由于地下空间拥挤,按传统埋管的方法位置不足,建设了500米的综合管廊,纳入了燃气、给水、电力、供热、供冷、通信电缆、污水管与雨水管,管线单位每年缴纳10万欧元作为使用费。这为我国地下综合管廊的运作模式提供了可借鉴经验。

---

①《宁夏日报》,2016年5月12日第004版。

（二）国内综合管廊建设概况

我国综合管廊建设与国际上许多国家相比起步较晚，随着近年来国家对城市基础设施建设的重视程度越来越高，越来越多的大中城市已开始着手综合管廊建设的试点和规划。

2000年以前，我国城市地下综合管廊建设较少，主要是北京和上海两地；2000年以后，我国城市地下综合管廊建设相对集中起来，主要还是北京、上海以及东南沿海省份的主要城市，西北地区仅甘肃兰州建设2.4公里。

2015年，随着《国务院办公厅关于推进城市地下综合管廊建设的指导意见》（国办发〔2015〕61号）、《城市综合管廊工程技术规范》GB50838-2015、《城市地下综合管廊工程规划编制指引》等政策文件的颁布和全国范围内城市地下综合管廊试点工作的开展，我国综合管廊发展进入了新时期。

2016年，李克强总理在3月初做政府工作报告时提出，2016年全国将开工建设城市地下综合管廊2000千米以上，将我国地下综合管廊建设推向高潮。

（三）宁夏城市管廊建设的意义

1. 国内外综合管廊建设实践对宁夏城市管廊建设的经验借鉴意义

国内外综合管廊实践为宁夏城市管廊建设提供了大量可借鉴的经验。在技术上，累积了明挖现浇法施工、预制拼装法施工、浅埋暗挖法施工、顶管法施工、盾构法施工等几大类施工工艺方法；在运营管理方面，随着PPP模式在综合管廊等基础设施项目的应用，为宁夏理顺城市管廊运营各主体关系以及高效管理城市管廊运营奠定了基础。

2. 宁夏城市管廊建设的预期效益

（1）经济效益。宁夏城市管廊建设体现了经济新常态下供给侧结构性改革的内涵；尤其是建成运营后，对于未来拉动宁夏经济增长的意义重大，必将成为新的经济增长点。

（2）政治效益。宁夏城市管廊建设理念符合马克思主义发展观，是党和政府执政为民、带领广大人民群众在实现中华民族伟大复兴之梦道路上迈出的重要一步。

（3）文化效益。宁夏城市管廊建设所体现的整合性、分化性、保障性、美观性以及空间综合利用等特性是适应时代发展潮流。在物质文化发生变迁之后，人类非物质文化也将随之发生相应变迁。

（4）社会效益。宁夏城市管廊建设意味着宁夏城市建设向着破解"马路拉链""空中蜘蛛网"难题，迈出了强有力的第一步；意味着城市建设重心从地上设施转向了地下设施以及地下空间综合利用；对于提高城市综合承载能力，满足民生之急之需意义非凡。

（5）生态效益。城镇化发展之初关注的是量与规模，面临严峻的生态条件，宁夏城市管廊建设从质上转变了城镇化发展道路关注点，具有积极的生态效益。

二、宁夏城市管廊建设的现状

（一）宁夏自治区住建厅统筹推进各项工作

2016 年以来，宁夏自治区住建厅认真贯彻落实习总书记来宁讲话精神，把统筹推进地下综合管廊建设作为拉动经济发展、加快新旧动能转换、建设美丽宁夏的重大任务，攻坚克难、奋力拼搏，各项建设科学推进、政策效果初步显现。一是完善了地方法规及政策措施。《宁夏回族自治区城镇地下管线管理条例》于 2017 年 7 月 26 日由自治区十一届人大常委会第三十二次会议表决通过，这为加强宁夏城镇地下管线建设管理，保障城镇安全运行提供了法律保障；制定《关于推进城市地下综合管廊建设的实施意见》，并由自治区政府办公厅予以印发实施。管廊试点城市银川市制定了《城市地下管线管理条例》《银川市地下综合管廊建设管理协调联动机制工作方案》《银川市城市地下综合管廊及配套基础设施绩效考核评分办法及评分实施细则》等一系列政策措施，力推管廊建设。二是强化了专项规划调控。按照《自治区推进城市地下综合管廊实施意见》精神，要求设区市及宁东管委会编制地下管廊专项规划。截至 2016 年度，各地均完成规划编制及审查工作，并向宁夏自治区住建厅报备规划成果。三是加快了管线普查。按照《宁夏回族自治区城市地下管线普查工作实施方案》要求，全区各市县全面开展城市地下管线普查工作，截止 2017 年 6 月 30 日，全区普查城市供水、供气、供热、电力、通信等各类管线31000多公里，普查工作全部完成。四是加快推进项目建设。积极指导银川市获批国家第二批管廊建设试点城市，争取到连续3年每年4亿共12亿元专项补助资金；力促项目落地。2016年，在宁夏自治区住建厅与吴忠市、宁东管委会的共同努力下，全区12个项目列入国家建设任务，并全部开工。[①]

截至2017年11月，宁夏城市地下综合管廊开工工程已达58.26公里，形成廊体47.796公里，完成投资52.349亿元。[②]

（二）各地市县协同努力

根据财政部、住房和城乡建设部《关于开展中央财政支持地下综合管廊试点工作的通知》（财建〔2014〕839号）和《关于开展2016年中央财政支持地下综合管廊试点工作的通知》（财办建〔2016〕21号），财政部、住房和城乡建设部按照竞争性评审得分，排名在前15位的城市进入2016年中央财政支持地下综合管廊试点范围，宁夏银川市成为国家第二批地下综合管廊试点城市。实际上，"早在2015年初，银川市地下综合管廊项目正式立项。地下综合管廊项目投资和工程量较大、涉及项目多，《2016年地下综合管廊试点城市申报指南》对管廊的建设长度、入廊管线种类等方面提出了新要求。为此，银川市对管廊项目设计方案再次进行了优化调整，审核批复相关工作随之增加，从项目立项、可研、初设需批复总计达40余次。银川市行政审批服务局多处室通力配合，开通'绿色通道'，在最短的时间内，高效完成了管廊审批工作，并同步理清审批台账。据市行政审批服务局相关负责人介绍，2015年申报建设的地下综合管廊总计39.12公里，分10个子项目，分布在宝湖路、沈阳路、万寿路、哈尔滨路、怀远路、宁朔街、长河大街、凤祥街、宝湖路、满城街部分路段。国家根据城市规模对地下综合管廊试点城市给予每年3亿~4亿元的专项资金补助。"[③]截至2017年11月，银川市城市地下综合管廊开工工程已达43.58公里，形成廊体

---

①根据宁夏自治区住建厅提供资料整理。

②根据宁夏自治区住建厅提供资料整理。

③http://www.chinapipe.net/news/2016/46455.html

33.48公里，完成投资41.29亿元。①

石嘴山市城市地下综合管廊在大武口区、惠农分区，总规划规模139.5公里，其中大武口区79.2公里，惠农区60.3公里，总投资105.8亿元，规划分为三期进行，总规划期限从2016年到2030年，计划2020年以前建成地下综合管廊15公里。2017年11月，石嘴山市综合管廊项目前进路段已完工，供热部分已投入使用；沙湖大道段主体工程已完工，正在回填土方。②截至2017年11月，石嘴山城市地下综合管廊开工工程已达4.68公里，形成廊体4.68公里，完成投资3.4亿元。③

为有效解决"城市拉链"和"蜘蛛网"问题，2015年吴忠市开始探索实施城市地下管廊PPP项目，2016年1月，完成了《吴忠市地下综合管廊专项规划》，计划于"十三五"期间实施城市地下综合管廊15公里，分别为一期10.2公里、二期4.8公里，其中一期项目按照《财政部关于推广运用政府和社会资本合作模式有关问题的通知》要求，采用PPP建设运营模式，项目合作建设期2年，运营期28年，服务面积6.5平方公里，项目估算投资8.4亿元，2016年已建成1.5公里。截至2017年11月，吴忠城市地下综合管廊开工工程已达6公里，已全部完成目标任务，形成廊体6.21公里，完成投资4.366亿元。④

中卫市根据《关于推进城市地下综合管廊建设的实施意见》（宁政办发〔2016〕99号），编制了《中卫市城市地下综合管廊规划》，规划从2017年到2020年建设干线管廊19.28公里，覆盖面涉及宁钢大道、滨河南路、长城路、应理路、南苑路、平安路共计6条城市主干道，投资20亿元；长远而言，从2021年到2030年规划建设支线管廊17.1公里，投资8.72亿元，总投资28.72亿元。目前，中国中铁联合体、宁夏建设投资集团有限公司已经与中卫市住建局签订了战略合同框架协议。⑤

---

①根据宁夏自治区住建厅提供资料整理。

②http://www.nxjst.gov.cn/info/1029/23505.htm

③根据宁夏自治区住建厅提供资料整理。

④根据宁夏自治区住建厅提供资料整理。

⑤根据宁夏自治区住建厅提供资料整理。

截至2017年11月，宁东城市地下综合管廊开工工程已达4公里，形成廊体3.426公里，完成投资3.293亿元。①

三、宁夏城市管廊建设中存在的主要问题

宁夏城市管廊建设的问题，可以从建设技术和建设运营两个层面进行分析。

（一）宁夏城市管廊建设的技术问题分析

我国改革开放近40年、宁夏回族自治区成立近60年来，宁夏的综合经济实力显著提升。伴随宁夏城市化发展的进程，在城市发展和管理方面还存在诸如城市基础设施建设落后、政府公共产品供给量欠缺、城市管理系统发展滞后、与城市基础设施建设相关联的金融及产权制度配套改革不足等短板。就宁夏地下综合管廊建设项目而言，如何在技术上实现给水、电力、通信、再生水、热力管线入廊，天然气、雨水、污水部分入廊，如何实现管廊建设项目同市政道路、隧道、桥涵工程、铁路通道、景观绿化、交通设施等其他附属工程打包建设，这都是建设技术层面的问题。

1. 长远规划欠缺

从自治区到各相关地市的推进城市地下综合管廊建设实施意见来看，最长远的规划仅到2030年。这就意味着在2030年这一时间节点上必然会迎来一次综合管廊建设使用的"回头看"，总结经验教训，是否进一步发展建设地下综合管廊尚无定论。然而，从综合管廊长远规划区域来看，也是较为分散的，要连接成片发挥综合管廊网络优势难度较大，这必然会对未来的综合管廊评估结论有影响，进而影响2030年以后综合管廊建设的延续。实际上，从世界范围看，综合管廊建设已经延续了近200年，并且在一些发达国家发挥了正向效益。因而，目前城市地下综合管廊短期的"长远"规划无论是在时间还是区域的选择上都相对欠缺。

2. 综合管廊工程设计多方协同不足

目前，宁夏正在实施的综合管廊工程设计大多是针对廊体及其节点的

---

①根据宁夏自治区住建厅提供资料整理。

土建工程和附属设施选型和安装进行的，而综合管廊内各管线的选型和安装设计则交由各专业管线单位各自分别实施。这就很容易拉长综合管廊工程建设周期，同时由于廊体建设和管线安装技术之间的技术衔接问题往往造成管廊建设出现相对的缺陷进而造成不必要的损失。

3. 综合管廊工程施工方法选择的矛盾

目前，综合管廊工程施工工艺大致可分明挖现浇法施工、预制拼装法施工、浅埋暗挖法施工、顶管法施工、盾构法施工五大类。宁夏的综合管廊工程基本采用的是露天明挖现浇法施工。明挖现浇法无论是在施工技术还是在实践中，已经相当成熟，但是廊体之外的降水和桩基等对工程质量、工程进度和造价、施工难度、施工复杂性的影响较为突出，尤其是在工程周期上不及预制拼装法，在对城市生活的干扰上也不及浅埋暗挖法、顶管法以及盾构法。就银川市沈阳路段来说，穿越阅海湖工程若使用盾构法工程总体情况可能更好，但是综合考虑成本及各方面因素、权衡利弊，还是采用了明挖法，这一选择就是综合管廊工程施工方法选择矛盾的最好体现。

（二）宁夏城市管廊建设的建设运营问题分析

城市地下综合管廊建设投资相当大，仅仅依靠地方政府财政支出很难确保工程顺利建设。除中央财政加大支持力度外，宁夏各地各项目前普遍采用了政府和社会资本合作的模式，即PPP模式。这一模式具体是指社会资本和政府公共部门形成一种由社会资本在诸如基础设施、公共服务设施建设等领域内向政府公共部门提供并且承担一定的投资和技术及运营管理风险，进而通过谁使用谁付费以及政府付费的形式获得合理的投资回报的一种投融资合作伙伴关系。当作为一项新型市政基础设施出现的城市综合管廊在我国兴起与正处于发展起步阶段的PPP模式相融合时，其中必然会出现各种各样的问题。本文对于宁夏城市管廊建设在建设运营方面问题的问题，就是从PPP模式角度来分析。

1. PPP模式在宁夏城市综合管廊建设运营中的社会资本构成单一

目前，银川市城市综合管廊按照PPP操作流程，最终中标单位为中国建筑股份有限公司、中国水利水电第四工程局有限公司、中冶建工集团有限公司、中国十七冶集团有限公司与建信（北京）投资基金管理有限责任公司联合体、中国水利水电第十四工程局有限公司联合体。

2. PPP模式在宁夏城市综合管廊建设运营中的相关法律法规部分缺失问题

银川市政府办公厅目前已出台《银川市地下综合管廊管理办法（试行）》，根据文件相关规范明确了综合管廊内产权归属，规定入廊管线种类，并通过补充完善城市规划管理、地下空间权属等相关法规，明确"管线强制入廊，否则规划部门不予规划许可审批，建设部门不予施工许可审批。"同时，依据《城市地下综合管廊实行有偿使用制度的实施意见》（宁价综发〔2016〕5号），银川市《城市综合管廊使用费和维护费收费标准测算报告》已由多家专业咨询机构审核，经各专家多次审核讨论后，已形成终稿，待银川市政府审批。尽管如此，银川市关于整个城市规划相关方面的的立法工作也还没有完全衔接。石嘴山、吴忠、中卫、固原4市的相关强制入廊、规划、地下空间权属、价格等相关立法工作也有待进一步加大工作力度。

3. PPP模式在宁夏城市综合管廊建设运营中的专业人才不足问题

一方面由于PPP项目涉及金融、财会、法律、工程等专业知识，政策性、专业性极强，许多基层干部不熟悉PPP操作规范和流程，大大制约了PPP模式的推广应用；另一方面则表现为政府机构设置和人员配置问题。由于PPP项目涉及领域广、部门多，编制到位有快有慢，甚至有的没有编制，也造成了政府方面管理缺人、缺位的事实。

4. PPP模式在宁夏城市综合管廊建设运营中的投融资回报问题

目前PPP模式建设的项目多为准经营性项目，项目公司依靠运营的收入较少，主要依赖财政可行性缺口补助，由此就会造成社会资本方投入大但回收期较长，确定长期资本收益率较为困难，而政府在PPP项目中前期投入较少但后期补助较高，无形中也加重了财政负担。目前，银川市住建局已制定《银川市地下综合管廊及配套基础设施绩效考核评分办法及评分实施细则》并写入《PPP合同》。这一实施细则对于日后社会资本在长时间的特许经营期内不断提升通过提供运营维护管理服务以获得投资回报是未来运营管理方式的关键，需要在一个较长时间段进行深入研究。

5. PPP模式在宁夏城市综合管廊建设运营中的协调管理问题

目前，银川市政府已经确定市住建局为银川市地下综合管廊试点项目的实施机构，同时在市属国有独资企业银川市政综合开发公司基础上筹建"银川市市政建设和综合管廊投资建设管理有限公司"，且指定为政府出资人，与社会资本合作组建特殊项目公司（SPV），为PPP模式构建平台。这在一定程度上就形成了一种政府实施机构寄希望于SPV组建后将项目建设管理的食物交由项目公司管理进而弱化综合管廊PPP项目监管的可能，由此项目公司若是既当运动员又当裁判员，问题可想而知。这一问题必须高度重视，并在实际工作中严加防范。与此同时，PPP综合管廊项目目前还没有建成并投入运营的，因而在未来的运营管理阶段会出现何种问题尚不明确。

四、宁夏城市管廊建设的对策建议

宁夏进行城市管廊建设有极大的必要性，可以帮助我们消除城市"马路拉链"以及"空中蜘蛛网"的影响进而美化城市环境、提升对城市地下空间的开发利用率进而节约宝贵的土地资源、增强城市地下管线运营的安全性进而实现科学的城市地下管线管理。在宁夏城市管廊建设运营中使用PPP模式，不但可以有效解决政府强加给管线用户使用综合管廊时的被需要带来的有关问题，还可以城市管廊建设为例深入探讨PPP模式在其他相关领域的介入应用。为进一步发展好宁夏城市管廊建设，建议日后实际工作应当从以下几点做起。

一是做好长远可持续规划。与许多发达国家相比，我国城市地下综合管廊建设起步相对晚得多，与全国相比，宁夏城市地下综合管廊建设更是滞后，由此就形成了一种迟发展。宁夏应当充分总结经验教训，利用这种迟发展效应少走建设运营过程中的弯路；在中长远规划中，可以与我国的两个"百年"建设相结合，延长规划期限，明确建设目标和任务；进一步优化在规划建设区域的选择，加快城市地下综合管廊建设运营网络的形成；以城市地下综合管廊建设运营为契机，加大宁夏相关基础设施建设力度，加快宁夏相关公共设施建设步伐。与此同时，要合理制定具体施工方案，包括路段、时间、便利措施等，力争将施工对社会公众出行带来的不便降到最低。

二是顺应PPP基本理念，在综合管廊建设运营过程中突出整体性。将综合管廊建设整体工程包括廊体及其附属设施建设以及管线工程一次性施工建设，以出售管线资产的方式收取入廊费；将综合管廊整体包括廊体及其附属设施还有管线在内的全部项目进行整体运营管理，以实际运营服务为准向管线单位收取运营服务费。

三是提高风险意识，尤其是政府对城市综合管廊项目的组织风险、法律风险、设计风险、最小需求风险、项目建设管理风险、项目运营管理风险、融资风险等的分析以及合理分配，最大限度防范和规避源头性风险及阶段性核心风险。

四是建立和完善有利于综合管廊PPP模式建设运营的法制环境。在法律调适范围内确立国家的地下空间权益主体地位，围绕"建设用地地下使用权"这个核心，完善《中华人民共和国物权法》、研究制定国家层面的地下空间权法；明确城市地下综合管廊工程规划在城市规划体系中的法律层次；高度重视PPP项目合同体系所涉及的各类法律关系，着重关注所签合同与《中华人民共和国合同法》的对接，使综合管廊和PPP模式结合各自特点在合同中 有针对性 的设置。

五是顺应综合管廊PPP项目的管理需要，实现政府管理机制创新，搭建适应综合管廊PPP项目的政府管理机构。创新综合管廊工程设计组织工作；落实管线入廊费和运营管理服务费整体收取工作机制；改革政府方面项目造价管理机制；构建综合管廊科学运行维护管理架构及其操作机制；完善综合管廊特许经营期满后的项目移交程序及相关工作。

六是提高综合管廊PPP项目中采购社会资本方时的匹配度。采用邀请招标的方式，着重从综合管廊工程规划设计、综合管廊可行性研究设计的资源、化解设计风险以及社会资本困局的能力等方面来考量综合管廊社会资本方建造能力以及运营能力。

七是加大地下综合管廊运营管理的信息化建设与应用。城市地下综合管廊信息系统是城市地下管线信息系统的有机组成部分，在城市地下综合管廊信息系统中，要完善综合管廊的地理信息和容纳的管线属性信息、廊体环境管理信息系统以及廊内管线生产运行信息系统。

八是加大城市地下综合管廊运用PPP模式的人才队伍建设。一方面要在实现政府管理机制创新，搭建适应综合管廊PPP项目的政府管理机构基础上理顺各相关机构关系，人员配置到位；另一方面加强基层综合管廊和PPP项目相关从业人员的金融、财会、法律、工程等专业知识以及相关政策的培训力度，使其熟悉PPP操作规范和流程，提升工作能力。

宁夏城市管廊建设是涉及基础设施建设、民生建设等各方面的大事。党的十九大报告把我国社会主要矛盾的表述修改为"人民日益增长的美好生活需要和不平衡不充分的发展之间的矛盾"，为新时代宁夏城市综合管廊建设指明了方向。要努力使工程管理、工程质量、风险控制、文明施工以及扬尘治理等涉及城市综合管廊建设发展的不平衡不充分方面的综合管控与人民群众美好生活各方面的综合需求相适应，严格落实企业主体责任、紧抓岗位人员履职尽责、全面强化属地监管责任、扎实做好质量安全生产重点工作，为新时代中国特色社会主义建设贡献力量。

（本文在成稿过程中得到了宁夏回族自治区住房和城乡建设厅城建处的大力支持，特别鸣谢。）

治理篇

ZHI LI PIAN

宁夏城市管理综合执法体制改革研究

褚广宇 陈谙杰

城市管理综合执法事关城市发展、社会和谐以及人民安居乐业，是社会关注的焦点之一。2015年12月，中央、国务院印发了《关于深入推进城市执法体制改革改进城市管理工作的指导意见》（中发〔2015〕37号），对深化城市管理综合执法体制改革、提高城市管理综合执法水平提出了明确要求、做出了重大部署。贯彻落实好37号文件，必须认识全国城市管理执法体制改革的背景和历程，系统总结近年来我国城市管理执法体制改革探索的做法和经验，深入分析当前宁夏城市管理综合执法机构设置和队伍建设中存在的问题，并在借鉴其他省（区、市）城市管理有益经验的基础上，提出深化宁夏城市管理和执法体制改革、机构设置和队伍建设的政策建议。

一、我国城市管理综合执法改革的背景

高速发展的城市化给我国经济社会带来了巨大活力，但由于受到"经济主导型"城市发展模式的影响，政府过度强调经济建设，社会建设明显

作者简介：褚广宇，宁夏城市管理综合执法监督局局长；陈谙杰，宁夏城市管理综合执法监督局城市管理科科长、高级规划师。

滞后，经济社会发展不协调问题逐渐显现和暴露。

（一）城市化快速发展增加城市管理综合执法难度

改革开放以来，我国城市化进程加速发展，并将继续呈现出加快发展的趋势。麦肯锡全球研究院预测，中国城市人口将从2005年的5.72亿增加到2025年的9.26亿，到2030年，中国城市人口有望达到10亿。城市化快速发展引发了一系列矛盾，诸如城市化快速推进与城市基础设施相对滞后的矛盾；市民群众日益增长的环境需求与城市管理相对滞后的矛盾；城市人口快速增长与人口素质、文明习惯相对滞后的矛盾。城市环境秩序问题日益凸显，主要表现在无照经营问题、违法建设问题、城中村问题、非法小广告问题、非法车辆运营问题、露天烧烤问题、建筑工地渣土治理问题等方面。城市管理执法部门处于城市管理体系的末端，直接面对社会弱势群体，面对复杂的利益格局，履行的是政府职能中社会热点最突出、矛盾最集中的部分之一，具有较强的挑战性。

（二）相对集中行政处罚权构成了城市管理综合执法的制度基础

1996年颁布的《中华人民共和国行政处罚法》，确立了相对集中行政处罚权制度，即将原本属于多个行政部门的全部或部分行政处罚权职能，统一划转给单一的行政部门相对集中行使，原部门不得继续行使这些职能的制度。

相对集中行政处罚权构成了城市管理综合执法的制度基础，二者既有联系又有区别，前者是后者得以确立的前提和依据，后者是前者的应用和拓展。中编办、国务院法制办曾专门对此进行明确：相对集中行政处罚权，是一项关于行政职权重新配置的法律制度，将分散在不同部门的行政处罚权统一划转给某一部门行使；而城市管理综合执法，则属于行政执法体制改革的范畴，它不局限于行政处罚权行使主体的调整，还包括职能权限的优化，机构设置的整合，人员编制的调配等，是行政执法体系的改革与创新。

通过省级政府重新配置，将城市管理领域中职能交叉、责任不清、推诿扯皮、效率不高等职能统一划归至城市管理综合执法部门行使，但这些职能相配套的前端管理、审批以及其他部分行政处罚职能，仍然保留在相关行政职能部门。城市管理综合执法部门相对集中行使的权力，只是相对的集中，不是绝对的集中。虽然城市管理综合执法职能主要是以城市管理综合执法部门为主来行使，但其他执法部门基于履行职能的相关性，也要给予积极的支持和配合，由职能交叉向职能协作转变。

（三）我国城市化发展需要解决滞后的城市管理矛盾

自20世纪90年代起，我国开始步入城市化加速发展期，与城市规模和数量同步产生的"城市病"也进入了多发期和高发期。虽然20多年来，在国务院法制部门、中央编办部门大力推动下，我国城市管理综合执法改革经历了初步试点、稳步推进、自主创新、顶层设计等几个阶段，各地为做好城市管理工作，提高城市管理执法和服务水平，努力推进城市执法体制改革，加强执法队伍建设，取得了重要成效，积累了一些有益经验，但很多城市管理和执法中的问题迄今并没有得到很好解决。城市管理综合执法面临的矛盾冲突、法制规范和社会公信力缺失等方面的问题，不仅有损政府和城市形象，更与建设法治政府、依法行政的要求背道而驰。因此，需要通过城市执法体制改革，完善机构设置，加强执法队伍建设，提升城市治理能力，推进城市管理现代化，有效维护城市秩序、保障民生，实现城市和谐有序发展。

二、各地城市管理综合执法体制改革的经验

（一）经 验

近年来，各地为做好城市管理工作，提高城市管理综合执法和服务水平，努力推进城市执法体制改革和加强执法队伍建设，取得了一些成绩，积累了一些重要经验。概括起来，主要有以下7条经验。

一是推进城市管理大部门制改革。注重城市管理执法部门内部管理与执法职能的衔接，明晰城市管理部门与政府职能部门的权责。

二是积极开展城市管理综合执法改革试点。合理确定相对集中行政执法权的范围，注重执法与立法、司法等部门的衔接，加强地方性法律法规和标准化建设。

三是鼓励群众和社会力量参与城市治理。成立城市管理执法监督员队

伍，鼓励群众自治，欢迎群众监督。

四是大力推进执法重心下移。突出街道办在城管中的主体地位，在街道办设立城市管理执法中心，实行网格化管理。

五是强化司法部门对城市管理执法的保障。做好城市管理执法案件向司法部门移送，公安部门向城市管理执法部门派驻力量，建立行政执法与刑事执法衔接机制。

六是推进城市管理综合执法信息化。建立数字化运行管理平台，建立健全城市管理综合执法监控系统。

七是科学制定并公布权责清单。科学划分城市管理执法部门与相关行政主管部门的工作职责，有关管理和执法职责划转城市管理综合执法部门后，原主管部门不再行使。

（二）成 效

各地城市管理综合执法也取得了显著成效，主要表现在以下6点。

一是初步形成了集约化的城市管理综合执法体制。这种体制把分散在城市管理多个部门，但又存在多头执法、重复执法、职能交叉、边界不清的行政处罚权全部或者部分划归到城市管理综合执法部门统一行使，组建了城市管理领域相对集中行政处罚权的城市管理综合执法队伍，推动区域行政资源有效整合，解决了执法扰民的问题，初步形成了集约化的行政执法体制。

二是有利于城市管理综合执法部门履职尽责。通过制定并公布权责清单，使城市管理综合执法部门的权力和责任更加透明，方便老百姓办事。有利于各级城市管理综合执法部门全面履职"有法"，严格尽责"有据"，也有利于加强对权力运行的监督，规范行政执法，做到依法行政。

三是有利于提高执法效率，维持良好的城市秩序。城市管理综合执法改变了传统部门执法体制过于重视"条条"管理，"铁路警察、各管一段"的弊端，初步解决了"七八顶大盖帽，管不住一顶大草帽"的问题，提高了执法活动的权威性，有效维护了城市环境秩序。

四是精简了执法机构，降低了行政成本。城市管理综合执法不仅仅是对行政处罚权进行了重新配置，还对职能交叉、重复、相近的执法职能、机构和编制进行清理整顿，在一定程度上控制了行政执法机构和人员的过度膨胀。通过实施综合执法，整合执法队伍，有利于压缩用于执法队伍的行政成本。

五是有利于依法行政，保障相对人的合法权益。城市管理综合执法实现了执法主体资格的重组，由城市管理综合执法部门以自身名义相对集中行使城市管理行政处罚权，并独立承担相应法律责任，有关部门不得再行使已经划转出去的行政处罚权。克服了多头、重复执法问题，也避免了主体不明、责任不清、相对人合法权益得不到依法保障的问题。

六是为深化行政执法体制改革积累了经验。综合行政执法改革打破了传统的"立法、审批、监管、执法"高度集中的部门管理执法模式，执法权和管理权相对脱钩，形成了与前端管理相互配合、相互监督的执法职能的体制设置，有利于克服"部门利益"和"部门专权"。虽然相对于整个行政体制或行政执法体制而言，城市管理综合执法体制改革只是一项小的改革，但它却具有重要的探索示范意义。

三、宁夏城市管理综合执法体制存在的问题

按照中央相对集中行使行政处罚权的部署和要求，宁夏各市县区从20世纪90年代中期开始，立足城市建设发展的实际，陆续探索实施城市管理综合执法。经过近20年的发展，宁夏各市县区大部分都成立了城市管理执法机构，并探索建立了一系列符合自身实际和特点的城市执法管理制度，对维护良好的城市形象和运行秩序发挥了重要作用，但是，受制于整个城市管理体制存在的弊端、相关立法滞后、执法人员管理不规范等因素，当前城管执法工作仍存在不少矛盾和问题。最为突出地表现在城管执法机构和队伍建设两方面。

（一）机构设置不健全、不规范

一是自治区层面没有设置城市管理综合执法机构。城市管理综合执法工作一直以来属于市县区政府隶属管理。二是地级市和县级城市管理执法机构设置五花八门。5个地级市中，银川市、中卫市为政府组成部门，承担城市管理综合执法职能。石嘴山市、固原市没有单独的城市管理综合执法

机构，职能由内设科室承担。吴忠市没有单独的城市管理综合执法机构，城市管理与城乡规划合署办公。9个市辖区中，除了惠农区、利通区、红寺堡区没有单独设立机构外，其他6个市辖区均为政府组成部门；13个县（市）中，彭阳县城市管理综合执法机构为政府组成部门，赋予城市管理综合执法职能；灵武市、贺兰县、永宁县为政府直属事业单位；平罗县城市管理执法机构隶属县林业局，隆德县城市管理执法机构隶属街道办事处，其他7个县市全部隶属建设行政主管部门二级事业单位。三是城市管理执法机构名称各不相同。有的叫城市管理局、有的叫城市管理综合执法局、有的叫综合执法局，等等。四是城市管理执法机构性质定位不准确。按照《行政处罚法》的规定，履行综合执法职能的部门必须是行政机关，但全区绝大多数机构为事业单位，27个市县区城市管理综合执法部门中，行政机关占比不到35%。

（二）与相关部门职责划分不清、合作不力

一是城市管理综合执法部门与其他职能部门职责边界不清。2003年，中央编办、国务院法制办下发了《关于推进相对集中行政处罚权和综合行政执法试点工作有关问题的通知》（中央编办发〔2003〕4号），宁夏各市县区都在推行相对集中行政处罚权改革，但到底哪些应集中、哪些应保留在原职能部门并不清晰。城市管理综合部门成了"大箩筐"，其他部门不愿管、管不了、管不好的复杂事物都"扔"给了城市管理综合执法部门。二是有关职能部门对城市管理综合执法机构的执法配合不力。城市管理综合执法部门的执法行为离不开其他职能部门的配合和支持。但由于缺乏相应的法律法规，加之协调机制不健全，城市管理执法部门难以得到其他部门的配合。譬如：渣土车辆抛洒滴漏问题，因城管部门无权停扣车辆，如果没有公安交警部门的配合，规章赋予城管的执法权限与执法手段根本无法实现。违法建设的查处也存在类似的问题，违法建设的认定在规划部门，违建拆除在城管部门，同一件事情，需要2个或2个以上的部门配合才能完成，部门配合不到就会造成违规执法、跨界执法等问题。三是城市管理综合执法的司法保障不足。城市管理综合执法机构在执法过程中遇到的一些需要按照妨碍公务来处理的案件，常需要请公安、法院强制执行。但由于

大多数市县区没有建立城管公安联动执法机制，导致城市管理综合执法大打折扣。

（三）执法人员数量不足，身份多样

近年来，城市快速发展，城市管理执法工作量显著增加，但城市管理执法人员数量增长缓慢。由于人手不足，各地只好聘用大量协管人员作为辅助执法力量。目前，全区从事城市管理执法人员共2757人，其中在编人数1045人（行政编制83人、事业编制962人），协管人员1712人。正式执法人员与协管人员之比接近1：1.6。二是城市管理综合执法人员身份多样。有的是公务员行政编，有的是参公管理事业编，有的是全额拨款事业编，有的是自收自支事业编，有的是工勤编，有的是从其他机构和单位借调的人员，还有的是聘用人员。执法人员身份多样、来源不一，素质不齐，严重影响执法的规范性和执法水平。

（四）对执法人员财政保障不足、管束不力

一是执法人员激励不足。各地普遍对城市管理综合执法工作的财政支持不够，导致执法车辆等装备配备薄弱，执法服装更换不及时，办公场所不足，执法人员薪酬待遇偏低，协管人员工资待遇更低，1个月工资只有2000元左右，还是包括所缴纳的三金。基层执法机构行政级别低，城管执法人员不能按事业单位定岗享受相应的职称待遇，个人发展空间十分有限，执法人员工作积极性不高，执法人才流失严重。二是对城市管理执法人员的制约监督制度不完善。对于不同身份执法人员的录用、考核、问责等，还没有建立一套有效的制度；对于执法行为和执法流程，也缺乏科学、精细的执法标准，执法部门和人员自由裁量权过大，易造成选择性执法、暴力执法和滥用执法权等问题，严重影响执法规范性、公正性，危害城市管理综合执法队伍形象，甚至引发社会矛盾。

（五）法规建设相对滞后，依据不足

城市管理综合执法的行政执法主体身份缺少法律规范，行政执法的法律依据繁杂、相互冲突，地方立法缺乏规范。目前无专门立法明确城市管理综合执法机构的地位、职能、编制，执法程序、标准、手段，执法行为规范和责任追究制度等。同时，部分环节设置不科学、操作性不强的法规规章未及时修订清理，各行业、各部门规章中对管理职责、权限的划分也存在不衔接、不一致的问题。

四、宁夏城市管理综合执法的对策建议

党的十八届三中全会对全面深化改革做出系统部署，强调要健全城乡发展一体化体制机制，推进法治中国建设，推进社会事业改革创新，创新社会治理体制，加强和改善党对全面深化改革的领导。全会提出，维护宪法法律权威，深化行政执法体制改革，健全司法权力运行机制。自治区第十二次党代会报告提出，今后五年要聚焦主要任务，着力构建区域城乡协调发展新格局。着力推进城乡统筹发展，有序推进以人为核心的新型城镇化，加快农业转移人口市民化。城市发展要尊重城市发展规律，创新城市治理方式，全面提高城市规划建设管理水平。党的十八届三中全会和自治区第十二次党代会，都将深化改革列入今后一个时期重点目标任务，城市执法体制改革作为其中一项。党的十九大报告提出，坚持全面深化改革，必须坚持和完善中国特色社会主义制度，不断推进国家治理体系和治理能力现代化，坚决破除一切不合时宜的思想观念和体制机制弊端，突破利益固化的藩篱，吸收人类文明有益成果，构建系统完备、科学规范、运行有效的制度体系。我们要在深刻认识城市管理执法面临的突出问题的基础上，着重从以下几个方面抓起，深入推进宁夏城市执法体制改革，改进城市管理工作。

（一）完善机构设置

在自治区层面，按照37号文件要求整合自治区住房和城乡建设部门原有的行政执法职能，从环保、工商、公安、水务、食药监等5个部门划转部分相关行政处罚权，设立"自治区城市管理综合执法监督局"。各地选择适宜改革模式，地级市城市管理机构可单设为政府工作部门，名称统一为"城市管理综合执法监督局"；如受政府机构限额单设不了的，可在住房和城乡建设部门加挂"城市管理综合执法监督局"牌子，合署办公。县一级可在规定的政府机构限额内单设城市管理综合执法局，或在住房和城乡建设部门加挂"城市管理综合执法局"牌子，合署办公，可下设"城市管理

综合执法大队";已在政府设置直属机构的，保留原机构，统一名称，形成上下协同发展的城市管理执法机构。县（市、区）城市管理综合执法部门根据工作需要，可以向街道（乡镇）派驻执法机构，可设立"城市管理综合执法中队"。

（二）明确城市管理综合执法职责

一要清理精简管理职责。正确把握城市管理执法机构的职能定位，深化"放管服"改革，取消那些于法无据、与经济社会发展要求不符的职责事项，把有限的执法资源用于城市管理方面必须承担的职责上，把该管的管好、管到位。二要明晰职责边界。城市管理的主要职责是市政管理、环境管理、交通管理、应急管理和城市规划实施管理等。具体实施范围包括：市政公用设施运行管理、市容环境卫生管理、园林绿化管理等方面的全部工作；市、县政府依法确定的，与城市管理密切相关、需要纳入统一管理的公共空间秩序管理、违法建设治理、环境保护管理、交通管理、应急管理等方面的部分工作。城市管理执法即是在上述领域根据国家法律法规规定履行行政执法权力的行为。三要推行综合执法。重点在与群众生产生活密切相关、执法频率高、多头执法扰民问题突出、专业技术要求适宜、与城市管理密切相关且需要集中行使行政处罚权的领域推行综合执法。综合执法范围包括住房和城乡建设领域法律法规规章规定的全部行政处罚权和涉及环境保护、工商行政管理、公安交通、水务管理、食品药品监管5个方面涉及城市管理，影响市容秩序的部分处罚权。

（三）加强与其他部门的协作

一要设立各级城市管理委员会。各级政府可在城市管理综合执法机构之外，成立非常设的议事协调机构——城市管理综合执法委员会。由市政府主要领导担任主任，分管领导担任副主任，有关职能部门负责人担任委员。城市管理综合执法委员会下设办公室，与同级城市管理综合执法机构合署办公。主要职责是加强本级城市管理综合执法机构与其他职能部门（如环境保护、工商行政管理、公安交通、水务管理、食品药品监管）的工作衔接和协调联动。二要推进城市管理综合执法与公检法等部门的联动协作。城市管理综合执法部门和公安机关的领导可交叉任职；公安部门在同级城市管理综合执法部门派驻机构，地级市设立城管公安支队，县（市、区）设立城管公安大队；协调建立城市管理综合执法与公检法机构联勤联动机制。

（四）明确执法人员配备比例和身份

一要适当提高市、县城市管理综合执法人员配备比例。依据《城镇市容环境卫生劳动定额》，借鉴有关省份的做法，结合宁夏城市管理综合执法队伍现状，可按照不少于城市常住人口万分之五的比例配备执法人员。考虑到不同市县的特殊性，"对于区域面积大、流动人口多、管理执法任务重的城市，可适当提高配置比例，但原则上不得高于城市常住人口万分之八；对于人口规模较小的城市，原则上按照不得高于城市常住人口万分之二十配备执法人员"。二要统筹解决执法人员的编制和身份问题。可通过招录、调入、接收安置军转干部等途径增加新的执法人员，严把入口关，新进人员应确定为行政编制。同时，把符合条件的参公事业编制人员、全额事业编制人员转为行政编制。

（五）加强对执法人员的保障和管束

一要加大各级财政对城市管理综合执法工作的支持。要把城市管理综合执法经费列入政府财政预算。在自治区可设立城市管理综合执法专项经费，用来评选奖励优秀城市。要由财政经费全额保障执法人员的薪酬福利，适当提高城市管理执法人员待遇。参照公安系统做法，将一线执法人员纳入特岗类别，享受特殊岗位津贴，并推行职务与职级并行制度。二要加强城市管理综合执法人员物质技术保障。要改善执法人员工作条件。可参照公检法等部门的标准，合理确定城市管理综合执法机构执法执勤用车配备定额，可按照每人一座的标准执行。适当提高办公场所配置标准，改善办公环境。三要加强对执法人员的培训和制约监督。尽快研究制定城市管理综合执法工作规范，形成科学、明晰的工作流程和工作标准。强化对执法人员的监督、考核和问责，加大对执法行为的监督力度，把亮证执法、公正执法、文明执法作为评分标准，把考核结果与薪酬待遇、身份转变、职务晋升挂钩。认真开展执法人员"强基础、转作风、树形象"专项活动，努力提升执法规范化水平。

（六）健全城市管理和执法法律制度建设

一要加强地方立法工作。自治区可根据宁夏实际，制定针对性更强、更具操作性的地方性法规。应遵循下位法不得违反上位法的原则，制定适合宁夏发展的法规、规章或者其他规范性文件。要加快推进各地级市城市管理执法方面的地方性法规、规章制定完善工作，明确行政执法机关设置及职能、权力配置、执法保障、执法监督和队伍建设等，规范城市管理执法权力和责任。二要依法科学界定城市管理综合执法职能。城市管理综合执法部门范围应界定在城市环境秩序管理领域，在城市环境秩序领域没有纳入城市管理综合执法职能范围的要进一步扩充，超出城市环境秩序领域但赋予城市管理综合执法部门的职能要进行必要调整。实施城市管理综合执法后，城市行政管理权和行政处罚权相对分离，划转给城市管理综合执法部门处罚职能后，相关行政管理部门仍然承担相关监管责任，有义务协助配合城市管理综合执法部门。因此在职能划转过程中，要对相关行政主管部门和专业执法部门协助配合的法律责任进行明确。各级政府要对城市管理综合执法职能范围进行详细的列举，保持一定的制度刚性。

宁夏城市特色风貌研究

单　媛　张文倩

城市的风貌是城市自然景观、人造景观和人文景观的外在体现，反映了一个地区、一个城市的历史变迁和发展轨迹，代表着一座城市的形象，可以反映出城市的特有景观和面貌、风采和神态，能够表现出城市的气质和性格，体现市民的文明、礼貌和昂扬的进取精神，同时还能显示出城市的经济实力、商业的繁荣、文化和科技事业的发达。城市特色风貌是指一个城市富有个性的外观风格与形象，由独具匠心的空间功能布局、别具一格的建筑风格色彩、因地制宜的环境绿化美化等三个基本要素所构成，它们相互之间有机联系、相互映衬、相得益彰。近年来，从中央到地方、从政府到民众都更加关注城市的建设，尤其是对城市的景观风貌、建筑特色等有很高的关注度。

一、开展特色风貌研究的重要性和必要性

2015年中央城市工作会议上，习总书记在城市建设方面提出了纲领性要求，强调"要加强对城市的空间立体性、平面协调性、风貌整体性、文

作者简介：单媛，宁夏住房和城乡建设厅城乡规划与勘察设计处处长；张文倩，宁夏城镇化和城乡规划编制研究中心工程师。

脉延续性等方面的规划和管控，留住城市特有的地域环境、文化特色、建筑风格等'基因'"。2016年，中共中央、国务院印发了《关于进一步加快城市规划建设管理工作的若干意见》，明确提出"提高城市设计水平，塑造城市特色风貌"的目标任务，为新时期城市特色风貌规划建设指明了方向、提供了基本遵循思路，也为深入探索城市特色风貌的理论与实践赋予了时代命题。2017年3月，住房和城乡建设部为提高城市建设水平，塑造城市风貌特色，推进城市设计工作，完善城市规划建设管理，出台了《城市设计管理办法》，在城市风貌规划管控上进一步细化了管理的内容和要求。近几年来，从一系列重大会议、讲话中，可见中央对城市风貌塑造的重视程度。

2016年自治区党委、政府印发了《关于加强城市规划建设管理的实施意见》（宁党发〔2016〕27号），提出要塑造城市特色风貌，全面推行城市设计，提高建筑设计水平，努力形成城市特色风貌。2017年6月，石泰峰书记在自治区第十二次党代会报告中也对宁夏今后城市建设、发展提出了的新要求。他指出："城乡建设要更加注重自然生态保护和历史文化传承，更加注重发掘特色优势，不搞大拆大建、盲目扩张，不搞贪大求洋、破坏文脉，不搞统一模式、千城千村一面，推动城市乡村特色发展、错位发展、个性发展，让居民望得见贺兰山、看得见黄河水、记得住塞上江南风情。"

随着世界文化的趋同和我国城市现代化建设的快速发展，城市风貌越来越单调、雷同，城市特色日渐丧失，"千城一面、千篇一律"成为我们描述现代城市的常用词。宁夏各城市在西部大开发的改革浪潮中快速扩展，城镇化进程日益加快，城乡面貌得到极大改观，但同时也出现了一些问题：城市"千城千村一面"现象日渐突出，城市的地域性特征和历史传统文化特征不断弱化，城市特色主见趋同；城市整体风貌系统性不强、特色不突出，自然格局、形态、景观本底严重破坏。人们逐渐意识到，城市规模的肆意扩张、城市建筑高度的不断增长、城市钢筋水泥森林林立的模样并不是我们所希望的，也不适合人类生活。相反，与自然环境和谐共生，街道尺度宜人、居住环境舒适、富有文化气息也更贴近人们生活的城市才是我们所向往、所追求的栖息之所。

因此，塑造城市特色风貌已成为宁夏乃至全国城市建设的重要内容，其重要性日益凸显。城市特色风貌的塑造能够合理地处理好城市空间与城市环境、城市形象与城市历史文化之间的关系，使之协调发展并得到艺术上的考虑。它所体现的不同于其他城市的文化特征和景观特色正是吸引人们来此观光、工作、生活的强有力的抓手。

二、宁夏城市特色风貌的现状情况

（一）基本情况

宁夏地处中国西北内陆，位于东西轴线中心、黄河中上游，素有"塞上江南"的美称，拥有九曲黄河、雄浑贺兰、秀丽六盘的壮丽河山，是西夏古都、丝路明珠、边塞重地，有着独特的自然景观、人造景观和人文景观。自治区历届党委、政府都十分重视城市建设，对城市的发展、定位进行了长远谋划，对于城市特色风貌的塑造，不同时期也有不同的要求重点。在《宁夏回族自治区空间发展战略规划》《宁夏回族自治区空间规划》和《宁夏回族自治区城镇体系规划（2015—2030）》中，对自治区及各地市发展定位都突出了城市建设的特色化。《宁夏回族自治区空间规划》中提出"创建宜居宜业的新型城镇化示范区"，形成"优势互补、功能完善、特色鲜明、空间紧凑的城镇体系"。从自治区层面分析，有如下几方面风貌特色。

1. 自然格局

宁夏地形地貌丰富，处于黄土高原和内蒙古高原的过渡地带，北部被沙漠包围，形成典型的沙漠绿洲（见图1）。在省域版图上，有山、河、草原、沙漠、湖泊、湿地等类型多样的地貌；南部是黄土高原与丘陵地带，中部山地与平原交错，西北侧为贺兰山，东北侧为鄂尔多斯台地和灵盐台地。各类景观资源高度集中，全区各类自然保护区、湿地公园、文保单位、非物质文化遗产等多分布在中北部和南部，且密集度较高。全区各级文物保护单位505处；国家级历史文化名城1座，国家级历史文化名村1处；自然保护区13个，风景名胜区4个，国家地质公园5个，国家湿地公园11个，5A级景区4个。

图1 宁夏自然地理格局

2. 历史人文

宁夏地域文化独特多元，自古处于中原农耕文化与北方草原游牧文化的过渡带和东西方文化交流的通道上，不同历史时期、不同民族的生活繁衍，推动了多民族文化的融合交流，积淀了丰厚的文化内涵，逐步形成了现在的黄河文化、回族文化、红色文化、西夏文化等多元共存的文化体系。传统建筑地域特征鲜明，宁夏的传统建筑继承了传统中原建筑和西北建筑风貌的特点，又基于宁夏地域文化特点有所丰富，其总体特点是：民居建筑就地取材，顺应环境，因地制宜，节约简朴；传统公共建筑雕梁画栋，雄伟绚丽。

3. 建成环境

城市形态与自然山水格局结合紧密（见图2）。宁夏共5个地级市，2个县级市，11个县，103个镇，主要城镇分布在宁夏平原和卫宁平原以及清水河河谷地区。全区规模以上城市多就山水地势而建，结合历史文化积淀

图2 宁夏平原与主要水系示意图

与近现代城市发展不断形成一定的风貌特色,城市的发展定位也逐步向城市特色发展进行转变。城市形态与山水格局关系特色鲜明,形成了北部塞上湖城银川,山前湖城石嘴山,中部滨河水城吴忠,南部绿色山城固原和西部沙漠水城中卫。

表1 宁夏资源禀赋与代表风貌区一览表

资源禀赋	代表风貌区
塞上江南 沟渠纵横、胡泽星布	沙湖、阅海湿地、鸣翠湖、星海湖、七十二连湖等;惠农渠、唐徕渠、秦渠、西干渠、汉延渠等
壮丽河山 九曲黄河、雄浑贺兰	贺兰山、苏峪口国家森林公园、六盘山国家森林公园、黄河湿地公园、清水河湿地公园、青铜峡黄河大峡谷、青铜峡水利枢纽、中华黄河楼、沙坡头旅游区、南长滩、北长滩
中华回乡 包容并蓄、回族风情	南关清真寺、纳家户清真寺、同心清真大寺、中阿经贸论坛永久会址
传奇历史 西夏古都、丝路边塞	西夏王陵、西夏风情园、拜寺口双塔、镇北堡、水洞沟遗址、须弥山景区、萧关道、灵州道、三关口明长城、盐池长城遗址等
多元城市 格局各异、特色鲜明	山水相依、湖城相伴的银川市,山湖掩映,环水而聚的石嘴山市,双城拥岸,河渠绕廊的吴忠市,山环水绕、城含绿岭的固原市

（二）各地市现状特色定位

因受地形、气候等差异化影响，全区5个地级市的城市风貌特色各不相同（见表1、表2、表3）。但总体上，各城市的空间形态与周围自然生态环境关系紧密，加之历史与文化发展，形成了各自城市特色风貌的雏形。

1. 塞上湖城——银川

银川市东倚贺兰山，以黄河为襟带，城内湖渠纵横、湖城交融。中心城区形态总体趋于网格化，整体格局较清晰，整体色调以白色、灰色、暖黄色为主导。3个片区功能各有侧重，东面兴庆区为老城区，以居住为主，民族特色鲜明；西面西夏区以产业为主，街区尺度较大；中部金凤区以城市服务为主，主要为现代建筑风格。

2. 山前湖城——石嘴山

石嘴山市的地理位置形成了城市山水夹城的空间布局，经历了"以工立城、以厂兴城、厂城分离"的发展路径，城区分为有一定空间距离的两个区。大武口区老城区建设尺度宜人，新区的建设整体较为疏朗，但也使城市的亲人尺度丧失，整体建筑风格以现代风格为主，兼有少量的中式风格建筑，整体色调以浅米黄色、白色为主。惠农区老城区整体结构不甚明晰，新区整体风貌舒适。整体色调以浅米黄色、浅橙色、白色为主，但在城市发展中也出现了一些不和谐的色彩搭配。

3. 滨河水城——吴忠

吴忠市地形丰富，水系密布，典型的西部干旱、苍茫景观风貌，黄河从西北侧流经，其历史悠久、人文底蕴浑厚，是草原游牧文化、中原农耕文化的交会之地，民族、宗教文化多元，边塞文化特色突出。具有多种类型、地域鲜明的地方建筑、民族建筑、宗教建筑，如民居是典型的西北民居建筑风格，与周围环境色彩趋同。

4. 绿色山城——固原

固原是丝绸之路上的重要节点，有着东山秋月、瓦亭烟岚、菅川麦浪、须弥松涛、六盘鸟道等特色景观，历史文化悠久，长征文化、民族文化突出。城市传统区域肌理呈现高密度的特点，贴线率高，街道墙较为完整，新区尺度变大，整体风貌偏向舒朗大气。

表2　宁夏五市山水特色和代表文化一览表

城市	山水格局与空间形态特色	代表文化
银川市	山水相依，城湖相伴	黄河文化、回族文化、西夏文化、移民文化
石嘴山市	山湖掩映，环水而聚	移民文化、黄河文化、工业文化
吴忠市	双城拥岸，河渠绕廊	回族文化、黄河文化、移民文化
固原市	山环水绕，城含绿岭	丝路文化、边塞文化、红色文化
中卫市	水沙交融，绿城相间	黄河文化、丝路文化、边塞文化

5. 沙漠水城——中卫

中卫被誉为"沙漠水城、花儿杞乡、休闲中卫"，素有沙漠绿洲之称，是古丝绸之路上的重要分支之一，其农业、旅游业发展突出，历史人文资源丰富，世人熟知的沙坡头集大漠、黄河、高山、绿洲为一处，具西北风光之雄奇，兼江南景色之秀美，能够让人领略大漠孤烟、长河落日的奇观。城市建设古风与现代相结合，街区尺度宜人。

三、宁夏特色风貌存在的主要问题

虽然宁夏目前已经初步形成了一定的城市特色风貌，但仍存在以下问题。

从全区层面来说，一是整体风貌塑造系统性不强，重点不突出。如各市县城市风貌建设缺少衔接和统筹，对跨行政区的景观风貌资源保护与利用效果不佳，全区风貌塑造的整体性和系统性不强；对高品质风貌地区的价值认识存在一定局限性，重要特色风貌地区管控和引导不足。二是自然景观本底保育有待强化，自然格局与城市形态关系有待优化。如部分地区的特色资源遭到破坏，山体破坏、水体污染问题仍然明显，城市扩张无序，建设用地不够集约，生态环境压力大；自然生态景观的利用效率不足，城乡景观缺乏互动。三是城市特色逐渐趋同，环境宜人性有待加强。如城市地域特色差异性展现不足，风貌特色弱化；城市周边地区的风貌缺乏指引；城乡建筑风貌特色不鲜明、质量不高。

从市县层面来说，一是对城市特色风貌的规划建设管理认识尚浅、重

表3　宁夏地级市市区自然人文资源和影响力一览表

城市	自然本底		人文底蕴	城市综合影响力						
	山水要素	其他自然要素	代表文化	城市级别与定位	知名度(万)	人口规模(万)	用地规模(公顷)	所处发展阶段	对外联系便利性	核心风貌区
银川市(兴庆、西夏、金凤)	贺兰山、黄河	白芨滩、西干渠、唐徕渠、汉延渠、水洞沟、艾依河、阅海、西干渠、新开渠、良田渠、惠农渠、民生渠、梧桐树干渠、农场渠、秦渠、汉渠、七十二连湖	黄河文化回族文化西夏文化移民文化	自治区主中心;自治区首府,国家历史文化名城;西北地区重要的中心城市	8520	125	27935	工业化中后期	河东国际机场5条高速2条国道1条铁路	老城核心区(海宝塔、鼓楼、玉皇阁、南薰门、承天寺等)、中阿之轴、阅海湿地公园、连湖公园
石嘴山市(大武口)	贺兰山、黄河	星海湖、沟渠	移民文化黄河文化工业文化	自治区副中心;呼包银经济区和宁夏沿黄宁夏经济区重要节点,宁夏、内蒙古接壤区中心城市;西北地区重要工业基地;山水园林新型工业城市	6730	28	13164	工业化中后期	2条高速1条国道1条铁路	近现代工厂、采煤塌陷区生态复建的绿化区、森林公园
吴忠市(利通、青铜峡)	贺兰山、黄河	罗家河、清水河、西干渠、唐徕渠、汉延渠、惠农渠、秦渠、东干渠、大清渠、汉渠	回族文化黄河文化移民文化	自治区主中心;沿黄经济区核心区副中心城市;以回族文化、黄河文化和穆斯林产业为特色的滨河生态水韵城市	7460	36	20298	工业化中期	3条高速1条国道1条铁路	盛元广场、开源广场、两馆一中心广场、黄河楼、四旗梁子拱北、滨河公园
固原市(原州区)	六盘山、清水河	古雁岭、九龙山、长城梁、黄茹山、中河、庙弯河、饮马河、清水河、大营河、马饮河	丝路文化边塞文化红色文化	自治区副中心;宁夏南部及周边地区的区域中心城市	7390	17	15447	工业化中初期	六盘山机场2条高速1条国道1条铁路	大营城、古雁岭、固原古城、固原博物馆、原州区西关清真寺、北海子湿地公园、陕西清真寺
中卫市(沙坡头区)	黄河	沙坡头、应理湖、香山湖、二干渠、太平渠、美利渠	黄河文化思路文化边塞文化	自治区副中心;丝绸之路经济带交通物流枢纽城市、特色产业城市、生态旅游城市	7360	21	14998	工业化中期	沙坡头机场1条高速1条铁路	历史街区(鼓楼、高庙)、五馆一中心、香山湖、黄河湿地公园

视程度不高。传统城市规划与城市建设更加重视城市的功能结构布局、交通路网和基础设施建设等，强调城市各类指标建设（如地块容积率、建筑高度、建筑密度等），而忽视了城市特色风貌上的塑造，且这种观念意识、建设实践在现代城市建设中普遍存在，成为影响城市特色风貌形成与发展的因素之一。二是城市规划体系中长期缺失对城市特色风貌的管控要求。长期以来，在我国的城市规划编制、审查、监管等环节中，缺少对城市风貌塑造或保护的强制性要求，各级政府城市规划审批职能注重对城市空间功能结构布局的规划审查，而城市特色风貌规划建设管理的审批体制与标准体系、评价监管机制空缺或不具有刚性约束力，导致城市特色风貌规划无依据、无标准，建设基本处于无序、自由生长状态，使得不少城市缺乏特色、千城一面。三是城市特色风貌规划缺少相关标准，规划编制过程中指导性较差。我国幅员辽阔，国家标准和规范为保证普适性采取了宜粗不宜细的编制原则，各地也以此为基础编制地方标准和导则，但由于编写水平各异，部分地方标准本着不求有功但求无过的原则对地方特色强调不足，更有甚者直接套用国家标准，这也是造成"千城一面"现象的原因之一。四是相关专业人才短缺。有关城市特色风貌规划设计的机构和专业人才队伍短缺，设计能力严重不足，传统城市规划延续《雅典宪章》《马丘比丘宪章》等传统城市规划思想和原理，注重城市功能规划设计，缺少对城市风貌的传承与发展的研究，使得人才培养方面也多在原有规划方向与内容上开展，导致重功能布局、轻特色风貌设计，不少城市在建设中过于追求现代同质化，而脱离传统，显得标新立异，怪相丛生。另外，城市特色风貌规划建设管理的理论研究、人才培养也严重滞后。

四、塑造宁夏特色风貌的措施和建议

结合宁夏实际情况，提出如下几点意见建议，以供全区城市特色风貌塑造参考。

（一）提升整体意识，加强对风貌塑造的重要性引导

城市风貌塑造是一个长期的、持续的活动，它体现着一段历史时期居住生活在城市的居民和运营管理城市的管理者对城市的影响，可以说，这

是所有人对城市的塑造。因此，要提高全民认识，逐步建立"城市是市民的城市，是公众的城市，城市居民是城市风貌的直接感受者和被服务者"的意识，注重公众参与，从全民角度重视城市风貌的塑造，拓宽公众参与路径，通过媒体宣传、网络投票等多种形式，参与到城市风貌塑造中来。各类城市规划设计机构要按照城市特色风貌规划建设的新要求、新形势，抓紧推动城市特色风貌规划设计能力建设，转变城市规划设计观念，适应城市特色风貌规划建设的时代要求，服务和支撑城市特色风貌规划建设的战略需求。

（二）科学编制规划，加强城市特色风貌塑造

结合宁夏实际，编制《自治区特色风貌规划》，从全区角度整体考虑自然、文化、城市建设等多方面特色风貌的保护与发展，形成统筹城乡、各具特色、避免雷同的城乡风貌，突出各地风貌重点，贯彻落实《宁夏回族自治区实施〈城市设计管理办法〉细则》中的要求，指导各市县做好城市特色风貌规划设计与建设，可以从评价体系、规划体系、管理体系3个方面开展全区的特色风貌规划编制。

在规划编制过程中，可通过自然生态类、历史人文类、建成环境类等分类进行总体分析评价，对每一类进行要素分析、特色分区、价值分级，将评价结果作为特色风貌结构的空间基础。在上述评价体系的基础上，确定宁夏整体风貌定位和总体风貌结构，提出保护和优化自然生态景观本底、强化跨区域景观地区管控、构建自然环境有机融合的城乡空间形态；保护和传承地域文化，塑造特色文化代表地区，全面展示宁夏的文化魅力；加强城市重要风貌区和地段的管理和组织，集中打造与彰显核心地区风貌特色，增强城市特色形象感知度；挖掘遗产文化资源和生态自然资源，构建全区多类型、多层次的风景道系统，形成全区风貌感知和游憩休闲网络；以人的体验和需求为基本出发点，注重城市"生态修复、功能修补"，提升城镇宜居环境品质的总体策略；结合《宁夏回族自治区空间规划》提出的北、中、南部地区提出分区风貌建设策略。针对市县层面的落地管控，可考虑制定"兜底线、强特色"的管控目标，对自治区级特色风貌地区和自治区全域风貌要素提出具体的管控措施和指引原则，形成自上而下的管理体系，以指导规划的实施。

（三）完善政策制度，加强标准体系建设

加强规划编制、实施和管理制度建设，逐步完善规划体系制度。管控要求是对城乡风貌建设的基本要求，应进一步深化，并与国土、林业和环保等相关管理技术规定衔接，实现城乡风貌精细化管理。管控要求同样适用于作为宁夏各级城乡规划管理部门实施城市风貌管理的技术指南，提高管理队伍的城乡风貌认知和管理水平。市县区政府负责辖区内自治区风貌要素管控，按照技术导则和标准，编制各层级城市设计，负责管理和实施。

将风貌规划纳入各层规划体系中，以保障制定相关标准体系。依据宁夏自然禀赋，制订因地制宜的建筑风貌、风格色彩、绿化水系等规划指南、编制导引，为政府审批机关和规划设计机构提供标准依据。按照自治区特色风貌规划和各级各层面规划对城市风貌塑造的要求，挖掘和保护城市自然特色、历史文化，进行城市建设、塑造城市风貌。严格落实规划内容，城市特色风貌规划需要建立严格的审批制度，以从制度层面确保城市特色风貌规划在城市发展中的战略引领和刚性控制的作用。在现有城市总体规划审批制度的基础上，借鉴国内外特色城市发展模式与经验，扩充政府职能，建立和完善城市特色风貌规划审批、评价制度。

一个城市规划从设计到实施涉及社会各个部门，各个阶层，也有相应的审查与监督机制，其中不乏一些软指标。正是这些软指标和弹性的存在，在我国现有的市场经济条件下，往往仁者见仁，智者见智。因此建立科学的城市规划评价体系，从环境、生态、空间等方面，对设计、开发、市场、管理各环节进行深入的可操作的量化评价，起到真正的监督与控制作用。这样，城市规划特色的塑造就能站在一个较高的起点与较规范的平台上。当然，这是一个系统工程，还需要大家的深入探讨和研究。

（四）建立保障措施，加强基础建设

建立人才培训制度，依据业务职能，可形成由自治区政府统一负责，建立区、市、县分管领导和城乡规划主管部门业务工作人员、设计机构负责人定期开展统一培训的制度，对城市特色风貌建设相关法律法规、制度标准等进行专项培训，以深化对城市特色风貌的认识，提高决策把关能

力。建议在高等学校城市规划、建筑设计、环境艺术等相关专业开设城市特色风貌规划建设管理类课程，以从根本上解决后继无人的问题。鼓励开展相关理论研究，支持开展城市特色风貌规划设计与建设管理相关的理论与实践问题的研究，以完善城市特色风貌理论与技术体系，为特色城市的深入发展提供基础支撑。在时机成熟时，可考虑适时将城市特色风貌规划建设纳入法治轨道。

正如习总书记所言："城市特色风貌是城市外在形象和精神内质的有机统一，决定着城市的品位。"我们要找准城市本地风貌，抓住城市自然、历史、文化等方面多特色，在城市发展建设的同时，注重特色风貌的塑造，依托城市发展定位，科学合理的规划、建设、管控城市，保育和发扬城市优质特色资源。深入培养全区城市特色风貌规划方面的专业人才，倡导全民参与，共同建设和谐富裕新宁夏，为与全国同步进入全面小康社会而努力奋斗！

宁夏智慧城市建设现状、问题及其对策研究①

王林伶

建设智慧城市是加快区域城市化和信息化两个现代化基本任务的重要结合点，也将全面推进新一代信息通信技术与新型城镇化发展战略深度融合。智慧城市是以创新引领城市发展转型，提高城市治理能力现代化水平，实现城市可持续发展的新路径、新模式、新形态；是落实国家新型城镇化发展战略，提升人民群众幸福感和满意度，促进城市发展方式转型升级的系统工程；将给城市的建设、管理和发展带来全局性、根本性的变化，是再创发展新优势的重要支点。

一、智慧城市概念与内涵

（一）智慧城市概念

智慧城市是运用物联网、云计算、大数据、空间地理信息集成等新一代信息技术，促进城市规划、建设、管理和服务智慧化的新理念和新模

作者简介：王林伶，宁夏社会科学院综合经济研究所助理研究员。

①基金项目：国家社科基金项目（批号13XJL011），中国西北内陆开放型经济发展长效机制构建研究的阶段性成果。

式。换句话说，智慧城市以信息技术为支撑，通过健全、透明、充分的信息获取，通畅、广泛、安全的信息共享，在城市的经济、交通、通信、教育、环境、能源、安全、管理、服务、文化、医疗等方面实现更高效、更便捷的运作模式，极大的提高居民生活质量，塑造良好城市整体环境，增强处理突发事件的能力，促进人和城市之间和谐沟通交互的新型城市形态。

（二）智慧城市建设历程与内涵

我国科技部于2010年开始在国家高技术研究发展计划（国家"863"计划①）中设立"智慧城市"相关课题进行研究。2013年，住建部等国家部委出台了智慧城市建设试点的相关政策。2014年，《国家新型城镇化规划（2014—2020年）》首次明确将智慧城市作为我国城市创新发展的基本形态之一，随后，国家发改委等8部委联合出台《关于促进智慧城市建设若干意见》，明确了我国智慧城市建设的基本理念、指导原则、支持政策等。同年9月，财政部发布会的《关于推广运用政府和社会资本合作模式有关问题的通知》指出，要尽快形成有利于促进政府和社会资本合作模式（PPP）发展的制度体系。2016年《国家信息化发展战略纲要》《"十三五"国家信息化规划》等文件提出开展新型智慧城市建设，将"无处不在的惠民服务、透明高效的在线政府、融合创新的信息经济、精准精细的城市治理、安全可靠的运行体系"作为发展目标，并出台评价指标体系。

智慧城市主要体现在各种城市活动的智慧性，它是以新一代信息技术为基础，以物联化和互联化的方式动态感知、分析和整合城市方方面面的数据，使城市中各个部分协调配合。无论何种类型的城市，市民、政府和企业（包括组织）是智慧城市的服务主体，智慧城市中服务主体所涉及的活动包括文化、健康、教育、政务、建筑、金融、交通、资

---

①"863"计划：1986年的3月3日启动的国家高技术研究发展计划，后来形成了《关于高新技术国家高技术研究发展计划》。它是中华人民共和国的一项高技术发展计划，计划选择对中国未来经济和社会发展有重大影响的生物技术、信息技术等7个领域，确立了15个主题项目作为突破重点，以追踪世界先进水平。

源、购物、旅游、环境、生活、环保和公共安全等诸多方面。对城市而言，所谓智慧，就是能够高速度、高效率和高质量的进行和完成城市服务主体所涉及的各种活动。从社会学角度讲，智慧城市的建设过程，就是以社会经济繁荣为目标，以社会和谐稳定为前提，以民生幸福为考核标准，解决人与自然的可持续发展，人与人的协调发展以及人与自我的认知和幸福感提升。

同时，在 2017 年 10 月党的十九大报告中指出，"推动互联网、大数据、人工智能和实体经济深度融合"，在加快建设创新型国家中提到要加强应用基础研究为网络强国、交通强国、数字中国、智慧社会提供有力支撑。这为智慧城市建设与发展提供了有利的保障。

二、宁夏智慧城市建设现状

（一）试点"智慧城市"建设，构建"一网一库一平台"8 朵云应用

自 2013 年银川市、石嘴山市获批住建部国家智慧城市试点（第二批）以来，为赢取未来发展的先机，宁夏正式启动"智慧城市"建设。按照"3+X"（即"一网一库一平台加 X 个云应用"系统）架构，全区一盘棋推进政务、民生等信息化建设。"一网"指构建全区统一电子政务内外网，形成区市县乡村 5 级全覆盖的信息高速通道；"一库"指建成覆盖全区、融合集成的人口、法人、地理空间、宏观经济等基础信息共享库体系；"一平台"指建成全区统一电子政务公共云平台和大数据服务平台，汇集各级部门应用系统和数据资源；"X 个云应用"围绕政府履职需求和服务人民群众需要。目前正在推动"8+N"朵云应用建设，"8 朵云"指政务云、社保云、卫生云、教育云、商务云、民政云、旅游云、家庭云。宁夏初步建成了自治区、市、县三级统一的电子政务网络和平台，政务网络基本覆盖各级主要机关事业单位，公共云平台规模达到 3000 台云服务器，集中承载了 147 个单位、307 个政务民生应用系统。截至 2016 年年底，进入宁夏行政审批与公共服务系统办理的事项已达 8084 个，宁夏所有具备条件的行政村有了电商服务点，成为智慧宁夏建设中用信息化服务

百姓最直接的窗口。

(二)信息化基础设施建设不断完善，智慧经济增长逐步显现

宁夏以"一网一库一平台"为抓手，利用云计算、互联网、物联网技术应用打造智慧城市群。一是通过宁夏中关村科技产业园西部云基地、银川大数据中心、银川 iBi 育成中心等产业基地建设，通信基础设施日益完善，互联网普及率达到49.3%，第四代移动通信（4G）网络基本实现城区无缝覆盖。二是2012年与中国电信集团签订战略合作框架协议，全面启动"宽带中国·智慧宁夏"工程；2014年与阿里巴巴集团签订战略合作框架协议，在电子商务、云计算和大数据等领域开展多渠道、多层次、多形式的合作与交流，共同将宁夏建设成中阿互联网经济试验区和丝绸之路经济带的重要节点。银川经济技术开发区和中国全球卫星联盟共同设立中阿卫星服务产业示范园，将使宁夏成为中国面向阿拉伯国家提供卫星数据服务的重要节点。三是积极引进亚马逊、中国电信、中国移动、中国联通等国内外一流数据中心相继落户宁夏，推动智慧宁夏全方位的信息共享与建设。四是2015年宁夏信息产业规模达到200亿元，复合增长率超过24%，信息化与产业融合水平进一步提升，两化融合水平指数达到53.25。银川市被列为国家首批电子商务示范和跨境贸易电子商务试点城市，培育了优百贸、丝路通等一批本土跨境贸易电子商务企业，与迪拜等地电商企业开展合作，中阿网上丝绸之路开始起步，实现电子产品、服装等30多类商品的中阿跨境网上交易。

(三)率先出台《加快新型智慧城市建设的实施意见》

2017年6月6日，宁夏政府办公厅印发了《加快新型智慧城市建设的实施意见》，在全国率先出台省级层面关于新型智慧城市建设的顶层设计，对整合信息资源、创新城市管理、实施信息惠民、培育新兴产业等具有重要推动作用。一是提出了"1243"的总体架构，坚持统筹规划、分类发展，以人为本、惠民服务，政府引导、市场驱动，强化安全、保障有力的基本原则。二是到2020年，宁夏将建成新型智慧城市，实现行政村光纤通达率、4G覆盖率达到100%，80%以上的各级政府服务事项实现网上办理，形成跨地区、跨层级、跨部门的一体化公共服务模式；服务器规模达80万台，引入100家以上高新技术企业，信息产业产值达到700亿元。

（四）率先出台智慧城市立法保障，成立大数据管理服务局

银川市率先通过了《银川智慧城市建设促进条例》，成为全国第一个对智慧城市进行立法的城市。"银川市创新城市管理模式推动智慧城市建设"作为地方典型经验做法受到表扬。同时，银川市成立了专职监管机构——大数据管理服务局，负责智慧城市整体规划建设，制定大数据产业发展规划、大数据安全规范（系统安全、隐私安全、商业机密安全）和大数据标准（共享、开放、交易），统筹协调信息资源的互联互通和资源共享，对大数据进行集中监管和挖掘分析，让数据产生价值，实现精准监管和服务优化。

三、宁夏智慧城市发展的困境与短板

（一）数据开放不够，形成信息孤岛

宁夏政府部门掌握了最多的数据，但是这些数据往往仅限于各自系统内流通，各个部门之间较难实现数据交换，数据只有不断流动、充分共享、多方应用，才有生命力。宁夏在大数据信息共享方面，数据开放不够，数据交换不足，数据应用不强，数据活力不高，多表现在政府、企业和行业信息化系统建设缺少统一规划，系统之间缺乏统一的标准，形成了众多"信息孤岛"；各级政府数据开放程度较低，开放的数据价值也较低，开放的不彻底，仅仅是一些"条数据"，缺乏"块数据"；一些行业与部门的信息更新不及时，甚至半年或一年不更新，形成"僵尸信息"。宁夏没有制定数据开放的政策法规，数据开放的不够；目前国家没有出台大数据和信息共享的立法，缺乏推动政府和公共数据开放的法规，数据开放的监督与落实体系没有形成，阻碍了宁夏智慧城市推动经济社会快速发展。

（二）规划引领不高，统筹协调不够

全区的大数据专项发展规划还未出台，总体指导方向与布局滞后，低

水平重复建设等问题仍然突出。要从全区战略和全局的高度规划信息产业与大数据产业发展，并要坚持规划引领；现在宁夏各个市县都有发展大数据的愿望，但若不及时规划引导，就可能会出现"前面建，后面拆"的现象。需要整合资源形成领导小组，发挥在土地、资金、管理等方面的统筹与协调工作。

（三）服务保障滞后，优势体现不强

调查发现，2012年宁夏政府提出打造"智慧宁夏"工程，所描绘出的居民在手机上点一点，就能实现买水、电、气和医院挂号等，这些蓝图部分内容依然只存在于一些部门的计划书中，"让数据多跑路，让群众少跑路"仍然只是一个美好的愿景。全区骨干网络建设较为滞后，宽带带宽不够、网络运行速度较慢、上网费用较高。现在到宁夏落户的互联网、云计算、大数据等著名的国内外企业屈指可数，区内相关信息产业规模小、数量少、营销品牌不强、自主创新能力弱，仍处于产业链低端、缺乏高附加值的信息产品，整体发展实力与层次较弱，处在刚刚起步阶段，急需要多方面的指导与扶持。同时，信息化人才十分匮乏，尤其缺乏既懂信息技术又懂业务管理的复合型骨干人才。

四、宁夏智慧城市建设对策建议

宁夏第十二次党代会报告指出："加快推进新一代信息基础设施建设，强化信息资源综合开发利用，实施宽带乡村工程、城市基础网络完善工程，实现县乡村宽带网络全覆盖，大力提升经济社会信息化水平。"这是以"云惠宁夏"为统领，坚持"为民便民惠民、促进产业转型、服务对外开放"三个发展理念，对宁夏今后智慧城市发展的战略部署，具有统领和指导意义，是谱写宁夏实现经济繁荣、民族团结、环境优美、人民富裕的时代新篇章。

（一）统筹规划智慧宁夏，统领全域服务民生

按照"3+X"架构，进行自上而下设计，自下而上匹配，统筹智慧宁夏信息化建设，全区一盘棋推进政务民生信息化建设。以"政务云"推广应用为抓手，围绕与全国同步全面建成小康社会和融入"一带一路"建设开放宁夏的发展需求，聚焦"打造政务民生信息化的宁夏特色、信息经济发展的宁夏品牌、中阿网上丝绸之路的宁夏枢纽"三个发展方向；把宁夏作为一个城市来规划布局，建成区、市、县三级统一的电子政务公共云平台、政务大数据服务平台、电子政务外网，推进各级政府治理体系和治理能力现代化。通过打造基层政务服务的一张信息网络、一套应用系统、一个便民窗口，加快整合自治区部门行业专网和市县区政务网，实现区、市、县行政部门统一接入电子政务外网，加快全区各乡镇（街道）民生服务中心和行政村（社区）为民办事全程代办点的电子政务外网接入。通过"一张网"实现各项政务服务向基层有效延伸，打通政务服务的"最后一公里"，形成覆盖区、市、县、乡镇（街道）、行政村（社区）五级的政务信息化服务体系，让信息为老百姓提供便捷服务，真正实现"数据多跑路，群众少跑路"。（见图1）

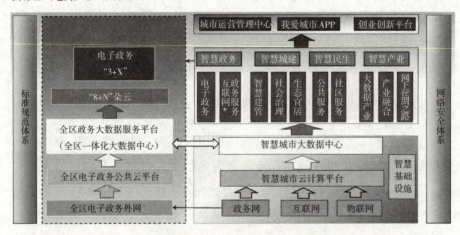

图1　宁夏智慧城市框架图

（二）大力推进"放管服"改革，构建"一体化"的信息服务体系

1. 大力推进"放管服"改革

全面深化改革是一项系统工程，涉及各个领域各个方面，要建立科学高效的政府职能运行体制，探索政府职能退出机制，制定影响市场发挥决定性作用的政府职能退出清单。着力解决市场体系不完善、政府干

预过多、服务管理不到位问题，严格落实"两个清单"制度，用行政权力的减法换取市场活力的加法。为进一步推进"放管服"改革，来打造宁夏"放管服"改革升级版目标。加快构建"不见面、马上办"的审批模式，力争做到网上办、集中批、联合审、区域评、代办制、不见面、马上办。做到"推开一扇门，办成一揽子事""让数据多跑路，让群众少跑腿"的效果。要进一步深化商事制度改革，全面施行电子证照，一表登记等制度；大力推广"互联网+政务"，加快政府服务网上线运行，进一步深化网上审批，完善审批流程，扩大网上审批范围，出台网上审批的相关事项，规范服务流程、监管标准，事项办结时间节点和事项办理具体要求。

2. 构建一体化的信息服务体系

深入推动后台信息数据融合和前台服务流程优化再造，逐步形成全区统一的政府服务标准和流程，形成"前台一口受理，后台分工协同"的工作机制和应用模式。建立全区统一的政务办公和在线服务门户，整合各级部门应用系统和在线服务，实现政务办公、公共服务、政民互动等服务"一号申请、一窗受理、一网通办"的机制。逐步推动社会保障卡等政府发放的各类信息载体互认共享，实现就医、交通、公共事业缴费等公共服务一卡通。逐步实现便民服务热线一号通、一体化的大数据共享平台，为公众提供更多便捷服务平台和服务渠道。（见图2）

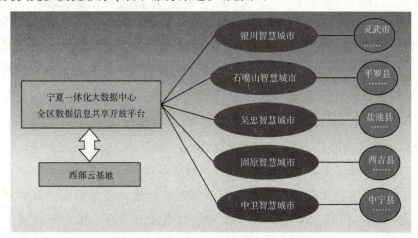

图2　宁夏一体化大数据共享开放平台图

3. 构建"互联网+政务服务"体系

一是建设统一公共信息服务窗口。依托中国·宁夏政府门户网站，整合各市县区、各部门自建网站，形成全区统一的政府门户网站群，推动各级政府信息在一个网站公开。逐步整合各级政务应用和智慧城市的便民信息服务，形成全区统一的网上公共服务入口，逐步实现"8+N"朵云和信息惠民试点城市公共服务事项的网上统一受理、查询、反馈，建成全区统一民生在线服务门户。二是搭建统一业务协同系统。按照"单点登录、全网通办"的要求，推进自治区"8+N"朵云数据共享、业务对接，凡行政审批与公共服务业务一律由政务服务平台面向公众受理，杜绝"二次录入"，实现"一网通办"。三是建设全区统一的政务服务热线，在信息惠民试点城市推进传统"语音服务"与"网络服务"无缝连接。依托微信、手机APP等便民服务新媒体，提高政府公共服务响应速度。四是与金融机构、第三方支付机构等进行对接，建立统一的互联网公共缴费平台，推动政府非税收缴费业务的网上办理，畅通多样化便民服务渠道。五是建立统一的行政执法监督平台，逐步对接现有公安、交通运输、环境保护、安全生产、质量监督等行业的各类执法系统，推进行政执法网上透明运行。

（三）建设中阿智慧丝路"枢纽"，布局国际数据网络"通道"

依据《中华人民共和国国民经济和社会发展第十三个五年（2016—2020年）规划纲要》第二十七章提出"实施国家大数据战略"中在完善新一代高速光纤网络方面提出的"建设中国—阿拉伯国家等网上丝绸之路，加快建设中国—东盟信息港。"来定位智慧宁夏信息产业、大数据产业发展"外出"通道，构建立足宁夏、辐射全国、服务国际的"宁夏枢纽"。

1. 布局国际大数据网络，构建中阿国际网络大通道

一是向国家发改委和相关部门申请大数据建设重大工程项目，建设"一带一路"沿线国家国际大数据通信网络设施工程，作为宁夏新的基础信息工程"战略抓手"奠定宁夏在"一带一路"大数据建设的支点作

用。同时，宁夏要抢抓国家信息工程战略机遇，填补国家通信网路布局"空白点"，布局宁夏大数据产业与项目。二是要争取国家支持中阿电信网络领域深化合作，建立连接阿拉伯国家的国际宽带通道，争取先行先试打通连接阿联酋等主要阿拉伯国家的宽带通道，提升宁夏国际网络通信能力，促进通信网络基础设施的互联互通。三是推动中阿卫星服务产业示范园建设和商业运营，逐步聚集卫星服务领域内的产业资源与跨境服务企业，建设卫星服务国际节点，提供卫星通信、导航、遥感应用等数据服务，构建面向阿拉伯国家的北斗国际应用推广体系，提升宁夏国际出入口通信能力，构筑中阿信息高速公路，促进信息基础设施互联互通。

2. 构建中阿跨境电子商务通道，建设中阿区域性互联网金融中心

加快银川市中阿网上丝绸之路经济合作试验区建设，完善跨境电商综合服务系统服务功能，加强与中阿第三方电商交易平台、支付机构等融合对接，实行以电子口岸为基础，推行国际贸易"单一窗口"便利通关模式，实现"一次申报、一次查验、一次放行"。同时，依托银川综合保税区、阅海湾商务区等运营中心，构建中阿区域性互联网金融中心，支持本地企业申请第三方支付牌照，引导银行金融机构、第三方支付机构建设网上交易结算平台，向跨境电商企业提供个性化、高效率、低成本的支付结算服务。

3. 构建中阿技术交流合作中心，建设中阿网络文化资源中心

依托云计算大数据产业及云应用基地，发展云设施、云应用和大数据等信息技术服务，加快建设集中阿科技成果展示、科技交流、研发服务等功能为一体的中阿技术转移中心，构建中国与阿拉伯双边技术转移协作网络。促进中阿企业、高校和科研机构深化合作，推动中阿先进技术转移转化和产业化，打造国家级的云计算服务输出地和承接阿拉伯国家信息技术服务外包基地。建设面向阿拉伯国家的新闻出版、游戏动漫、影视等行业的网络交流和版权交易平台，推进网上数字图书馆、文化馆、博物馆建设，加强与阿拉伯国家在遗产、文献、档案等领域的资源共享和交流合

作。建立中阿教育、卫生等领域的资源共享机制，开展网络教育、远程医疗、疾病防控等方面的合作，探索建设阿拉伯国家信息智库，为中国企业走出去提供智力咨询服务。

（四）推动信息经济创新创优，实现智慧产业融合发展

1. 优化信息产业布局，拓展云应用服务

银川市要依托 iBi 育成中心发展软件研发、服务外包、游戏动漫等信息服务产业，依托滨河新区建设智慧产业园，发展智慧装备制造、大数据处理、云应用开发、信息咨询、电子商务、数字媒体等产业，构建云应用及大数据应用示范基地，构建电竞产业链，打造"电竞之都"。石嘴山市要加快推动建设工业软件和智能硬件产业园建设，建立以工业软件和软件服务业为重点的云应用服务基地，发展面向新材料、新能源、化工、装备制造、生物医药、纺织等工业行业企业的云应用服务，构建两化融合先行区。吴忠市要建设电子商务及创业孵化基地，发展以中国小商品等为主的电子商务产业。固原市要围绕特色农产品和区域中心等产业及区位优势，发展特色化的电子商务产业，建设农村电商精准扶贫试验区，形成六盘山区域信息技术服务中心。中卫市要依托中卫中关村科技产业园，建设服务全国的枢纽型云计算及大数据产业基地，吸引云计算及大数据企业落户聚集发展，争取成为国家大数据存储基地和战略数据安全储备基地。

2. 推动"互联网+N"，实现智能融合发展

贯彻实施《中国制造2025》战略要求，以智能制造为突破口，推动工业互联网创新发展，加快信息技术与制造技术、产品、装备融合创新。开展智慧园区建设，围绕能源化工、装备制造等重点行业，推广数字车间、智能制造等生产模式，推动工业生产向智能化、柔性化和服务化转变。围绕宁夏优质粮食、草畜、蔬菜、枸杞、葡萄等"1+4"优势特色产业，利用信息化提升农林牧渔业生产效率和增值空间。在生产性服务业方面重点引导金融机构和互联网企业依法开展网络借贷等业务，促进互联网金融发展；大力发展体验经济、社区经济等以互联网为载体、线上线下互动的新兴消费服务。加快实施"互联网+"行动，围绕

技术融合、业务融合和产业融合，推进物联网、互联网、云计算等信息技术与一、二、三产业生产、流通、经营管理等环节的融合应用，增强各行业创新能力，拓展产品价值空间，带动产业间、行业间的交叉渗透、业态创新和融合发展；以促进创业创新，大力发展众创空间等新型公共创业平台，构建开放式创新体系，推动各类要素资源聚集、开放和共享，加快形成新的经济增长点。

（五）制定大数据地方性法规，建立督导考核评估机制

1. 制定出台宁夏一体化大数据发展的地方性法规

自治区人大、政府法制办和相关部门，要制定出台"宁夏一体化大数据经济发展的地方性法规"。建立跨部门、跨地区的统一交换、共享和数据管理机制，逐步推行基础设施和应用分离、应用和数据分离、数据生产和使用权分离，明确各部门数据共享的范围边界和使用方式，打破信息的地区封闭和部门分割。制定"宁夏大数据开放管理办法"，实现数据资源整合汇聚、共享开放、应用开发的推进措施和标准规范；制定数据安全共享机制，细化可开放数据资源类别，按敏感性对政府和公共数据进行分类，确定开放优先级别，制定分阶段分步骤的数据开放路线图，实施在全区范围内大数据开放，争取成为全国第二个数据开放共享的省区。

2. 整合数据资源，实现开放共享

一是宁夏政府要出台专门规定，除有特殊需求外，全区所有政务部门将不再自建机房，由政府统一建设与维护，为政府数据资源整合、共享、开放和利用创造有利条件，这样既可以降低成本，又可以节约资源，实现数据共享与开放。二是在全区5个市建设全域公共免费WiFi城市。率先实行宽带网络提速降费，城市家庭用户带宽实现100兆比特以上；半数以上农村家庭用户带宽实现50兆比特以上灵活选择。三是开放民间资本进入基础电信领域竞争性业务，形成基础设施共建共享、业务服务相互竞争的市场格局。

3. 将政府部门间的大数据开放纳入绩效考核

设计数据采集标准、数据更新频率，建立数据质量评估与监督机制，

由第三方机构评估与督导，实现各级各类信息系统的网络互连、信息互通、资源共享奠定基础，来激发商业开发与运作，活跃大数据市场氛围。推动建立政府信息公开查阅中心，积极利用网站和微博、微信等新兴媒体加大政府信息公开力度，提高行政管理透明度和政府公信力。

人居篇

REN JU PIAN

宁夏城市雾霾问题研究

吴 月

随着宁夏工业化和城镇化建设步伐加大，空气环境质量、大气污染备受民众的关注。尤其城市雾霾影响范围不断扩大及城市空气质量恶化，严重影响了人们的生活质量和身心健康。因此，十九大明确提出要推进绿色发展、打赢蓝天保卫战、加快水污染及土壤污染治理和修复，切实保护生态环境，构建人与自然和谐共生的生态环境。宁夏回族自治区第十二次党代会也明确提出大力实施生态立区战略，争取建立西部生态文明试验区，构建西部生态安全屏障，进一步改善生态环境和城乡人居环境。

一、雾霾的危害及治理雾霾的意义

（一）雾霾的危害

雾霾是当今社会亟待解决的一项重要大气污染现象，对民众的生产与生活有着重大的负面影响。雾霾的危害，主要体现在影响人民的身心健康，如PM2.5颗粒随呼吸进入人体后会引起呼吸系统和心血管系统疾病，研究显示，在欧盟国家中PM2.5导致人们的平均寿命减少8.6个

作者简介:吴月,宁夏社会科学院农村经济研究所(生态文明研究所)助理研究员。

月①；对社会管理和政府公信力造成影响，进而影响投资及人才的可进入性；能见度低增加交通事故几率，并影响民众出行；二氧化硫和氮氧化物等污染物易转化为硫酸和硝酸，形成酸雨（具有腐蚀性），致使土壤酸化，农作物减产、品质降低，且破坏自然生态系统，对建筑、金属等破坏力也极强，并对工业生产、养殖业、旅游业等行业也会产生影响。

（二）雾霾治理的意义

现阶段，我国众多城市都出现雾霾天气，如何采取有效的措施治理雾霾，是摆在当前政府部门、环保及科研工作者面前的重要问题。因为雾霾治理的成效不仅影响当地经济的发展，更关系人民的福祉。

1. 促进当地经济的发展

优美的自然环境和公平公正的人文环境，可以吸引更多的投资者及人才到宁夏投资创业，为当地经济注入活力，并可利用创新驱动发展战略性新兴产业，建设沿黄城市群及西部产业集群。

近年来，旅游者的出行决策往往受旅游目的地空气质量影响。因此，治理雾霾天气，构建青山绿水、空气清新的人居环境，可吸引大量的游客赴宁夏旅游，进而增加地区旅游业收入，促进当地经济的发展。

2. 关心民众的身心健康

随着社会公众对雾霾危害的认识，民众对空气、水、食品等的安全需求越来越高，因此，治理雾霾，还大自然一份清新的空气，是广大社会民众的愿望，可提高民众的获得感和幸福感。故而，雾霾治理是一项迫切解决的问题。

3. 对我国大气环境保护作出贡献

随着工业化和城镇化进程的加快，全国大气污染问题突出，目前宁夏的雾霾问题亦不容忽视。因此，宁夏政府联合环保、住建等部门加大对城市雾霾的综合治理力度，以期改善宁夏的空气质量，并对我国大气环境保护和治理具有重要意义。

---

① 王雨田，李卫东.城市中雾霾的形成机理及其对策研究〔J〕.合作经济与科技，2015(3):30—32.

二、宁夏城市雾霾成因分析

雾霾的影响因素，大多数学者[1-7]认为主要有2个，自然性原因（气候变化因素）和社会性原因（粗放型的生产方式导致污染排放，也是更深层次原因）。其中，污染排放主要包括机动车排放污染、工业生产排放的废气、燃煤排放的烟尘以及建筑工地的扬尘等。

（一）自然因素

1. 地貌格局

宁夏位于我国西北内陆地区，地处东部季风区与西北干旱区的过渡地带，且东、西、北三面分别被腾格里沙漠、乌兰布和沙漠、毛乌素沙地包围，荒漠化面积占全区国土总面积的57.3%，生态环境脆弱，空气质量环境本底差。加之春季沙尘暴多发，空气中沙尘量大，是造成城市大气污染的因素之一[8][9]。

宁夏境内山峰迭起，平原错落，丘陵连绵，沙丘、沙地散布，其中贺

①任保平，宋文月.我国城市雾霾天气形成与治理的经济机制探讨[J].西北大学学报（哲学社会科学版），2014,44(2)：77—84.

②王雨田，李卫东.城市中雾霾的形成机理及其对策研究[J].合作经济与科技，2015(3)：30—32.

③冯少荣，冯康巍.基于统计分析方法的雾霾影响因素及治理措施[J].厦门大学学报（自然版），2015,54(1)：114—121.

④张智，冯瑞萍.宁夏雾霾时间的气候变化趋势研究[J].宁夏大学学报（自然版），2014(2)：187—192.

⑤吴建南，秦朝，张攀.雾霾污染的影响因素：基于中国监测城市PM2.5浓度的实证研究[J].行政论坛，2016,23(1)：62—66.

⑥茹少峰，雷振宇.我国城市雾霾天气治理中的经济发展方式转变[J].西北大学学报（哲学社会科学版），2014,44(2)：90—93.

⑦王新，何苪.雾霾天气引反思看国外如何治理[J].生态经济（中文版），2013(4)：18—23.

⑧全世文，黄波.环境政策效益评估中的嵌入效应——以北京市雾霾和沙尘治理政策为例[J].中国工业经济，2016(08)：23—39.

⑨刘丹，赵雨佳，王祎星，等.雾霾和沙尘暴天气细颗粒物对人角质细胞促炎症作用和过敏反应的影响[J].毒理学杂志，2017(02)：102—108.

兰山位于银川平原以西、六盘山位于宁夏西南部、罗山位于同心县东北部，形成西部、南部较高，北部、东部较低的地形特征。宁夏城市建成区处于相对平坦的低地，在静风条件下容易造成周围污染物聚集，不容易扩散。

2. 静风因素

风速与雾霾天气呈正相关线性关系，即风速大有利于污染物的水平输送和垂直扩散，不易形成雾霾天气，而风速小是形成雾霾天气的因素之一。第一，风速减弱为雾霾形成提供了条件。根据中国天气网宁夏站[①]数据显示，宁夏各地年平均风速为2.0—7.0米/秒，贺兰山、六盘山是年平均风速的最大中心，年平均风速分别为7.0米/秒和5.8米/秒；其次是麻黄山，年平均风速为4.0米/秒；大武口、平罗一线是年平均风速最小的地区，为2.0米/秒左右。近年来，宁夏各市县建成区风速呈减弱趋势，是宁夏雾霾天气越来越严重的一个因素。第二，风速年内分布差异导致雾霾具有一定的季节差异。宁夏风速每年自1—4月逐渐增大，至4月达最大值，随后逐渐减小，至12月达最小值，致使雾霾天气主要集中在12月、次年1月和2月。第三，静风频率增加是雾霾问题日益严重的又一成因。随着宁夏工业化与城镇化进程的加快，城市建成区面积不断扩大，高层建筑物增多，阻挡城市主流风向，造成城市建成区平均风速减弱，进而导致水平方向静风现象较历史同期增多，不利于大气污染物向城外扩散和稀释，如2015年银川站全年静风小风频率在22%以上，成为宁夏城区雾霾日益严重的另一诱因。

3. 逆温因素

在近地面大气层（对流层）中，一般情况下气温随高度的增加而降低，但在一定条件下，对流层中也会出现气温随高度增加而升高的逆温现象。造成逆温现象的条件包括：地面辐射冷却、空气平流冷却、空气下沉增温、空气湍流混合等。逆温阻碍空气垂直运动，污染物难以由下层低温层向上层高温层扩散，使大量烟、尘、水汽凝结物聚集在地表附近，进而

---

①中国天气网宁夏站:http://nx.weather.com.cn/nxqh/qhgk/06/646177.shtml.

导致大气能见度变坏和加剧大气污染程度。例如，银川市不同月份逆温的日数不同，其中逆温日数出现最多的是11月，12月，次年1月和2月，较其他月份平均多5~7日，导致全市11月至次年2月期间污染物明显增多，超过大气环境自净能力，形成和加重雾霾天气。

4. 湿度因素

在冬季取暖期气温较低、不利于空气扩散，当风力减小到二级以下时，相对湿度上升，雾霾会加重[①]；加之供暖煤改气产生的大量水蒸气导致的高相对湿度[②]，加快了雾霾形成和转化的速度，加剧了雾霾的严重程度。以银川市为例，全市相对湿度年平均变化在30%—80%，加之大雾天气增多（2015年11月、12月大雾天数分别为9天、5天，较2014年同期增加了6天、4天），导致污染物聚集于地表，是造成雾霾的重要因素之一。

（二）社会性因素

1. 工业生产排放

目前宁夏工业初步形成以煤炭、电力为基础产业，以石化、冶金、机械、轻纺、建材、生物制药为支柱行业的工业结构，呈现出能源工业、传统和特色产业、高新技术产业共同发展的新格局。宁夏能源消耗总量急剧增加，尤其煤炭、石油、天然气、电力资源消耗增加显著，如图1所示。银川市2014年工业燃煤总量达2070万吨（不含宁东地区），是2005年煤炭消费量214.5万吨的10倍；2014年全市烟尘、二氧化硫排放总量分别为2.74万吨、6.76万吨，是2005年的3.7倍、4.5倍。表明，高排放的产业结构、工业生产能源利用率低是雾霾产生的主要因素。

2. 生活排放

人口急剧增加和生活水平的提高，机动车使用率快速增加，致使生活排放的污染物超出环境自净能力，成为雾霾成因的一个重要方面。尤其冬

① 罗富和.要重视相对湿度对雾霾的影响〔DB/OL〕.凤凰新闻(2017全国两会).2017.3.2.
② 相对湿度是指空气中水汽压与饱和水汽压的百分比，是湿空气的绝对湿度与同温度和气压下的饱和绝对湿度的比值，是百分数。绝对湿度是指在标准状态下(760mmHg)每立方米湿空气中所含水蒸气的重量，单位mg/L。日常天气预报中关于湿度的概念指相对湿度。

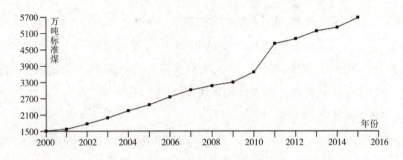

图1　宁夏2000—2015年能源消费总量变化趋势图

季燃煤供暖是冬季雾霾加重的重要因素。截至2016年，宁夏常住人口674.9万人，比2015年末增加7.02万人，其中，城镇人口379.87万人，占常住人口比重56.29%，比2015年提高1.07个百分点；宁夏实现生产总值3150.06亿元，人均生产总值46919元，增长7.0%，其中，城镇常住居民人均可支配收入27153元，比2015年增加1967元；宁夏民用汽车保有量达117.85万辆，比2015年末增长11.8%，其中，私人汽车保有量105.89万辆，增长14.1%；宁夏民用轿车保有量达56.38万辆，比2015年末增长14.1%，其中，私人轿车保有量53.61万辆，增长15.4%；宁夏城镇人口煤炭购买量由2000年的24.82万吨增加到2015年的28.59万吨，城镇人口液化石油气购买量从2000年的2.38万吨降低到2015年的1.29万吨，城镇人口管道天然气购买量从2000年的418万立方米增加到2015年的15571万立方米①②。汽车保有量快速增长，银川市机动车数量由2005年的25万辆增加到2016年的65万辆，11年间增加了近2倍，污染排放量近6万吨；银川市燃油消耗由2013年的2.63万吨增加到2014年的50万吨，增长了19倍；银川市天然气消耗量由2003年5.0亿立方米增加到2013年的17.2亿立方米，增长了3.44倍③。数据表明，宁夏生活排污成为城市雾霾形成的一大诱因。

---

①数据来源：宁夏回族自治区统计局，国际统计局宁夏调查总队编.宁夏统计年鉴2016.〔M〕.北京：中国统计出版社,2016.

②数据来源：宁夏回族自治区统计局编.宁夏经济要情手册(2016).2016.

③数据来源：银川市住房和城乡建设局.银川市雾霾成因分析及其治理对策.

3.城市路网形状

易雯晴、茹少峰（2016）将我国城市路网形状归纳为四大类型：方格式、自由式、环形放射式和混合式。如图2所示，宁夏银川市、石嘴山市的道路交通网属方格式形状，其优点在于布局整齐、便于交通分散、通达性好、便于通风，但交叉路口多且对角线方向不能直线行驶，致使机动车行驶距离增加，进而增加汽车耗油和尾气排放。

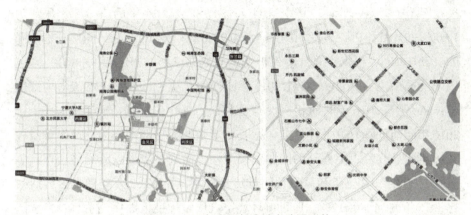

图2　2017年宁夏部分城市路网形状

三、宁夏大气污染现状

（一）大气污染的来源

环境空气中的首要污染物为可吸入颗粒物（PM10），其次为细颗粒物（PM2.5）、二氧化硫及氮氧化物。大气源解析研究结果表明，可吸入颗粒物（PM10）夏季主要来源于城市扬尘（占比33%）、煤烟尘（占比12%）、机动车尾气尘（占比12%）；冬季主要来源于城市扬尘（占比27%）、煤烟尘（占比24%）、机动车尾气尘（占比11%）。细颗粒物（PM2.5）夏季主要来源于城市扬尘（占比27%）、机动车尾气尘（占比22%）、煤烟尘（占比17%）；冬季主要来源于煤烟尘（占比23%）、二次无机粒子（占比21%）、城市扬尘（占比18%）、机动车尾气尘（占比18%）。

（二）宁夏大气污染现状

"十二五"以来，自治区党委、政府先后印发《宁夏回族自治区大气污染防治行动计划》《自治区"十二五"节能减排综合性工作方案》《"十二五"主要污染物总量减排监测办法》《"十二五"主要污染物总量减排考核办法》等，并启动"蓝天碧水·绿色城乡"专项行动，宁夏大气环境质量初步改善。2015年宁夏二氧化硫年平均浓度42μg/m³，比2010年下降7.9个百分点，PM2.5平均浓度47μg/m³，比2014年下降4.1个百分点。根据宁夏环境监测中心站的统计数据显示，2016年1—10月，全区环境空气质量各项指标得到明显改善，其中优良天数比例从2015年的73.9%上升到为79.6%；PM10和PM2.5平均浓度分别为95μg/m³和41μg/m³，同比分别下降9.5%和6.8%[1]。根据宁夏环境保护网统计数据显示，2017年1—6月，全区PM10平均浓度116μg/m³，比2016年同期增长了3μg/m³；PM2.5平均浓度47μg/m³，与2016年同期相比没有变化；二氧化硫平均浓度39μg/m³，比2016年同期下降16.9个百分点（见表1）。表明，宁夏地区大气环境质量较2010年明显改善，但面临的问题仍很严峻，需进一步加强监测与治理，争取到2020年二氧化硫和氮氧化物排放量分别降至30.52万吨和31.82万吨，比2015年分别下降12%；地级市环境空气质量优良天数比例达80%，全区可吸入颗粒物浓度和细颗粒物浓度分别比2015年下降11%和12%。

表1　2017年1—6月宁夏五市环境空气质量状况

| 城市 | 月份 | 综合指数 | 优良天数 | 主要监测项目月均浓度（μg/m³） | | | | | | 主要污染物 |
				PM10	PM2.5	SO₂	NO₂	CO-95per	O₃₋₈ₕ-90per	
银川市	1	10.11	12	176	91	129	57	3.8	77	PM2.5
	2	7.98	15	134	73	92	49	2.5	98	PM2.5
	3	7.98	24	97	50	52	42	1.4	108	PM2.5
	4	5.22	22	119	39	24	35	1.1	136	PM10
	5	6.60	15	163	52	28	38	0.9	182	PM10
	6	5.32	13	102	35	23	35	0.8	224	PM10

[1]王林伶.宁夏空气环境状况研究.2017宁夏生态文明蓝皮书〔M〕.银川：宁夏人民出版社,2017,51—62.

续表

城市	月份	综合指数	优良天数	主要监测项目月均浓度（μg/m³）						主要污染物
				PM10	PM2.5	SO₂	NO₂	CO-95per	O₃₋₈H-90per	
石嘴山市	1	8.79	15	154	73	126	45	3.1	80	PM10
	2	6.99	18	121	61	86	35	2.2	106	PM2.5
	3	6.99	30	79	38	51	27	1.5	120	PM10
	4	4.72	24	101	31	36	25	1.0	148	PM10
	5	6.25	21	164	51	33	25	0.9	170	PM10
	6	4.74	18	86	32	31	26	0.9	193	PM10
吴忠市	1	7.44	18	154	71	73	41	2.2	68	PM10
	2	6.08	17	116	58	51	38	1.8	82	PM2.5
	3	6.08	28	85	39	33	35	1.1	93	PM10
	4	4.56	26	102	33	22	29	1.0	132	PM10
	5	6.00	24	155	61	22	22	1.0	141	PM10
	6	4.15	23	90	31	17	16	1.0	167	PM10
固原市	1	4.74	26	111	45	17	29	2.0	58	PM10
	2	4.64	24	100	47	14	29	1.5	87	PM2.5
	3	4.64	27	85	35	9	28	1.2	111	PM10
	4	4.18	27	99	28	8	30	1.0	134	PM10
	5	5.23	24	134	42	9	29	1.2	152	PM10
	6	3.63	26	67	23	8	25	1.0	162	O₃
中卫市	1	5.86	21	130	56	57	27	1.8	52	PM10
	2	5.76	16	119	55	51	26	1.6	94	PM2.5
	3	5.76	27	85	40	35	23	1.1	114	PM10
	4	4.43	22	105	34	15	18	0.8	169	PM10
	5	5.77	23	162	58	13	19	0.8	144	PM10
	6	3.95	21	80	27	13	21	1.0	168	PM10
全区	1	7.39	18	145	67	80	40	2.6	67	
	2	6.29	18	118	59	59	35	1.9	93	
	3	6.29	27	86	40	36	31	1.3	109	
	4	4.62	24	105	33	21	27	1.0	144	
	5	5.97	21	156	53	21	27	1.0	158	
	6	4.35	20	85	30	18	25	0.9	183	
全区小计		5.82	129	116	47	39	31	1.4	126	
2016年1—6月		5.41	132	113	47	47	26	1.2	111	

四、雾霾治理措施

国内外学术界对于当前城市雾霾危机的治理提出了诸多理论设想和实践模式。强调通过提高能源利用效率、优化产业结构、转变经济发展方式，采用高新降霾技术及提高降霾器具的使用率，倡导多元参与的雾霾治理机制、区域环境协调治理机制，加强环境权、环境与资源保护法层面的防治，并实施综合治理等措施化解城市雾霾危机。

针对宁夏城市产生雾霾的主要原因和来源，解决全区雾霾的主要思路是：扩容、减煤、控尘、深治、提质。即，加强全区生态文明建设，增加环境容量；防治燃煤污染，减少煤炭使用量；做好防尘控制，精细化管控扬尘污染；深化工业污染治理，减少工业污染物的排放；提高燃油品质，提升机动车污染防治管理质量。重点提出以下对策。

（一）转变政府职能

地方政府具有制度执行的能动性，面对现阶段宁夏的雾霾污染危机，自治区政府要以更高的政治意愿和更强的治理能力来控制城市环境污染，强化地方政府的公共服务动机与政府责任的协调，关注治理能力与政府职能的匹配，从而提高解决城市环境污染问题的能力。

宁夏地区要加强地方政府环境执法人员素质的培养，优化整合地方政府的各种资源，培育和营造有效的政府执行力文化，创设适宜的地方政府执法环境，秉承科学合理的执行力理念，提高地方政府在治霾方面的理论和知识。

过去，在我国各级政府的考评机制中，过分强调经济指标的增长，导致各地区的环境问题日益突出，超出环境的自净能力，尤其大气污染源增多及污染面积增大，成为当前城市雾霾危机的主要因素之一。因此，我们必须建立多元化的官员政绩考核机制，自治区党委、政府应该倡导全社会加强能源和资源的技术升级改造，提高能源利用效率和培育企业公平竞争平台；充分发挥市场调节机制，优化产业结构；倡导良好生产方式和生活方式的变革；完善和坚决执行相关法律法规，完善环保执法人员的考核制度，并逐步实现制度化和法治化，尤其要制定一套城市雾霾危机治理的制度体系。

（二）调整经济结构，优化产业布局

党的十八大报告提出要"全面推进经济建设、政治建设、文化建设、社会建设、生态文明建设，实现以人为本、全面协调可持续的科学发展"，宁夏第十二次党代会报告指出"深入实施蓝天、碧水、净土'三大行动'，大力整治环保突出问题，加快推进水土保持、节水型社会、防沙治沙'三个示范区'建设，顺利完成节能减排目标任务，进一步改善生态环境和城乡人居环境"，这为宁夏地区城市雾霾的治理提供了契机，指明了方向。首先，我们要不断转变经济发展模式，改变粗放型的经济增长方式，加大淘汰落后产能，通过技术改造和产业结构调整，大力发展战略性新兴产业和特色优势产业，逐步实现低能耗、低碳的生态经济发展模式，从源头上防治雾霾污染，并建构和完善适合宁夏地区的雾霾防控机制。其次，宁夏要严格控制城市开发边界，合理配置生产、生活和生态空间。制定全区环境功能区划，明确各市县区功能定位和环境准入标准，所有产业园区依产业定位制定准入负面清单，不符合环境功能区划的项目一律不得建设。推动工业项目向园区集中，争取2017年底前新建工业全部入园，2020年底前现有全部工业项目实现入园。禁止在农村地区、水源地、基本农田保护区进行有污染的工业项目开发，农村各类中小型工业逐步进入各工业园区或乡镇工业集中区。再次，宁夏要严格环境准入，全区范围内将不再审批新建铁合金，碳化硅，造纸，商品电石，非资源综合利用的水泥，小型和不属于资源综合利用的火电发电项目。最后，实施重污染企业搬迁项目。加快推进石化、化工、水泥、制药、纺织、造纸等重污染企业的搬迁。

（三）加强环境保护，留足生态空间和农业空间

加快推进《宁夏回族自治区主体功能区规划》、自然保护区、饮用水源地保护等生态保护规划的落实，切实保护限制开发区与禁止开发区的生态环境。严格实行控制线管理，加强对全区各市、县建设用地规划，划定并严守生态红线、基本农田保护红线、城镇增长边界红线、基础设施空间廊道等控制线，留足生态空间和农业空间。

进一步推进国家三北防护林建设、天然林保护、封山禁牧、退耕还林

（草）和湿地保护政策的实施，推进退化生境修复，增强区域生态功能。推进自然保护区内自然资源的清理与整治，切实保护和恢复自然生态系统，维护生物多样性。加快全区湿地保护，注重国家级及省级湿地公园升级与新建，实现湿地的生态服务价值和维护水生生物物种多样性。沿黄河两岸，实施引黄灌溉渠系林带、农田防护林网改造、环城绿化工程，构建"黄河金岸"生态景观长廊。在山地、丘陵等地，营造水源涵养林、水土保持林，建设稳定的林草生态系统。稳步推进全国防沙治沙综合示范区建设，加快全区荒漠化治理力度及沙产业发展。近年来，宁夏全面推进水土流失治理，以每年1000平方公里左右的速度推进。2015年宁夏共有森林面积990万亩，森林覆盖率12.63%，森林蓄积835万立方米。2016—2020年，宁夏应继续保持水土流失治理以年均1000平方公里的速度推进，森林覆盖率以每年1.5%的增长率增加，预计到2020年全区水土流失面积减少到1.5万平方公里、森林覆盖率达到20%。大力推进沿黄城市带绿色景观长廊、贺兰山东麓生态产业长廊、中部干旱带防风固沙长廊、六盘山生态保护长廊和宁夏平原绿洲生态带等建设，形成西部生态安全屏障。

在城市规划中留足生态建设用地，强化生态廊道建设，体现宜居和生态特色；注重城市内部"风廊道"的营造。

（四）加强燃煤污染治理

燃煤污染是宁夏地区冬季大气污染的首要来源，也是导致雾霾天气的主要原因，加快燃煤污染综合治理是解决冬季大气污染问题的关键。一是加快供热结构调整，全面实施城市供热规划，利用先进科技与设备，加快推进热源改造、供热管网改造等工程建设，力争到2020年实现城市建成区集中式、大功率、智能化、高品质、环保型热能全面供给。二是加大燃煤小锅炉淘汰力度，利用好现有热源，集中淘汰城市建成区、各工业园区内20蒸吨以下燃煤小锅炉。三是严格控制城市建成区煤炭消耗总量。明确建成区煤炭消耗总量控制指标，根据《宁夏回族自治区"十三五"大气污染防治规划》，到2020年银川市区燃煤总量（去除化工原料用煤）消耗较2015年消减20%以上，其他4个地级市市区燃煤总量消耗较2015年消减10%以上；高污染燃料限制使用区内，禁止审批新改扩建燃煤锅炉，其他区域禁止审批新建20蒸吨以上燃煤小锅炉。四是加强燃煤锅炉治理和煤质监管，全面完成20蒸吨以上燃煤锅炉脱硫、除尘升级改造，达到特别排放限值要求。完成40蒸吨以上燃煤锅炉房烟气在线监测设施安装，实施污染物排放24小时连续监控。强化高污染燃料限制使用区煤炭销售单位和使用单位监管，煤质监测达到全覆盖，严禁使用高污染煤炭。五是推进工业、产业园区集中供热供蒸汽。实施"一区一热源"，各类工业、产业园区必须配套建设统一的供热、供蒸汽管网。2017年年底，各类工业园区和工业集中区必须完成集中供热、供蒸汽改造。

（五）精细防控城市扬尘污染

扬尘污染是宁夏空气中可吸入颗粒物（PM10）的占比最高污染源，也是最为复杂和难以控制的污染源。一是全过程控制施工工地扬尘污染。抓好建筑、拆迁、市政等各类施工工地扬尘治理，所有工地必须严格落实施工工地周边围挡、物料堆放有效覆盖、出入车辆冲洗、施工现场地面硬化、土方及时清运、拆迁湿法作业等6项规范化防尘措施，实现6个100%。达不到扬尘防控要求的工地不得开工，已开工的要严肃处罚并停工整治。将违规记录纳入建筑企业诚信考核，促使企业形成"施工即防尘"的自觉意识。二是大力整治裸露堆场和裸露地面扬尘污染。建成区内裸露堆场、地面必须采取遮盖、绿化等有效防尘措施，整治率达到100%。三是提高城市环卫保洁水平。推进中联重科项目实施，提高环卫保洁机械化作业率；全面推行"人机结合"的深度保洁模式，严格实施道路积尘考核。渣土运输车辆实现智能化管理，100%全密闭运输，严厉查处随意撒漏等违规车辆。四是加强矿采区扬尘污染控制。所有砂石料厂破碎、装卸和运输等工序要采取有效抑尘措施，对达不到整治要求的，不允许生产作业。五是禁烧秸秆、芦苇、垃圾等废弃物。要推行市县、乡镇、村三级环保网格化管理，层层落实禁烧责任制，确保责任到人，考核奖惩到位。加快推进秸秆综合利用，提高秸秆综合利用率。六是加强餐饮业和露天烧烤污染治理。规模餐饮业全部安装油烟净化设施，达到环保要求；严查露天烧烤造成的污染，取缔非法摊点，积极推广使用环保无烟烧烤炉。

（六）加大工业废气深度治理

一是加快完成重点行业废气深度治理，全面完成重点行业脱硫、脱硝和除尘升级改造，全区范围内火电（自备电）、水泥、燃煤锅炉等行业排放废气全部执行特别排放限值标准。30万千瓦以上火电企业全部实施超低排放改造，2018年底前火电行业全部完成改造。二是开展工业扬尘综合整治。全区各类工业企业煤场、料场、渣场全部落实有效扬尘防控措施，年内工业堆场整治达标率达到100%。三是启动挥发性有机废气治理。开展石化、有机化工、表面涂装、包装印刷等排放挥发性有机物重点行业的调查和整治，全面完成加油站、储油库、油罐油气回收治理任务。加大异味企业监管力度，采取驻厂监管等有效手段，进一步减少异味污染扰民问题发生。

（七）加大机动车排气治理

一是强化机动车燃油品质监管。积极向自治区争取提早供应国 V 油品汽柴油；加强全区加油站油品品质管理，禁止销售品质不符合规定的油品，从源头减少机动车尾气污染物排放。二是加快淘汰黄标车及老旧车辆。停止黄标车环保定期检验，禁止黄标车上路行驶；加强车辆路检遥测，严厉打击黄标车和冒黑烟车辆上路行驶；开展农用车集中整治，严禁三轮车、拖拉机等农用车进入市区；通过经济补偿等方式，鼓励和支持高排放机动车和老旧工程机械、农用机械等道路移动机械提前报废；加大新能源汽车推广。

（八）推进依法治霾与联合共治

宁夏地区要与周边地区建立雾霾协同治理机制，提升多元主体治理能力。加强政府、企业、民众、社会团体多元参与雾霾危机治理，通过宣传、教育、学习、公益活动等形式使民众更多的了解环境保护的理念与措施，并参与到具体行动中；宁夏应逐步实现与陕甘蒙青地区跨区域的协同治理，打破地方保护主义，建立跨行政区划的城市雾霾危机治理机构。

提升地方政府雾霾治理制度化和规范化水平，加强政府内部运行机制建设，实现地方政府治霾的效果。加大城市空气污染治理执法落实力度，实行专人负责制。逐步将空气质量监测点布局到中心城区以外，并将实时数据通过公众平台向社会发布，接受社会公众监督。

（九）提升公众环保意识，倡导绿色生活方式变革

宁夏生态环境脆弱，一旦破坏难以恢复，并会遭到大自然的报复，因此必须牢固树立尊重自然、顺应自然、保护自然的绿色发展理念，必须从观念上深刻认识到人地关系和谐共生才能实现区域的可持续发展，必须在行动上真正做到环境保护与经济发展并重，才能真正实现经济效益、社会效益、生态效益三赢。倡导绿色生活方式变革，如通过财政倾斜或奖励，推动公众使用环保材质生活用品或器具，从源头减少生活排污量；注重城市慢行系统建设，推广使用电动车、自行车，建设城市绿色环保交通体系，方便市民绿色出行。

宁夏城市贫困群体住房保障问题研究

王愿如

　　自治区第十二次党代会提出实施脱贫富民战略，目标是要不断提高人们的获得感和幸福感，不断推进公共服务和经济成果的普惠化。这是以人民为中心的重大战略部署，也是习近平新时代中国特色社会主义经济思想的重要内容，是充分和平衡发展的必要。城市贫困问题是全面建成小康社会过程中的一块"短板"，在利益均等化发展的过程中要引起重视。

　　我国城市化发展的速度不断加快。而宁夏在改革开放以后，特别是西部大开发战略实施以来，城市化进程高速发展，到2016年城市化率为56.29%，宁夏的城市化率居西北五省首位，与全国城市化的平均水平相近，这是城市化发展带来的新的机遇，同时也面临着诸多挑战。

　　城市人口大幅度增加，城市需求不断扩大，城市供给压力加大，在需要和供给不匹配的情况下，贫困群体的生活需求得不到满足。城市贫困群体的基本生活需求的满足，是解决贫困问题的关键。城市贫困群体的住房问题，是关系民生的大问题，因此提高对城市贫困群体住房需求的供给和提供相关的保障是实现对贫困群体救助的关键环节和重要保障。

作者简介：王愿如，宁夏社会科学院综合经济研究所研究实习员，经济学硕士。

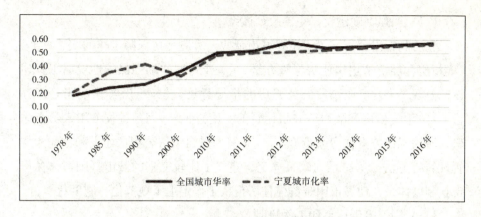

图1　全国与宁夏城市化率情况

一、城市贫困群体住房保障情况

　　宁夏住房和城乡建设厅按照根据国家和自治区要求，进一步落实和完成城市贫困群体的住房保障政策，积极推进和实施多项政策满足城市贫困群体的住房需求。特别是在公共租赁住房保障工作方面，在政策制度设计上积极探索，大胆尝试，取得了有益的经验，受到住房和城乡建设部的充分肯定。一是宁夏在全国率先以政府规章建立了在商品房和经济适用住房小区中配建廉租住房制度；二是率先制定出台了《保障性住房建设标准》；三是率先实现了城市低收入住房困难家庭廉租住房制度全覆盖；四是率先建立了住房保障工作责任制考核制度；五是率先推进住房保障档案规范化管理。

（一）保障性安居工程持续推进

　　2007年以来，按照国家统一部署，持续加大投入力度，加快推进保障性安居工程建设，推进公租房与廉租房并转运行，加大保障性住房分配入住力度。2015年年底，共开工建设公租房（含廉租房）18.58万套。2016年，国家统一停止了实物建设公租房，对新增符合条件的保障对象，实行租赁补贴制度。公租房分配入住14.1016套，发放住房租赁补贴1.3925万户，受益群众达54万余人，有力有序保障了住房困难家庭的居住需求。

（二）加强制度建设，完善政策体系

先后制定出台了《关于做好城市低收入家庭住房保障工作的实施意见》《廉租房和经济适用房住房保障办法》《关于进一步加强保障性安居工程建设的意见》《关于加快发展公租房的指导意见》《廉租房实物配租管理办法》《关于公租房和廉租房并轨运行的实施意见》《完善进程务工人员有序融入城镇工作方案住房政策规定》《宁夏回族自治区公租房建设和分配入住管理暂行办法》等一系列政策规定，建立了比较完整的城市贫困群体住房帮扶制度体系，使城市困难群体住房帮扶工作走上了规范化、制度化轨道。

（三）完善管理体系和工作机制

从2011年开始，把公租房竣工纳入年度目标考核体系。组织各市县建立公租房项目台账，实行销号制度，建成一个、入住一个、销号一个，加快保障房入住步伐。实行"两房"并轨，将资金统一整合为中央专项补助资金统筹使用，提高了资金的使用效率。统一受理窗口，统一申请表格，统一工作程序，统一审核标准，简化手续，提高效率，方便群众。建立梯度帮扶机制，"两房"并轨后，根据帮扶对象生活困难程度，分若干档次，制定不同的租金标准，对特别困难家庭，进行租金减免。

（四）建立城市困难群体住房帮扶家庭档案

建立城市困难群体住房帮扶家庭档案，做到一户一档，确保符合城市困难群体住房扶持条件的家庭和人员及时纳入帮扶范围。各市、县普遍实行打分轮候制，将扶贫对象的年龄、住房情况、特殊情况（如残疾、重病、高龄等）量化为相应的分值，由相关部门联合评分，根据分值高低确定轮候顺序，采取公开摇号的方式进行具体分配。

（五）完善信息公开制度，切实加强外部监督

坚持以信息公开促进住房保障工作的公正公平，自治区住房和城乡建设厅及各市县区从"公共租赁住房法规及申请条件、审核程序、分配规则等政策；公租房建设规划和年度计划及其执行情况；公租房建设项目和房源；公租房的分配、退出，住房租赁补贴发放情况；违反公租房政策、法规的查处情况"5个方面公开公共租赁住房信息。通过统一信息公开内容，既对工作人员起到约束警示作用，又增强了社会群众的参与权与知情权。

各市县区在公租房分配摇号中还邀请纪委监察部门、公证处和保障家庭代表全程参与监督，确保过程公开、结果公正。

（六）积极创新监管手段，全程实施动态监管

在加强保障性安居工程建设管理的同时，不断创新监管手段，完善动态管理工作机制。按照住房保障准入退出相关规定，各市县区住房保障成员单位每年定期对保障对象进行全面基本信息核查，及时清退不再符合保障条件的对象。同时，采取举报热线、网上投诉、信函举报等方式，对投诉举报情况及时进行入户核实，通过产权信息查询、经济收入复核、受理举报投诉等完善动态管理工作，对由于收入状况、住房条件改善后不再符合保障条件的家庭将坚决退出保障范围。2007年以来，全区共清退不再符合住房保障条件的保障家庭3.38万户。

二、城市贫困群体住房保障需要关注的问题

（一）住房保障的核准机制不健全，动态监管难度大

住房保障的准入退出实行动态管理，但是存在监管难和退出难度的问题。在识别和审核的过程中，由于收入制度不透明，诚信体系不健全等问题使得隐形收入难查证，非固定收入难量化，只能通过入户调查、信函索证、张榜公示等传统手段来认定，难以保证认定结果的科学性、准确性。存在隐瞒经济情况，涉及个人隐私权的保护，在核对过程中由于缺乏法律和政策依据，无法获取完整、真实和有效的信息。此外，涉及申请人的户籍、车船管理、社会保险、住房公积金、税务、不动产登记、个人存款等信息资源分散在各不同职能部门，信息比较分散，各部门之间信息共享存在困难，存在不符合保障条件的对象仍享受住房保障的现象。

（二）保障性住房入住率低，空置较多造成住房资源浪费

有些地区保障性入住率较低，保障性住房的空置较多，住房资源没有利用起来，造成资源的浪费。住房保障工程资金需求量大，政府支付压力较大，资金到位不及时，建设进度缓慢。已建成的公租房项目无人申请入住，如石嘴山市惠农区受经济环境影响，煤炭企业关停，人员大量分流，致使公租房无申请对象。2013年，自治区筹建海原新区，在新区建设公租

房4391套，但是政策调整后老城不再搬迁，致使新区建设公租房短期内无群众申请住房保障。保障性住房基础配套设施不齐全，地理位置欠佳，物业管理等相关条件不具备等问题使得住房的供给和需求产生差异，住房资源分配和使用不合理，造成部分住房资源的闲置和浪费。

（三）保障性住房分配退出难

各市县住房保障管理机制不健全，机构不统一，人员变动大。城市困难群体审核难度较大，各市县的审核机构还不健全，没有统一的审核系统，住房分配后退出难度较大。个别保障家庭因收入提高、拥有房产、死亡等原因，不再符合住房保障条件，取消住房保障资格后拒不退出公共租赁住房。由于住房区别于其他资源，分配后收回的难度较大，没有相关法律和制度的支持，住房分配退出机制不健全，缺乏从立法层面上对退出行为进行规定和约束，对已入住的保障对象不再符合保障条件后腾退住房缺乏有效强制措施。

（四）保障性住房管理机构不健全

保障性安居工程属于重大的民生项目，政策性强，专业性高，需要一批讲政治、懂政策、钻业务、爱岗敬业的专业队伍管理。受机构设置和人员编制等影响，目前各市县区普遍存在队伍建设与职能要求不相匹配的现象，主要是县区住房保障机构多为临时机构或内设机构，无工作经费保障，无固定人员编制，从事人员多为借调或聘用，整体素质不高，岗位流动性较大，对保障对象家庭的资产性收入和住房状况缺乏有效的核查机制和手段，导致监管不到位、职能难履行。

（五）落实公租房货币化资金无保障

按照国家住建部、财政部和发展改革委的通知要求，自2016年起停止新建公租房，加快现有公租房分配入住，探索推行公租房货币化。近两年为加快公租房分配入住进度，各市县区均不同程度采取降低准入门槛、扩大保障范围的措施，将更多处在原保障边缘的群体纳入保障范围，以促进公租房分配入住，但明年公租房已面临全部分配完毕的窘境，实行公租房货币化势在必行。宁夏属于经济欠发达地区，地方财政吃紧，在国家没有明确公租房货币化是否给予资金补助的情况下，推行公租房货币化还缺乏稳定可持续的资金保障。

（六）住房保障档案管理不规范

全区住房保障档案管理工作良莠不齐，部分市县区档案管理工作依然较为落后。住房保障档案涉及保障对象档案、保障性住房档案、项目建设资料档案等方面，大多数市县区公租房档案分别在住房保障办公室、项目办等分别保管。没有专门的档案室，档案管理制度不健全，整理存放不规范的现象较为普遍，档案管理人员专业素养普遍不高，缺乏档案管理常识，多为兼职管理，使用查阅档案难度比较大。固原市保障对象档案在市房产所、原州区建设局两头管理，存在衔接不畅问题。银川市保障性安居工程建设档案在市住建局和三区各自存放，造成查阅不便。

三、城市贫困群体住房保障的对策建议

（一）发挥宁夏"八朵云"的作用，发挥信息化作用

建立住建工作信息平台，实现政府各职能部门之间的信息共享。利用宁夏"八朵云"，建成城市贫困对象贫困档案数据库，并且对城市贫困人群进行"个性化"分析和动态监督。丰富信息获取方式，深入基层，利用信息化等手段多角度和全方位的掌握城市贫困对象的贫困原因、贫困程度、需求等数据，提高对救助对象的监测。建立大数据库，住建部门先在本级单位建立信息联通机制，并整合建立信息大数据库，有利于各部门对救助对象的"一对一"和"多对多"服务。

利用多种现代化、信息化方式，提高部门间信息沟通有效性和及时性，建立"信息多跑腿，群众少跑腿"的体制机制。

（二）强化住房保障动态管理

指导各市县区完善对公共租赁住房保障对象年度审核制度，对享受保障性住房家庭每年进行一次信息核查。承租公共租赁住房家庭因经济状况改善，或通过购置、继承、受赠等方式取得其他住房、不再符合相应的住房保障条件的，及时取消保障资格，并组织按期腾退住房，逾期未腾退按市场价格收取租金。加强社会诚信体系机制建设，对拒不腾退的，纳入不良记录，形成一处失信、处处受限的社会氛围。对保障对象相关资料不全

的，尤其是由单位集体承租公租房用于保障职工居住的，进一步归集完善单位及个人相关资料，建立翔实的档案库。

（三）加快公共租赁住房分配入住

各市县区建立公租房分配入住项目台账，对主体已竣工，但因配套基础设施不完善而无法入住的项目要全面排查，列出清单，逐一制定整改方案，限期完成小区内部配套环境以及水、电、气、路、管网等市政基础设施和周边公共服务设施建设进度，尽快达到分配入住条件。对竣工的公共租赁住房项目，相关部门和单位要密切配合，提高工作效率，及时做好规划、消防、人防、环保，以及水、电、气、路、管网等环节的验收工作，确保尽快竣工交付。对在城镇、新区、园区建设并已达到交付使用条件，因保障对象达不到预期、申请人员少的公共租赁住房，可将公共租赁住房闲置房源调整为劳务移民、生态移民、棚户区改造、农村危房改造安置住房等，将原已安排的中央、自治区补助资金，报请自治区发展改革委或财政厅同意后，统筹用于当地公共租赁住房建设或租赁补贴发放。

（四）因地制宜推进公租房货币化

对公共租赁住房存量小或已基本完成分配、租赁补贴需求较大的市县区，进一步健全完善住房保障制度体系，推行公租房货币化保障，租赁补贴发放范围由现在的城镇低保低收入住房困难家庭逐步扩大到所有公租房保障对象，分类别、分层次对在市场上租房居住的住房保障家庭予以差别化的租赁补贴，保障其基本居住需求。指导各市县区结合租赁补贴申请家庭的成员数量和本地区人均住房面积等情况，合理确定租赁补贴发放面积标准，原则上租赁补贴保障家庭应租住中小户型住房，户均租赁补贴面积不超过60平方米，超出面积部分由住房保障家庭自行承担。指导市县区健全完善公租房租金收缴使用管理制度，在收缴的租金中提取一定比例资金，专项用于公租房货币化补贴。

（五）加强住房保障档案管理

在总结推广今年开展的住房保障档案规范化管理试点经验基础上，明确标准规范，健全完善措施，进一步强化全区住房保障基础管理工作。组织各市县区学习、借鉴试点市县工作经验，结合本地实际，切实加强住房保障基础性管理工作，积极开展人员培训，按照住房保障对象"一户一档"、保障性住房房源"一套一档"要求，同步建立纸质档案和电子档案。加强公租房保障相关档案收集、整理、装订、归档、保管、移交等各环节工作，实现住房保障档案管理制度化、科学化、规范化、信息化。

（六）推行公租房社区管理和服务

指导各市县区按照属地管理原则，积极推进基层社区进驻公租房小区。充分落实社区对公租房小区的社会管理职能，通过社区工作规范居民行为、协调居民关系、化解居民矛盾，促进小区和谐稳定。公租房小区办理入住手续后，按照相关法律法规规定，在街道办事处（乡镇政府）的指导下，依法开展社区党组织和社区居民委员会的组建工作，完善社区服务站建设，开展社区自我管理和服务。公租房产权单位及运营单位、物业服务企业积极配合属地管理机构开展社会管理和服务工作，共同维护社区安全稳定，营造和谐的社区居住环境。

（七）加强公租房资产管理

各市县区按照公租房"谁投资、谁所有"的原则，明确政府资产管理部门，建立公租房资产管理制度，完善资产核定、管理、使用、确权登记和处置等工作机制，强化公租房政府资产日常使用管理。按照公租房建设性质不同，区别进行资产管理，政府投资建设的公租房为国有资产，产权归当地人民政府所有，房屋产权人登记为当地住房和城乡建设行政主管部门，或当地人民政府授权的国有资产管理机构；政府与企事业等单位共同投资建设的公租房，为当地人民政府和企事业等单位共同所有，要按照投资比例明晰产权关系。

银川市交通拥堵问题治理研究

马　妍

习近平总书记在党的十九大报告中指出，要坚持完善公共服务体系，保障群众基本生活，不断满足人民日益增长的美好生活需要。随着经济社会发展和城市化进程的加快，现阶段城市交通基础设施建设、交通管理水平与人们日益增长的出行需求之间的矛盾依然存在，即使宁夏银川这样的三线城市，也存在交通拥堵问题。为适应城市的发展和人民群众的出行需求，银川市的交通拥堵问题迫切需要得到解决。

一、银川市城市交通发展现状

"十二五"以来，银川市城市交通基础设施建设和公共交通管理迈上了一个新台阶，城区道路的扩容增量与智慧化交通管理一定程度上缓解了城市交通拥堵，但随着银川市城市规模的不断扩大，机动车保有量的直线上升，庞大的出行需求使城市交通压力更大，重点路段拥堵与阶段性拥堵十分严重，治堵问题任务艰巨。

（一）机动车保有量及交通流量

2016年年末，银川市常住人口219万人，机动车保有量70万辆，比

作者简介：马妍，宁夏社会科学院社会学法学研究所助理研究员。

2009年增长2.4倍，年均增速14.8%，但公共泊车位却不足11万个。据初步统计，2016年每个工作日银川市新上牌机动车350辆，二手车过户日均400—500辆。2016年年末银川市区主要道路早高峰、早平峰和晚高峰的机动车平均行驶车速分别是29.3公里/小时、36公里/小时和30.2公里/小时，早高峰时段平均车速较上年有所下降，晚高峰时段较上年有所提高，早平峰较上一年无明显变化。

（二）城市交通设施建设及出行环境

至2016年年底，银川市以"大交通""全域银川"的理念，全盘考虑、超前规划、逐步实施，全面实施道路畅通工程，道路里程已达1000多公里，把规划建设城市中心区公共停车场作为实施交通秩序综合整治工程的重要内容，大力创建公交都市，引入共享单车项目，优化了市民出行环境。

1. 路网规划及道路建设情况

城市道路方面，逐步完善三区城市路网结构，主要结合旧城改造和新建、改建、扩建城市主次干道，优化道路结构，提高道路通行能力。

（1）新建道路。完成友爱中心路连接线银通路、银横路的建设，实施国道109线望洪至姚伏段东移改线工程，进一步加大燕庆路等东部路网和商贸城物流带道路建设力度，完善金凤区南部片区金凤六街、北部片区大连路、丽子园路等路网，新建宝湖路跨艾依河、沈阳路穿越阅海隧道及上海路等道路桥梁建设，建成银川滨河、兵沟、永宁3座黄河大桥及连接线工程，自治区建设河东国际机场综合枢纽、银西高铁银川东站综合枢纽项目。

（2）改扩建道路。在道路网络基本定型的前提下，根据老城区交通流量实际情况，在南薰路的凤凰街至中山街段、银盛路等道路改扩建工程基础上，对新华西街、民族街等主次干道的部分路段进行改扩建，将原有狭窄车道拓宽改造，增加机动车道，完善非机动车道和人行道，有效疏通城市交通经脉。打通新华街、湖滨街等断头路，提升了凤凰街和正源街等道路中转能力，缓解了解放街和北京路交通压力。改扩建南塘巷、建设巷等10条小街巷，改善城市道路微循环系统，合理分配交通流量，实现对骨架路网的有效分流。这些项目形成了更加丰富的银川城市道路网络。

（3）配套道路。围绕银川市光华门安置区、金凤区南部保障房片区和阅海万家等保障性住房周边新建了多条配套道路。续建六盘山路、上海路、银横路、银通路等，新建阅海湾中央商务区市政基础设施配套项目、东部路网道路工程、银川润恒农副产品（冷链）物流园周边市政配套，大连路、凤凰南街以及街巷与主次干道改造工程。

（4）道路交叉口。在快速公交沿线、行人过街量较大地区、商业繁华区、交通危险点等处合理规划建设行人立体过街设施，改变人车混行现状。主要在友爱中心路与贺兰山路、银古路交叉路口建设立交桥，在清和街与长城路交叉路口等处建设地上地下人行过街设施，实现人车分流。针对长城路与清和街路口、新华街与清和街路口、解放街西门转盘等车流量较大、道路资源不足等问题，通过缩小交叉路口中央隔离带占道面积、扩大转口路面宽度、增加转弯车道等措施，完善道路交叉路口。

2. 公共停车场建设情况

2016年年初，银川市为缓解"停车难"问题，把规划建设城市中心区公共停车场作为实施交通秩序综合整治工程的重要内容。计划2017年年底前建成兴庆区第十八小学地下停车场、北塔巷防汛办立体停车库、永安巷地下停车场、银川市第二十中学地下停车场、金凤区第十二小学地下停车场、静沁苑地下停车场6个大型公共停车场，可新增停车泊位1282个，其中自主停车位961个、机械立体停车位321个。除北塔巷防汛办立体停车库为地上五层立体机械车库外，其他5处停车场均是地下停车场，其中北塔巷防汛办立体停车库和静沁苑地下停车场智能化程度最高，静沁苑地下停车场将建成地下三层机械式停车场。这6处停车场都将实现智能化管理，都将纳入到顺泊停车APP平台，采集更多停车场信息，为市民提供停车信息服务。

3. 城市公共交通情况

（1）优先发展公交，打造公交都市。2013年11月，银川市被交通运输部命名为第二批"公交都市创建城市"，并全面启动创建工作，积极构筑多元公共交通体系。截至 2016 年，银川市拥有公交运营线路 122 条，总长 2238.99 公里；拥有公交车 2248.6 标台，城市每万人拥有公交车 17.4 标台；公交站点 2314 处，站点 500 米半径覆盖率接近 91%，场站总面积 49.4 万平方米，公交车进场率达 100%，与"十一五"期末相比，到"十二五"末运营线路数量，总行驶里程以及客运以及客运总量增长比例分别 181.67%、131.81% 和 168.59%。公共交通日均客运量 86 万人次，年均客运量 3.2 亿人次，公交出行分担率达到 30.8% 以上。

（2）快速公交（BRT）投入使用，缓解公共通行压力。银川快速公交一号线 2012 年 9 月投入运行，贯穿银川市东西方向、连接三区，由火车西站开往迎宾广场，单程 21.2 公里，运行 60～65 分钟，全程 42.4 公里，运行 120 分钟。高峰间隔 2 分钟，平峰间隔 3～4 分钟，配置车辆 80 辆（其中 18 米 50 辆，12 米 30 辆），采取对发形式。设置常规站点 22 处，站台 44 个。共配置 22 组站台，80 辆大运量公交车，全天运行 16 小时，日均客流量 10 万人次。公交 1 路、101 路、105 路等 12 条常规公交线路在不同路段进入快速公交站点接驳乘坐快速公交转乘的乘客，形成"1 主 12 支"的快速公交运输线网，日均客流量达到 30 万人次，是银川市公交日均客流量的 1/3。至 2016 年 9 月，银川快速公交一号线共运送乘客 1.46 亿人次，成为银川主要的公交线路。

（3）规划建设轨道交通，推进公共交通立体化发展。 2017 年 1 月，银川市启动《银川市城市轨道交通建设规划》，银川市城市轨道交通线网向滨河新区、宁东新城、永宁、贺兰等地发展。根据规划，银川市区将建 3 条骨干地铁线，近期规划建设轨道交通 1 号线和滨宁线，形成贯通中心城区的基础线网脉络；远景规划通过市区线和市域线两个层次规划了 6 条放射线路，其中市区线中 1、2、3 号线为骨干线，4 号线为辅助加密线，市域线包含滨宁线和永贺线，线网总长 227.8 公里，设站 117 座，换乘站 17 座。市区线 1、2、3、4 线采用地铁制式，地下铺设；市域线滨宁线采用国铁制式，部分采用高架方式铺设；永贺线以轻轨制式，采用高架方式铺设。

（4）建设推进新能源公交、云轨建设。银川市已全面推动城市交通绿色发展，启动公共交通全面电动化。2016年6月5日银川首批投放30辆比亚迪K8纯高品质电动公交车，用于更新公交1路和12路。根据规划，2017年累计投放600辆比亚迪纯电动公交车及2000辆纯电动出租车，力争在3年内实现全市公交车、出租车全面电动化。银川市还引进了比亚迪"云轨"作为城市的旅游观光线，花博园"云轨"项目首条线路已经于2017年9月1日第九届花博会开幕时正式运营。

4. 自行车慢道、人行道建设情况

2014年，银川市被住建部列入第三批城市步行和自行车交通系统示范项目城市。2016年公布的《宁夏银川市城市步行和自行车交通系统及示范项目建设导引规划》中，从步行交通系统、自行车交通系统、绿道系统，全面规划了交通慢行系统网络，银川将用5年时间设立13处自行车交通重点发展地区，改造修建18条总长60公里的步行道和600公里以上自行车专用道。石油城、丽景湖公园、月牙广场、中阿之轴及市民大厅、森林公园、西夏公园等20多个场地未来将被设为重要步行片区。

5. 共享单车项目，解决"出行最后一公里"

2017年4月13日，银川市与北京摩拜科技有限公司、北京拜克洛克科技有限公司（ofo共享单车）举行签约仪式，采取企业与政府合作建设和运营的模式，按照政府鼓励规范、企业市场化运作的原则，引进摩拜单车和ofo单车解决市区出行最后一公里问题。至2017年5月1日，两家企业分别投放5000至10000辆单车，最终目标是根据使用情况达到30000辆单车。

（三）交通管理及智慧交通建设情况

宁夏出台《宁夏回族自治区智能交通系统建设3年规划（2013—2015）》，投入3.6亿元，初步建成了覆盖全区的公安交通运行监测指挥体系以及交通出行者全程交通信息服务体系，全面提升整体交通运行效率、管控能力、应急反应能力。综合集成道路图控、治安图控资源，整合社会图控信息资源及全区已有智能交通系统建设资源，并与宁夏地理信息公共服务平台相衔接，实现信息资源共享。2015年11月，银川市智慧交通系统四期工程全部完成。其中，高清多功能电子警察具有高像素高帧率的特点，能够对多种违法行为进行抓拍；高清卡口系统为查缉布控提供了有效的数据保障；高清道路监控系统做到了缝隙监控及对路面秩序情况的管控；违停自动抓拍系统加大了对显性交通违法的治理力度；智能交通信号系统实现了信号灯的远程控制以及对配时方案的适时调整；交通诱导发布系统为驾驶员行车提供实时交通信息。

1. 交通环保卡和公交计数器投入使用

2016年9月，银川市36万多张交通环保卡放置在公共汽车上，1481辆公交车搭载公交计数器。通过交通环保卡和公交计数器，借助每条道路安装的天线和接收器采集车流量数据，结合全景真三维地理信息系统，感知汇集全城交通状态；将空间地理信息系统与即时交通大数据结合，汇集全城交通状态，是交通管理部门合理配置运力、科学规划路网的基础，可以起到远端分流的作用。通过大数据分析，进行流量预判，从而实时控制红绿灯时间，对全城的交通进行智慧疏导。累计下来的数据，还能为未来特定区域在特定时段实施拥堵收费打下基础。智慧交通系统的优越性、先进性已经在应用中得到验证，通过大数据分析汽车运行轨迹，可以有效疏导交通拥堵。

2. 智能潮汐车道控制系统试点

通过红绿灯实时监控、潮汐车道、绿波带和动态交通诱导等技术，为交通管理部门合理配置运力、科学规划路网提供决策支持。潮汐车道作为解决交通拥堵的一种重要方式，核心就是可变，即根据车流量的不同情况，使其在不同时段内变化可行驶的方向，提高道路利用率。截至2017年第三季度，试点路段的信号设备和隔离设备已经全部安装完毕，开始试运行，金凤区宁安街北京路至长城路段是全市潮汐车道控制系统的应用试点之一。

3. 智慧交通终端使用

在慧行银川APP上，附近的公共自行车租赁点、公交车到达的时间等，都可以实时查询到，由此市民可以实现智能路径诱导、智能停车诱导等，合理规划出行时间和路径，并通过手机便捷付费。而越来越多的惠民免费WiFi、电子公交站牌等也将让市民出行更加绿色通畅。

二、银川市城市交通拥堵成因分析

交通拥堵是有限的道路资源与车辆运行需求扩大矛盾的集中体现，城市交通拥堵与车辆运行的各个方面密切相关，是制约城市可持续发展的主要因素之一。从交通拥堵的发生特点来看，当前及未来一段时期内，银川的交通拥堵在空间上仍旧以局部区域拥堵、局部路段拥堵为主。拥堵原因主要有以下几点。

（一）城市功能和人口过度集中

银川市城市功能和人口仍过度集中在老城区（兴庆区、金凤区），导致主城区交通需求过大，交通流在老城区高度集聚，道路交通等城市基础设施超负荷运行，随之产生交通拥堵问题。根据银川市公安局交通警察分局一份《市区路口车流量排名表》显示，2016年11月18日15时至19时，正源街与上海路车流量口以通行次数达83013辆次居首；位居第二大车流量路口是北京路与进宁街，车流量次数为73507辆次；第三大车流量路口是北京路与亲水大街，车流量次数为73476辆次，均处于老城区。

（二）交通供需不匹配、不均衡

交通基础设施薄弱、车多路少的矛盾突出。机动车保有量增长过快，与之相对应的道路建设速度相对滞后，特别是城市的老旧街区道路狭窄，一些主要街道两侧建筑功能过于集中，停车位缺少也已成为突出问题，停车供需缺口呈现出逐年扩大趋势。现有城市路网功能混乱，属于低速的交通系统。

（三）交通管理水平低，管理手段落后

城市交通秩序维持的技术手段相对还比较缺乏，在交通拥堵问题存在、交通压力增大的情况下，交通疏导技能不够，事故快速处理能力不强，现场分流交通的水平不高。车道过窄，人流太多，例如解放街和民族街。一些路段没有自行车道和人行道，非机动车和横行人流对行车影响尤大。路口交通信号设置不合理，交叉路口通行的能力弱，交通拥堵一般都

是由于道路的交叉路口不畅通造成的。城市路面翻修等重大基础设施施工的交通疏解时，没有科学和精细化的管理手段。

（四）交通出行结构不合理

公共交通相对滞后，线路不发达，部分公交线路运行速度慢，间隔时间长，不能很好地满足城市大众的乘车需要。尤其上下班高峰，公交车与私家车、其他公车拥堵在一起，难以保证市民在较短的时间内及时到单位或者回家，花在路上的时间长。公共交通与市民方便、快捷、舒适的要求还有很大的差距。公交线路设置还没有实现全覆盖，主要分布在主干道、次干道，未能延伸到小街小巷。一些客源较少的公交线路，发车间隔时间太长，影响出行效率。公交网络体系建设滞后，各条线路之间的连接还不是十分科学，有的居民区乘车出行需要换车的次数多。

（五）市民交通法制意识不强

市民自觉维护城市交通法制意识不强，违规占道、违规穿行较为普遍。行人不遵守交通规则，尤其是非机动车和行人闯红灯现象还比较严重，机动车抢道现象还存在着，更增加了塞车的可能性，进而造成剐蹭、追尾等事故，加重了道路拥堵的发生。

三、银川市城市交通拥堵治理对策及建议

在道路资源有限的前提下，未来一段时期内，银川市城市交通拥堵治理仍旧需要遵循"适度增加供给、配合限制使用、全面提高使用效率"的方针，强化智慧交通背景下先进交通疏导技术的研究和应用，从系统科学的角度出发作好规划，综合运用政策、技术、管理等方法和手段推进城市交通拥堵问题的治理和解决。

（一）优化空间布局，疏解中心城区人口

产业和人口过度集中在中心城区是国内外大城市发展中的共同特征，控制中心城区发展，积极发育新城，优化城市空间布局，是解决大城市病、疏解城市交通流量的前提。人口疏解，产业转移，职住合一，使中心城区客流快速增长的势头得到扭转，中心城骨干线路和外围线路的客流负

荷强度将得到有效控制。

（二）坚持公交优先，倡导居民绿色出行

发展以公共交通为主体的城市客运系统是解决城市交通拥堵的根本途径，依托轨道交通、快速公交及其枢纽，优化城市交通结构，公交线网最大限度覆盖和服务居住人口、降低换乘系数、提高公交准点率和运行速度等目标为市民提供优质、高效、人性化的公交服务，鼓励和引导居民采用公共交通通勤，倡导"公共交通＋非机动车交通"的出行新模式，逐步转变小汽车主导的城市交通的现状。

（三）限制私家车出行，减少城市交通流量

私家车出行相对于步行、自行车和公交等绿色出行方式而言，是高占用、高能耗、高排放的出行方式，要加强出行需求管理，可以根据实际交通需求实行部分重点路段限时或限号出行，降低中心城区机动车出行量，尤其是在上下班高峰期。

（四）理性做好市场定位，创新管理"共享交通"

随着"互联网＋共享经济"兴起，交通领域相继出现网约出租车、共享单车、共享汽车、定制巴士、网约巴士等"共享交通"模式。应从城市与交通整体健康可持续发展的角度出发，结合银川实际，对不同共享交通模式明确不同的市场定位和发展定位，采取不同的发展政策与策略。例如对共享单车应当采取"积极鼓励、主动服务、优先保障"的政策，主动做好共享自行车停放空间的管理。而对于网约出租车、共享汽车、分时租赁汽车，都有高占地、高能耗、高排放、高污染的特点，都不利于城市交通拥堵的缓解，应当采取"优质优价、以价控量"的价格杠杆进行引导和调控。

（五）提高管理智能水平，着力打造智慧交通

智能交通系统是未来交通系统的发展方向，是交通事业的一场革命。发展智慧交通是解决现有交通拥堵问题的重要突破口。要加强智慧交通研究，建设高效率智能交通调度系统，有效控制调节公交、小汽车、自行车、人行的路权和通行权，减少行车、停车延误和积堵。要顺应发展大趋势，充分运用物联网、移动互联网、云计算等新技术，在公路电子收费、

交通信息服务、交通运行监管、公交车辆、营运车辆动态监管等领域广泛运行大数据理念和技术，实现智慧交通规模应用和产业化，形成全市互联互通、贯穿上下与左右的"交通云平台"体系。

（六）优化静态交通管理，解决停车难问题

解决停车难问题是缓解交通拥堵的必要措施之一。目前银川市为缓解停车难，划定部分道路为临时或夜间停车点，减少了道路通行率，在一定程度上加大了拥堵的发生。为此，要科学配置资源，将市内闲置土地作为临时停车场，积极盘活现有停车资源，通过错时停放、有偿停放、置换停放等方式，实现不同地域停车资源互补，提高现有停车泊位利用率。同时加大对智能立体停车场配建、改建的引导力度，鼓励相关单位投资兴建智能立体停车场，形成政府主导、市场化运作的智能停车场建设使用模式，并逐步发展成为智能停车产业。此外，应尽快推行差别化停车收费政策，以价格手段调控停车行为。

（七）探索立体交通体系，畅通道路局部微循环

要大力发展立体交通，合理地规划建设城市轨道交通，加快轨道建设进程。在主要交通交叉口上建设大型立交桥，多建人行天桥、过街隧道等，在城市中心区域充分利用现有城市人防工程建设地下人行通道，逐步形成人、车分流以立体交通为基础的交通网络；在缺乏主干道和次干道的老城区，科学设计道路单行系统，提高车辆通行效率，科学设计和利用开放式居民小区道路和小街小巷，建立道路局部微循环。

（八）倡导规划管控，增加道路通行能力

目前银川路网系统的通行能力仍具有较大的提升潜力。既要缓解城市空间布局和人口就业分布等方面的不合理因素，也要完善交通规划管理，实现"线跟人走"，而不是"人跟线走"，增强城市交通设施规划的科学性。要优化城市路网结构，道路建设重点由快速路、主干路向支路网建设转变，增加路网密度，分流干路交通，均衡交通流。坚持老城疏通、新市区加密原则，打造小尺度街区，探索推行开放街区制，建设细密路网，增加道路通行能力。

(九) 加强法制保障，完善交通经济政策

市场化改革需要相对完善的法治环境保障，例如征收道路使用费、征收机动车排放费等经济手段，由于缺少法律依据，难以取得公众支持，落地实施难度大，仅停留在研究层面，在上一轮各大城市交通需求调控实践中均未能进入到实质性实施决策阶段。因此，建议自治区人大和政府应当抓紧研究制定或修订相关法规、单行条例和政府规章，建立完善长期稳定的公共交通建设投入、财政补贴、专项补偿等制度。

宁夏美丽乡村建设研究

田晓娟

党的"十八大"首次提出建设"美丽中国"的宏伟目标，党的"十九大"赋予"美丽中国"新的时代含义，即美丽中国建设是新时代中国特色社会主义强国建设的重要目标。美丽乡村建设是全面实现小康社会在农村的具象化表达，是农村改革发展稳定的凝练概括。换句话说，美丽乡村建设对于实施党的十九大提出的"乡村振兴战略"，决胜全面建成小康社会，让亿万农民过上美好生活，具有十分重要的意义。本文通过对宁夏美丽乡村建设现状及存在问题的分析，从乡村发展的内在规律出发，提出当前美丽乡村建设的举措。

一、宁夏美丽乡村建设的提出及现状

2013年中央1号文件明确提出建设美丽乡村任务以来，宁夏全面推进美丽乡村建设，各地广泛开展美丽乡村建设的探索与实践。2014年，为贯彻落实国务院办公厅《关于改善农村人居环境指导意见》，自治区党委、政府出台《宁夏美丽乡村建设实施方案》，提出以环境优美、农民富裕、民风和顺为目标，大力实施"规划引领、农房改造、收入倍增、基础配套、环

作者简介：田晓娟，宁夏社会科学院综合经济研究所助理研究员。

境整治、生态建设、服务提升、文明创建"八大工程，统筹推进美丽乡村建设。提出要遵循城乡差异化发展规律，因地制宜，适度集中，分类推进，注意乡土味道和民族特色，保留乡村风貌，防止以城市开发的模式建设农村，防止出现千村一面。截至目前，宁夏率先完成了省域空间发展战略规划和村庄布局规划，宁夏小城镇规划覆盖率达到100%，村庄规划编制覆盖率达到50%。对60%的小城镇、30%的村庄实施了建设改造，新建改造农房40多万户。美丽乡村建设累计完成总投资360多亿元，200多万农村群众从中受益。通过完善基础设施和公共服务设施，提升了小城镇的承载能力，吸引45.76万农村人口转移到了小城镇安家落户，享受到和城市一样的服务和更加宜居的生活环境。通过实施美丽村庄建设和农村危房改造工程，宁夏农村乡容村貌焕然一新，彻底告别了"垃圾靠风刮、污水靠蒸发、晴天一身土、雨天两脚泥"的脏乱差局面。农民群众的生产生活条件大幅提升，有力地促进了和谐乡风塑造和乡村精神文明建设。2017年，自治区第十二次党代会提出进一步改善农村人居环境、建设美丽宜居乡村为目标，着力提升村镇规划建设管理水平，加快美丽小城镇、美丽村庄建设，力争2020年全区所有乡镇和90%的规划村庄达到美丽乡村建设标准，宁夏美丽乡村建设进入一个新阶段。

表1　宁夏美丽乡村建设情况一览表

各市	2014—2016年建设情况（已建成）			2017年计划实施建设情况		
	美丽小城镇（个）	危窑危房改造（户）	美丽村庄（个）	美丽小城镇（个）	危窑危房改造（户）	美丽村庄（个）
银川市	12	13007	54	3	—	12
石嘴山市	8	1005	37	1	100	7
吴忠市	18	15824	106	4	4965	26
中卫市	17	17692	63	5	4400	20
固原市	20	105940	97	8	12619	35
总　计	75	153468	357	21	22084	100

资料来源：根据各市调研整理。

二、宁夏美丽乡村建设存在的问题

宁夏实施美丽乡村建设以来，重点围绕基础设施建设、农村危房危窑改造、环境综合整治等方面推进美丽乡村建设，在实施初期农民参与的积极性不高、缺乏产业支撑、建设任务重、补助资金低、体制机制不健全、农村特色风貌缺失等诸多问题，影响和制约着美丽乡村建设。

（一）农民主体地位缺失，参与建设的程度不高

1. 农民对美丽乡村的认知不深，参与建设的积极性不高

美丽乡村建设既要注重政府推动，更要重视发挥农民的主体地位。但当前一些村干部和群众认为，建设美丽乡村是"政府部门的事，和老百姓无关""上面拨钱，下面干事，有多少钱，干多少事"，缺乏主动性和创造性，农民主体意识不强，参与建设水平有限。

2. 农民收入不高，村集体组织弱化，缺乏产业带头人

经济收入低是当前农民参与建设美丽乡村积极性不高的最直接原因。现阶段，宁夏各市县的多数农民普遍存在家庭底子薄，加之物价上涨、教育和医疗等消费支出高等，使得农民目前更需发展生产、增加收入和改善生活。随着经济增速减缓，农民的经营性收入和工资性收入增速都有所放缓，使得部分农民无暇关注村庄建设及生态文明建设。目前，由于大多数村集体组织不能给村民带来一定经济利益，再加上一些村干部能力素质有限，所以村集体组织的权威逐渐弱化，不能很好发动群众建设美丽乡村。另外，广大农村从事农业生产劳动力不足，农村留下的大都是老人、妇女和小孩，普遍缺少有文化、懂技术的新型农民和产业发展的带头人。

（二）建设任务繁重、建设资金匮乏、缺乏产业支撑

1. 农村基础设施建设的任务繁重

宁夏与全国一样，农村的基本特征是村庄数量多且分布散落。据统计，宁夏共有行政村2284个，自然村14406个，如果在这么多分散的农村全部实现集中供水、清污、修路、建广场等，需要庞大的人力、物力、财力投入。尤其是中南部地区农村基础设施落后、经济基础薄弱、公共服务匮乏。未来建设的任务还十分繁重。

2. 乡村建设资金匮乏

近年来，宁夏平均给每个美丽小城镇投入奖补资金1500万元、每个美丽村庄投入100万元，实际上每个小城镇需投入5000万至1亿元，每个美

丽村庄也需要投入500万至2000万元，大部分县（市、区）美丽乡村建设资金很难列入财政预算，村镇基础设施建设主要靠项目资金带动，项目建设缺乏资金保障。原因有三：一是乡镇财政是吃财政饭，没有更多的资金来源投入建设；二是小城镇建设利用社会融资比较困难；三是农村危房改造目前进入攻坚阶段，还有5万多户贫困农户[①]因自筹资金困难，无力改造。

3. 乡村缺乏产业支撑

从宁夏美丽乡村发展进程来看，产业转型主要是在土地整理及流转的基础上依托农副产业、乡镇工业以及利用农业资源发展乡村旅游探索。产业类型仍是以农业为基础，这与沿海发达地区如珠三角以工业化城镇化驱动的乡村产业发展模式截然不同。在城乡统筹政策推进下完成农村土地整理及流转后，宁夏农村产业发展的驱动力不足，大部分村庄仍停留在种植、养殖初级阶段，缺乏农产品深加工延伸转化项目。

（三）重建设轻规划，地方特风貌不够突出

1. 重建设轻规划

在美丽乡村建设中，重建设轻规划的现象在很多方面较为突出。原因有三：一是缺乏科学的乡村规划。相较于城市规划，乡村规划理论、方法尚处于起步阶段。对城乡关系、乡村内涵及乡村价值等问题认识不清直接影响着乡村规划建设成效，难以科学有效地引导乡村发展。目前《宁夏村庄布局规划》尚未出台、大部分县（区）《县域乡村建设规划》也未编制完成，部分乡村没有镇域、村域规划，无法科学指导乡村规划建设。二是个别职能部门和乡村干部对美丽乡村建设的内涵及要求认识不足，在规划执行和监督上，由于乡镇没有专业规划建设管理机构和人员，不能严格执行乡村规划许可管理制度，造成规划执行不到位。认为只是让村民集中居住和建造新房，简单的建个广场、搞点绿化、修建道路等，美丽乡村建设成果后续管理服务不到位，特别是由于公共服务管理资金匮乏，导致已建成

---

①本数据由宁夏回族自治区住房和城乡建设厅村镇建设处提供。

的村民活动广场、道路、垃圾箱、转运站等设施设备缺少专人管理，破损较多，环境卫生脏、乱、差现象依然存在。三是技术标准不完善。就技术层面而言，乡村规划与城镇规划的基本原理不同，不能直接套用城镇规划的技术标准，而应该建立与乡村特点相匹配的技术方法体系。宁夏乡村规划实践初期由于尚在探索乡村规划技术方法，且受城镇建设惯性思维影响，以城镇功能空间规划方式规划乡村，忽视了乡村独特性和复杂性，导致了新村规划选址、布局、民居设计等对农村生产生活方式考虑不足。

2. 地方特色风貌不够突出

基于以上乡村规划理论与技术标准薄弱等原因，加之宁夏乡村建设推进时间短、任务重，当年规划当年实施，导致规划体系不完善，一些规划设计企业为了"揽活"，片面按照城市规划思路规划村庄，不接地气，破坏了村庄原有肌理。许多乡镇和村庄的规划盲目照抄照搬，以至于很多乡村的产业结构、平面布局和建筑设计等单调雷同。农房设计没有结合当地传统建筑特色，虽然制定了指导图集，但农户建房自筹自建，在布局风格、风貌管控上缺乏有效的手段，乡土特色体现不足，示范引领作用不强。

（四）美丽乡村建设的体制机制不健全

在美丽乡村建设中，很多地方没有制定促进建设长效运行的机制。即使部分村庄制定了长效管理办法，也多流于形式，只停留在墙上、纸上，未能真正落到实处。一是部门之间缺乏联动机制。在美丽乡村建设过程中，各部门之间缺乏联动机制，各行其是的问题比较突出，扶持资金容易形成"撒胡椒面"现象，不能充分发挥投入资金的效益。二是农村环境长效管理监督力度和激励机制不健全。一方面是农村垃圾治理困难。农村垃圾治理属公益事业，建设运营都需要政府补助，农户适当承担费用。由于各县（区）财力紧张，配套资金不足，又没有向农民收取保洁费用，给乡镇背上了包袱，造成垃圾不能及时清理。在管理上由乡镇政府负责辖区垃圾治理，离中转站和填埋场近的村庄垃圾不能跨乡就近处理。另外，因没有垃圾治理专项规划，农村垃圾设施设备不能统一调配使用，有的闲置，有的不够用。另一方面是污水处理设施短缺，农村改厕效果不佳。农村污水收集和处理设施投资量大，宁夏大部分村庄都没有配建管网和处理设施，已建成的农村生活污水处理设施，都是由乡镇粗放管理，没有专业管理人员，临时聘用的工作人员只会开关电闸，不懂运行维护。有些村庄已建成的污水处理设施没有和改厕工程统筹推进，污水处理设施中没水量，成了"摆设"。过去建的卫生厕所便器在室内、双瓮在室外，便于用吸污车或吸污泵清理的，投资最少，使用状况较好；选址不合理，厕所整体建在室外的，冬季无法使用，农民无法清掏，部分已废弃，仍旧使用又脏又臭的旱厕，农村环境整治顽疾尚未根治。

此外，在美丽乡村建设推进中，农民的物质生活得到了改善，但是由于农村文化设施建设的滞后，农民的业余文化生活相对单调。各地乡村虽然也建了一些像文化广场、农家书屋等公共设施，但由于缺少专业人员和活动经费，设备配置不足，农民开展有组织、内容丰富的民间传统文艺活动少，在劳动之余的文化生活多是以看电视、玩麻将、打牌等活动为主。互联网尽管已进了村，但入户不足，影响了农村文化生活的提升。可见，乡村文化事业发展滞后，农村生活不够丰富也是美丽乡村建设的一大困境。

三、宁夏美丽乡村建设的对策建议

宁夏美丽乡村建设虽然取得了一定成效，但农村人居环境总体水平与发达省区相比仍然较低，在居住条件、公共设施和环境卫生等方面与全面建成小康社会的目标要求还有较大差距。因此，宁夏美丽乡村建设要以保障农民基本生活条件为基础，以村庄环境整治为重点，以建设特色小镇和宜居村庄为导向，全面提升乡村规划建设管理水平，建设田园美、风光美、生活美、风尚美的美丽乡村。

（一）发挥政府引领作用，统筹规划美丽乡村建设

1. 加快出台乡村建设规划，强化规划执行和管控

加快出台《宁夏村庄布局规划》，启动《县域乡村建设规划》编制，加快推进镇域、乡域建设规划全覆盖，统筹安排乡村空间布局、基础设施和公共服务，明确整治重点和时序。各县（区）结合区域特点和产业特色，高起点、高标准编制镇村体系规划、小城镇和村庄建设规划以及道路、移民、林网、产业发展等专项规划，突出规划的引领作用，做大县城、做强

乡镇、做美村庄，引导农村人口向中心村和小城镇集中，打造一批像洪广、金积这样的产业小镇，泾河源、镇北堡旅游小镇，大战场、三营商贸小镇，掌政、峡口滨河生态小镇等有特色、有品位、有发展潜力的美丽小城镇。此外，农房建设和环境整治要因地制宜，保留乡村田园风貌。建立乡村规划建设督察员制度，执行乡村规划许可，强化规划执行和管控。

2. 强化产业支撑带动作用，拓展农民增收渠道。

乡村建设发展首先面临的是传统农业产业的转型问题。农民增收是美丽乡村建设的内生动力和重要保障。通过土地整理和土地流转，整合集体建设用地以农业、乡村旅游等项目实现产业转型，探索适合宁夏乡村产业发展的模式和路径。通过"不规划、不精准"原则开展产业多元化发展模式探索；通过产业和空间整合规划探索村庄产业门类与乡村生活及空间的匹配建设。积极促进农民增收，首先，要优先保证农村农业投入，确保农业投入只增不减，提高农业补贴政策的效能，保持农业补贴政策连续性和稳定性，充分发挥政策惠农增收增效。其次，要挖掘乡村生态休闲、旅游观光、文化教育价值，积极开发农业多种功能，培植主导产业，推进农村一、二、三产业融合发展。再次，要扶持农民工返乡创业。政府要为其返乡创业提供资金和政策支持。政府要鼓励和支持金融机构创新农村金融产品和金融服务，为回乡创业者提供信贷服务，满足创业者多样化需求。

3. 创新美丽乡村建设的联动工作机制

美丽乡村建设是一项综合性工作，建设、财政、民政、农业、水利、交通等相关部门必须要合理分工、密切协作，形成联动工作机制。不同层级政府之间也要明确职责，自治区、市、县财政要在预算中专门安排美丽乡村建设和运行管理维护经费。自治区出台政策，农村土地出让金收益相当比例用于美丽乡村建设。以县（市、区）为平台，整合涉农项目，集中力量打造美丽乡村。自治区制定分贷统还政策，鼓励县（区）积极利用农业发展银行改善农村人居环境专项长期低息贷款，采用PPP模式，引进企业投入农村卫生保洁、垃圾治理、污水处理、厕所改造及清理等项目，拓宽投融资渠道，加快美丽乡村建设；县级政府主要负责美丽乡村的指标体系和相关制度办法的制定；乡镇政府要负责统筹协调，统一规划并指导开展工作，负责具体实施以及同相关部门的沟通协调。要进一步发挥市场配置资源的决定性作用，以财政奖补资金为引导，鼓励和吸引工商资本、银行信贷、民间资本和社会力量参与美丽乡村建设。

4. 注重特色风貌塑造，推进绿色村庄建设和传统村落保护工程

自治区第十二次党代会明确提出，城乡建设要更加注重自然生态保护和历史文化传承，更加注重发掘特色优势，不搞大拆大建、盲目扩张，不搞贪大求洋、破坏文脉，不搞统一模式、千城千村一面。因此，应加大对宁夏回族传统村落、民居和老街巷等历史文化遗迹遗存的保护力度，实施以县域乡村建设规划试点为龙头的建筑风貌提升工程，不断增强村庄建设内涵和品质；注重挖掘、传承和开发传统文化、宗教文化、民俗风情、民间艺术、民居文化等非物质文化遗产，重点突出村庄的特色风貌，从而活跃农村文化市场，丰富人民群众文化生活。

（二）培育以农民为核心的美丽乡村建设主体

建设美丽乡村，农民是主体，其根本动力也在于农民自身。美丽乡村建设最终是要靠农民来进行，因此，必须坚持农民的主体地位。充分调动和发挥农民的积极性和创造力，尊重农民的积极性和首创精神。要引导农民逐步改变旧有的观念，主动地接受新鲜事物，成为具备现代元素的新型农民。

1. 加强农民培训

农民是农村经济社会的主体，也是农村文化的载体，对其进行劳动技能培训和文化素质培训，有助于农民创新思维和经济发展能力的培育。

2. 提高农民的参与度，扩充农民参与渠道

应在与农民充分沟通的基础上，进行美丽乡村建设的民意调研。在美丽乡村建设规划编制时要注重当地村民的全程参与，真正地使美丽乡村建设符合当地的具体实际，满足民意。应在编制美丽乡村建设规划时，聘请有资质、熟悉当地风土人文环境的专家进行整体性规划设计。在实施过程中，也应该保证村民的全程参与。

3. 打造田园综合体[①]

2017年中央"1号文件"首次提出了"田园综合体"这一新概念："支持有条件的乡村建设以农民合作社为主要载体、让农民充分参与和受益，集循环农业、创意农业、农事体验于一体的田园综合体，通过农业综合开发、农村综合改革转移支付等渠道开展试点示范。"田园综合体将是培育新型职业农民的新路径，让农民有更多获得感、幸福感，让"三农"有可持续发展支撑，让农村真正成为"希望的田野"。

（三）建立以农村环境长效管护为中心的各种长效管理机制

1. 着力完善农村环境长效管护机制

一是加强村庄卫生保洁、设施维护和绿化养护等工作，建立长效管护机制，不断巩固和维护好美丽乡村的建设成果。坚持建管并重，落实相应人员、制度、职责、经费，切实建立农村公共设施的长效管护机制，探索建立政府补助、村集体补贴和群众适度缴费相结合的管护机制，确保供水、垃圾、污水、厕所、照明等设施正常运行，逐步实现村庄的自我管理。大力推广PPP运作模式，鼓励社会化资金参与农村卫生保洁、垃圾治理、污水处理、厕所改造及清理等项目，拓宽投融资渠道，提高农村基础设施和公用事业建设、管理、运营水平。二是推行不同经济条件、不同地理特点的垃圾处理模式，推广中卫市、泾源县、利通区城乡环境一体化治理模式，解决缺钱缺人缺制度的问题，建立户分类、村收集、镇转运、县处理垃圾处理机制。三是实施农村生活污水处理及改厕工程。因地制宜采用不同的农村生活污水处理模式，新建的美丽乡村要同步配套污水处理终端和水冲式卫生厕所。推行城乡生活污水处理统一由专业公司管理机制，解决农村生活污水无专业人员管理维护的问题。农村改厕要结合宁夏实际，推广经济适用的技术模式。经济条件好、居住相对集中的小城镇和中

---

①田园综合体：在城乡一体化格局下，顺应农村供给侧结构改革、新型产业发展，结合农村产权制度改革，实现中国乡村现代化、新型城镇化、社会经济全面发展的一种可持续模式。其主张以一种可以让企业参与、带有商业模式的顶层设计、城市元素与乡村结合、多方共建的"开发"方式，创新城乡发展，形成产业变革、带来社会发展，重塑中国乡村的美丽田园、美丽小镇。

心村宜采用一体化生活污水处理及改厕模式。

2. 着力推进农房和基础设施建设及公共服务配套

加快农村危房改造步伐，对建档立卡贫困户和筹资困难的农户适度提高补助标准或给予财政贴息贷款支持，2020年年底完成全区农村危房改造。实施农村安全饮水工程，扩大自来水使用覆盖面，让农民都能喝上安全清洁放心水。完善农村路网建设，打通环村路与主要巷道的连接。按照新的建设标准和要求改造升级农村电网，提高农村电网供电能力和电能质量，实现城乡居民用电同网同价。进一步提升农村信息化水平，提高行政村互联网宽带入户率。加快发展农村教育、卫生、养老、文体、商业、金融等各项公共服务事业，不断健全农村基本公共服务，满足农民购物、休闲、娱乐等日常需求，推动公共服务向农村延伸。

3. 要着力推进村庄绿化亮化工程

因地制宜，适地适树，根据农村的实际情况选择乡土树种，重点突出村域范围的山体绿化、庭院绿化和"三边"（村边、路边、渠边）绿化，形成道路河道乔木林、房前屋后果木林、公园绿地休憩林、村庄周围护村林的村庄绿化格局。充分利用村内空地、清理违建后的场地和收购闲置宅基地，建设供村民休闲、游憩的游园绿地。大力实施农村"光明工程"，在村庄主干道和公共活动区域安装新型节能路灯，解决农民夜间出行不便问题。

（四）深化农村改革，加快推进城乡一体化发展

1. 逐步完善农村土地流转制度

土地流转是农业集约化、专业化、社会化经营的重要保障。政府应逐步完善土地流转政策，在保护农户土地承包权益基础上，建立健全农村土地经营权流转市场，着眼于农地资源充分利用，逐步使农民摆脱对土地资源的依赖，促进农业劳动力向第二、三产业转移。同时，要加快要素市场改革，健全和完善农村土地流转的相关法律法规。政府要为土地流转提供指导、组织、协调等社会化服务，不断扶持合作社、种粮大户等新型经营主体发展壮大，在粮食价格市场化改革过程中，充分保障其基本利益，降低流转风险。

2. 推进农村宅基地制度改革

随着城镇化进程的加快，农村宅基地长期闲置荒废和粗放利用的现象普遍存在，要加快推进宅基地使用制度的改革，落实宅基地登记制度，规范宅基地管理，逐步推进宅基地流转和退出制度的改革探索。要加快对农村宅基地的摸底调查，在充分尊重农民意愿的基础上，紧紧围绕"美丽乡村"建设的内在要求，以改善农村生活环境、增加农民收入、带动农村社会事业发展、保护生态环境为目的，分析利用潜力，制订合理规划，科学地对待农村宅基地的开发和改造，实现经济效益、社会效益与生态效益的共赢。

3. 完善农村社会保障体系

民生改善是美丽乡村建设的应有之义，要以城乡统筹思路促进农村社会保障、农村教育等社会事业发展，实现城乡等值化。要通过户籍制度改革，对进入城镇落户的农民及其子女在就业、入学、兵役、最低生活保障等方面享有与城镇居民同等待遇。要依法保障农民工劳动报酬权益，建立农民工工资正常支付的长效机制。针对土地流转中失去土地的农民，要在享受土地股权收益的基础上，制定相关政策保障其参加基本养老、失业、医疗等各项社会保险的权利。

（五）大力推进"美丽乡村+扶贫攻坚"工程，打赢脱贫攻坚战

宁夏贫困人口主要集中在农村，如何在美丽乡村建设中既解决贫困问题，又要把贫困村建成美丽乡村是目前亟待解决的问题。大力推进"美丽乡村+扶贫攻坚"工程，通过美丽乡村建设大力推进扶贫开发工作是打赢脱贫攻坚战的一个重要途径；反之，通过脱贫攻坚战大力推进贫困村脱贫也是美丽乡村建设的一大任务。

1. 坚决使用好扶贫开发专项资金、落实好专项扶贫工程

坚决使用好美丽乡村建设和扶贫开发专项资金，美丽乡村重点强化项目资金整合，脱贫攻坚重点实施产业扶贫等专项扶贫工程。首先，加强基础设施建设以推动产业化扶贫。加强基础设施建设，重视推进贫困村"一村一品"产业项目，注重发挥美丽乡村建设的示范带动作用。其次，对需要移民搬迁的贫困人口进行搬迁安置，并把安置小区建成美丽乡村，帮助

搬迁群众就近创业就业。再次，重点通过特色产业项目全覆盖，分类解决脱贫问题。

2. 精准识别贫困户，建立大数据平台，确保真扶贫、扶真贫

重点对因病致贫、因病返贫群众及完全或部分丧失劳动能力的贫困人口，实行低保线和扶贫线"两线合一"、城乡医保并轨，建立全覆盖的大病保险和更高水平的医疗救助制度，确保群众稳定脱贫，建成最美乡村。

区域篇

QU YU PIAN

2017—2018年银川市住房和城乡建设发展报告

刘　鹏　何满群

　　2017年，银川市全面贯彻落实中央、自治区城市工作会议精神和新型城镇化工作会议精神，坚持以建设"绿色、高端、和谐、宜居"为主题，以以人为本的新型城镇化为主线，以提高发展质量和效益为中心，着力保障城乡安居，着力优化城乡发展生态，着力优化产业结构，着力提升城市发展承载力，推动住建事业发展迈上新台阶。城市建成区面积达到170.7平方公里；全市常住人口城镇化率达到75.7%，市区达到88.4%。

一、2017年银川市住房和城乡建设发展成就

（一）完善规划编制体系，推动城乡规划水平不断提升

　　认真落实《银川市城市总体规划（2011—2020年）》，编制了《西夏区中部片区控制性详细规划》《银川市德胜片区控制性详细规划及城市设计》以及《滨河新区总体规划》等重点区域规划，《银川市历史建筑保护与利用规划》《银川市海绵城市专项规划（2016—2030）》《银川市停车场专项规

作者简介:刘鹏,银川市住房和城乡建设局党组书记、局长;何满群,《银川住房和建设》主编。

划（2016—2030）》《银川市城市色彩规划》《宁夏多式联运国际物流中心总体规划（2017—2030）》等一批专项规划，对银川市城市风貌、建筑特色、环境景观、公共空间等进行管控和引导，明确银川市"山水、文化、品质、宜居"的规划格局。2017年3月，银川市被住建部列为第一批城市设计试点城市，制定《六边控制导则》《建筑导则汇编》等，编制银川火车站片区、银新铁路专用线周边区域等城市设计11项。

（二）着力打造特色小镇建设，使城乡一体化进程深入推进

深入开展空间规划（多规合一）改革试点，完成了《银川市空间规划（2016—2030）》大纲及规划文本、图集编制工作，完成规划成果评审及与自治区空间规划编制工作"四上四下"对接工作，2017年6月16日规划成果在全区率先通过国内专家及自治区部门的评审。全面启动"城市双修"试点工作，基本完成5个类型共6项高质量、高水平与"城市双修"有关的规划编制，兴庆区东部带状休闲公园1号地块的规划设计建设和10个小微公园的规划与建设工作。积极打造特色小镇，出台《银川市加快打造特色小镇实施意见》。制定《银川市轨道交通线网规划》，规划建设中心城区4条线、市域2条线的城市轨道网；启动《银新铁路专用线改造项目修建性详细规划及周边城市设计、交通设计》和《快速路（通道）修建性详细规划》编制工作，强化区域发展基础保障，深入推进城乡一体化发展进程。

（三）加强水系园林湿地建设，加快城乡生态建设进程

生态环境是城市美丽家园的肌体，必须做到健康优美。银川市牢固树立"绿水青山就是金山银山"理念，大力实施生态立市战略，做足做好"路、水、绿、特色、文化、产业"文章，走健康净土、绿色城市、生态家园的城乡生态建设之路，打造碧水蓝天、明媚银川。实施并完成小微公园、滨河新区旅游大道绿化景观提升、水洞沟生态公园、滨河黄河大桥匝道南侧空地、花博园12个子项工程等建设，建设各类公园绿地103处，城市建成区的绿地率、绿化覆盖率和人均公园绿地面积3项指标分别达到了41.48%、41.51%和16.52平方米，名列西北地区省会城市首位。湖泊湿地恢复与保护成效显著。重点完善《银川市湿地保护与合理利用规划》，全力实施以水系改造为重点的湖、河、渠、沟综合治理工程，建设了鸣翠湖、宝湖、阅海、黄沙古渡等国家重点湿地保护与恢复工程，阅海和西湖联通工程、市区主要湖泊环境整治工程、东南部水系和西北部水系建设工程等项目，湖城景观靓丽展现。

（四）大力发展现代农业产业链，产业集聚支撑能力不断凸显

银川市坚持培育发展绿色产业，推动经济转型升级。立足传统优势产业和民族产业基础，扬长避短，加大财政扶持、贷款贴息等方面的支持力度，大力发展现代农业、观光农业，着力培育新能源、新材料、装备制造等优势特色产业，加快沿黄城市旅游业、物流业、贺兰山东麓银川都市圈葡萄产业基地等现代服务业发展。银川市先后获得中国绿色经济十佳城市、中国最佳生态旅游城市、全国首批健康城市建设试点城市及中国人居环境范例奖等称号。

（五）加快完善保障性住房监管，使住房保障水平明显提升

银川市不断加强保障房的建设、管理与服务，让困难群众享受到改革开放的成果红利，使百姓安居乐业。率先在全区制定出台6项惠民政策措施，独创性地将乡村教师、城管职工、国企职工等中低收入群体纳入保障性住房安置范围。科学编制《"十三五"银川市城市住房建设规划》，制定出台《银川市房屋租赁管理工作考核办法（修改稿）》，率先在全国开创"四位一体"的保障性住房新模式，率先在全区设立住房保障服务大厅，建立"三级审核二级公示"等制度，形成了公租房、经适房、限价房梯度保障模式，城市困难群体住房难问题得到进一步缓解。2017年银川市计划筹集安置房源7021套，所有项目均已开工建设，其中货币化安置41.4%；公租房实物配租22688户。

（六）加强调控力度推动去库存，使房地产市场稳中有进

面对房地产去库存和稳定房地产市场发展双重压力，银川市认真落实"三去一降一补"要求，及时研究出台《关于促进房地产市场平稳健康发展的若干意见》等系列调控政策，实现房地产业发展稳中有进。停止建设保障房，通过租赁型、棚改型、自住型、政企合作型和政府回购安置等方式，切实解决住房困难家庭的住房问题，满足市场多元化住房需求。通过制定财政补贴、建立房源库、适当免征房屋契税，引导棚改居民购买存量房推进棚户区改造货币化安置。财政对进城购买商品住房的每平方米补贴300元，降低购房成本，鼓励农民和农民工进城购房。出台《银川市乡村教师购买保障性住房安置办法》，对长期从事乡村教育的教师，通过政府补助鼓励购买经适房。2017年1—10月，全市完成房地产开发投资337.85亿元，同比减少13.3%，住宅完成房地产开发投资199.59亿元，同比减少14.4%；房屋施工面积4039.81万平方米，同比减少3.6%，其中住宅2494.39万平方米，同比减少4.3%；房屋竣工面积504.7万平方米，同比增长3.8%，其中住宅322.12万平方米，同比减少5%；房屋销售面积440.85万平方米，同比减少2.9%，其中住宅398.79万平方米，同比减少0.3%；商品房待售面积623.8万平方米，同比减少7.5%，其中商品住宅303.52万平方米，同比减少18.5%。

（七）全面落实6个100%标准要求，促建筑业发展提质增效

银川市以建设工程质量治理两年行动攻坚年为契机，深入开展工程建设领域突出问题专项整治，突出深查狠治，严厉打击建设领域违法违规行为。组织开展建筑领域突出问题专项整治行动和春季开（复）工专项检查，对市辖三区359个项目、2595个工程、1744万平方米施工面积进行有效监管。加大违法违规处罚力度，下发责令改正通知书和责令整改通知书284份、停工整改通知书168份，对11个未整改项目进行立案处罚、36起不良行为上报诚信扣分。依法加大建筑市场执法监察力度，有计划、有重点地进行专项整治，积极引导企业工程精细化管理，努力促进全市建筑市场平稳健康发展。进一步加强扬尘管控合力，开展75%建筑节能标准及可再生能源建筑试点示范工程建设，新建建筑竣工验收阶段全部执行65%的建筑节能标准。严厉打击违反基本建设程序、扰乱建筑市场秩序等突出问题，规范劳动用工管理，强化建筑施工标化工地管理及建筑扬尘治理要求。加强建筑工地农民工实名制工作力度，对11家建设领域拖欠农民工工资责任单位作出诚信扣分处理。

（八）加强基础设施建设力度，使城镇基础设施提质扩面

续建、新建市政道路兴洲北街、福州南街、康华园小区规划路等16条，济慈西巷、绿园巷等街巷改造10条，城市自行车道、积水点改造、桥梁维修等共计37项工程，累计完成投资29.33亿元。稳步推进地下综合管廊试点项目建设，10个项目主体砼浇筑完成28.9公里，累计完成投资约35.06亿元，计划2017年底完成管廊主体建设。全市投放摩拜和ofo共享单车共3万辆。开展环境整治专项行动，对4座污水处理厂扩建升级改造，新建第六、七、九3座污水处理厂；加快推进黑臭水体整治，采取"一沟一策"的治理方式，对银东干沟等9条城市黑臭水体进行整治；加快供热结构调整，实施"东热西送"、西夏热电二期项目，拆除了一批城市建成区燃煤小锅炉。

（九）实施数字城管智能化，使城市精细化管理不断强化

积极推进城市管理综合执法改革，整合行政执法机构和职责，成立银川市及三个市辖区综合执法局，在县区推行跨领域综合行政执法。推进数字城管智能化应用，1—10月立案受理案件8万余件，结案率98.35%，处置率100%，按期处置率96.01%。修订印发《银川市城市环境综合管理长效考核办法》，加大生活垃圾无害化处置，出台《银川市城市生活垃圾分类管理条例》，启动垃圾分类"互联网+资源垃圾"回收方式，开展垃圾分类"进小区、进校园、进公共场所、进机关"四进宣传活动，在33个小区、2所大学、2所幼儿园、5所中学、6所小学和5处公共场所试点进行生活垃圾分类处理，建立二维码关系居民达1.75万户。持续推进城乡垃圾一体化处置，计划用3年时间完善城乡环卫一体化长效管理运行机制，健全"村收、乡（镇）运、县（市）处理"的农村垃圾收集运输处理体系，实现农村垃圾减量化、无害化和资源化。坚持人机结合环卫保洁，每天出动334辆环卫洗（扫）车、高压冲洗（喷雾）车、洒水车，对主要街（路）进行机械化深度清洁作业。推动"厕所革命"，对辖区免费开放的242座公厕实行不间断督察，确保开放时间和"跟进式保洁"，2017—2018年投资9000万元新建翻建公厕50座、垃圾转运站附带公厕30座。

（十）加强公积金归集扩面，住房公积金作用有效发挥

出台政策扩大缴存覆盖面，各项业务指标持续向好，实现"应贷尽贷、应取尽取、保值增值"。创新公积金管理，把公积金政策享受范围由干部职工扩大到农民、农民工、私企老板和自由职业者，连续缴纳6个月的社保即可开设个人公积金账户、办理贷款；同时推行"公积金+商业组合"贷款，补足公积金贷款差额。1—10月，全市新开户单位539家，新增缴存职工33830人，共归集住房公积金33.54亿元，同比增长11.2%；共向7637户职工家庭发放个人住房公积金贷款26.42亿元，同比增长23.3%；办理公积金提取业务22.97万笔，提取金额24.87亿元，同比增长10.4%。

二、银川市住房和城乡建设发展面临的形势

银川市加快推进"绿色、高端、和谐、宜居"城市建设，必须要尊重和顺应城市发展规律，推进新型城镇化持续健康发展，营造宜居宜业环境；推进生态文明建设，绘就美丽银川画卷。预计全市2017年住房和城乡建设各项任务、主要指标均可全面完成，良好发展态势不会变，但随着城市发展框架的不断完善和城乡一体化发展的不断深入，以及供给侧结构性改革和城镇化改革的不断深入，深层次矛盾将进一步显现。

发展面临的不利因素："全域银川"的统筹协调作用有待加强。城镇承载能力不强，城镇建设水平不高。规划管理的切入点不够精准精细，与城市关系密切的城市特色、交通拥堵、便民设施等方面研究的方法不多，措施不强。随着城市建设规模趋缓，城乡建设项目也随之减少，房地产业和建筑业发展增速放缓，城乡基础设施投入不足、城乡治理水平还不高，特别是在推进城乡统筹协调发展、强化城乡规划建设管理衔接、推进城乡强功能和优品质内涵的全面提升等方面还有差距。生态环境整体恶化的形势仍然十分严峻，造林绿地条件差，水资源短缺，治沙绿化空白点多，森林覆盖率偏低，城乡生态建设任务繁重。

发展面临的机遇：经过多年发展，银川市城市框架现已形成，特别是近年来随着国家第二轮西部大开发和自治区打造沿黄经济区、推进内陆开放型经济试验区建设等重大战略实施，全市经济社会发展突飞猛进，产业结构不断优化、支撑作用持续增强，城乡基础设施和公共服务设保障能力明显提升。党的十九大进一步绘就了城市发展的宏伟蓝图，提出了解决新问题应坚持的原则和工作方式方法，提出乡村振兴、协调发展等重大战略。自治区第十二党代会提出要顺应以城市群为主体形态推进城市化的大

趋势,大力推进银川都市圈建设,发挥银川首府城市的辐射带动作用,这为处在转型升级关键期、脱贫富民攻坚期、全面建成小康社会决胜期的银川市带来了机遇、指明了发展方向。

综合分析,2018年银川市住房和城乡建设发展面临的挑战与机遇并存。银川市作为宁夏首府城市、西北地区重要的中心城市以及国家"一带一路"倡议节点城市,紧抓丝绸之路经济带、银川"都市圈"建设等机遇,进一步提高城市规划建设管理水平,展示良好的对外形象。特别是在推进银川都市圈建设中,要积极发挥首府城市的辐射带动作用,高标准规划、高品质建设、高效能治理,用匠心打磨城市,打造"两宜两化"幸福城市,擦亮"碧水蓝天,明媚银川"的城市名片。一是牢牢把握"绿色发展"。更加注重生态发展要求,将绿色发展作为推进住房和城乡建设发展永久主题,大力推进绿色城乡、绿色建筑,全面落实乡村振兴战略,深入实施美丽乡村建设,着力推进城乡统筹发展,有序推进以人为核心的新型城镇化。二是深度强化"民生保障"。抢抓国家实施新一轮棚户区改造政策机遇,大力推进棚户区改造和老旧街巷改造工程,全力保障城乡居民安居。三是着力转变"城市发展方式"。深入推进"城市双修",推动城市乡村特色发展、错位发展、个性发展,让市民望得见贺兰山、看得见黄河水、记得住塞上江南风情。四是始终坚持提升"城市内涵"。不断完善道路、供排水、供暖、路灯、燃气、公园绿地、停车场等基础设施保障体系,加快推进城市地下综合管廊建设,完成银川市"东热西送"供热项目建设,整体推进老旧小区综合改造,不断提升人民生活品质。

三、2018年推动银川市住房和城乡建设发展的对策建议

2018年,银川市要以学习贯彻落实党的十九大和自治区第十二次党代会精神为契机,以建设"绿色、高端、和谐、宜居"的美丽银川为目标,以《宁夏回族自治区空间规划》为引领,全面实施银川市空间规划,全力推动协调发展、绿色发展、内涵提升,夯实城乡发展基础,凝聚发展动能,加快结构转型升级,实现住房和城乡建设健康快速发展,做好"银川都市圈"建设排头兵。

（一）推进空间规划试点，打造城乡发展新的格局

深入推进空间规划试点工作，完善银川"都市圈"布局，研究制定市级层面的"三区三线"管控细则，合理指导建设项目落地；优化调整各部门相关行业规划，形成有机统一的空间规划体系，确保一张蓝图管到底。加强规划编制和规划研究，重点开展《银川市城市总体规划》修编工作，积极推进"两园三区"规划建设。组织编制《银川市特色区域城市设计导则研究》等，切实通过城市设计工作推动城乡规划精细化管理。推进城市"双修"试点，以水系连通整治、"黑臭水体"治理、完善园林绿化建设、地震断裂带带状公园、"东热西送"等项目为典型类型及抓手，确保城市双修工作落到实处，提升城市发展质量。推进特色小镇和活力村庄建设，按照《银川市加快打造特色小镇实施意见》，从产业定位、建筑风格、实施运营等全方位进行规划研究，提出思路，做好示范，活化乡村。推动规划与"智慧城市"融合，提升规划信息化水平，优化城市道路交通系统，解决交通行车难和停车难问题。编制《银川市快速路修建性详细规划》，构建城市快速交通通道，形成便捷高效的"骨架—动脉—微循环—静态"的城市道路运行系统。推进城市融合集聚和产业协同发展，推进文化教育、医疗卫生、社会保障等资源共享。

（二）实施城乡安居战略，积极改善群众居住条件

把推动房地产市场健康发展，积极改善群众居住条件作为住房和城乡建设工作重中之重。继续加强房地产调控工作力度，推动商品房去库存。实施一系列的城乡安居工程，有序推进棚户区改造，积极筹集安置房，进一步改善群众居住条件。健全完善经适房、限价房相关政策，调整经适房、限价房入住群体条件，推进房地产供给侧结构性改革，促进房地产业转型升级。以市场化、专业化和产业化为导向，完善物业服务市场竞争机制，加强老旧住宅小区、保障性安居工程等重点区域物业服务管理，让群众安居乐业。

（三）完善市政基础设施，全面提升城市服务功能

协调推进城市地上和地下基础设施建设，实施城市主次干道、安置区及保障性住房周边基础设施、小街巷改造、污水处理设施、地下综合管廊

试点项目等市政基础设施建设，实施好污水处理厂扩建升级改造、城市黑臭水体整治、燃煤锅炉拆除并网，进一步完善城市功能，提升公用事业整体服务水平。继续加强项目运营监管和执法监督检查力度，重新修编《银川市城镇燃气管理条例》《银川市城镇燃气专项规划（中长远期）》，编制出台再生水利用专项规划。大力推进城市亮化、路网互联互通工程，打造美丽银川夜景和便捷通畅安全的城市路网体系。

（四）加强"智慧住建"建设，严格建筑市场监督管理

加快"智慧住建"建设，推进住建系统各业务平台和业务数据与大数据中心有效对接，探索"智慧路灯""智慧管廊""智慧小区"管理和服务新模式，真正实现便民利民。严格建筑市场监管，继续推进工程建设领域突出问题专项整治行动，从企业履行基本建设程序、建设市场秩序、劳务用工等方面开展工作，确保整治取得实效。严控质量安全红线，进一步创新工程质量安全监管机制，规范参建各方主体质量安全责任行为；开展建筑施工工地安全质量标准化评选工作，强化企业自我管理、自我控制、自我约束、自我发展能力，打造级配合理、动能强劲、秩序规范的建筑业发展生态环境，促进建筑管理的科学化、规范化。全力推进农民工实名制管理工作，落实农民工实名制管理和农民工工资直接支付制度全覆盖。

（五）推广"721"工作法，提升城市精细化的管理

制定《执法规范指导手册》，进一步统一执法标准，完善执法程序，规范办案流程，明确办案时限，构建完备的规范执法制度体系。推广落实"721"工作法，即，将70%的问题用服务方式解决，20%的问题用管理解决，10%的问题用执法解决。建立完善分类投放、分类收集、分类运输、分类处理的垃圾处理体系，创建全国建筑垃圾资源循环利用绿色产业示范城市，加快建设"健康城市"。创新城市治理方式，整合"智慧城管"子模块，将数字城管平台与"12345"一号通平台充分融合，形成主动处理"城市病"与被动接受"城市病"投诉的一体化平台。推进城市管理现代化。

（六）深入实施绿色发展战略，推进城乡生态建设新进程

牢固树立"绿水青山就是金山银山"理念，把以人为本、尊重自然、传承历史、绿色低碳思想融入住房和城乡建设全过程，做足做好"路、水、绿、特色、文化、产业"文章，加快构建资源节约型和环境友好型社会，保护天蓝地绿、山清水秀、空气清新、环境宜人的生态环境。通过创新机制、完善政策、加大投入，吸引社会各方面力量参与重点区域绿化工作，形成全市动员、全民动手、全社会参与的绿化工作格局。完善城市绿地系统、城市绿线、湿地公园等专项规划，加强城市公园绿地、防护绿地、生产绿地的保护与建设，走健康净土、绿色城市、生态家园的城乡生态建设之路。全力提升城市绿地品质，进一步提高城市建成区绿地率、绿化覆盖率，发展绿色建筑和装配式建筑，推广应用建筑节能技术、可再生能源及绿色建材，促进城乡建设低碳发展。

2017—2018年石嘴山市住房和城乡建设发展报告

李小宏　王　悦

　　石嘴山市认真贯彻落实自治区第十二次党代会和城市工作会议精神，坚持以生态立市战略为总揽，以打响"山水园林·尚工逸城"城市品牌为目标，以"六城联创"为着力点，加快提升城市能级和承载力，实现城市发展从外延扩张向内涵提升转变，建设生态之城、宜居之城，不断加强城市规划建设管理，扎实推进新型城镇化，全市城镇化率达到74.14%。成功创建了国家园林城市、国家森林城市、国家卫生城市、全国文明城市，平罗县、惠农区红果子镇被列为国家新型城镇化综合试点。

一、2017年石嘴山市住房和城乡建设发展成就

（一）规划引领统筹管控力度持续加大

1. 空间规划（多规合一）改革试点工作取得成效

作为宁夏唯一全域开展空间规划试点的地级城市，石嘴山市高度重视，加强组织领导，把此项工作作为改革的头号任务，建立市县上下协同

　　作者简介：李小宏，石嘴山市住房和城乡建设局党委书记、局长；王悦，石嘴山市住房和城乡建设局办公室科员。

编制空间规划的路径、模式，目前已完成空间规划大纲及成果的编制工作，提交自治区空间规划（多规合一）改革试点工作领导小组办公室审查。一是构建了上下一致、市域统筹的"三区三线"空间规划管控体系，向上与自治区进行了"四上四下"对接，向下协调平罗县同步开展，形成了覆盖全市的"一张蓝图"。二是立足银川都市圈发展战略，按照规划同城化、发展差异化的思路，一方面主动推进产业发展协作互补、基础设施互联互通、公共服务共建共享，发挥石嘴山的积极作用；另一方面借助区位优势，大力发展新经济新产业新业态，打造石嘴山产业升级版。三是科学划定"三区三线"，在"双评价"的基础上，构建"双城双港"空间格局，划定市辖区1334平方公里的生态空间和1020平方公里的生态保护红线、318平方公里的农业空间和193平方公里的永久基本农田保护红线，359.6平方公里的城镇空间和231.7平方公里的城镇开发边界，合理消除非建设用地差异图斑1075平方公里。四是以总体城市设计为指导，围绕城市双修"十大工程"，完成康养小镇、嵩山路商业街、双创街、沙湖大道、沙湖水镇规划设计方案；按照"五位一体"的路径，完成大武口中心商圈、110国道沿线整治、惠农南北大街和东大街、惠安大街5个重要片区（重要路段）建筑立面、广告牌匾、灯光亮化、城市家具、交通循环等5.3平方公里的规划改造设计指引。

2.建筑设计方案审查决策机制不断健全

按照"适用、经济、绿色、美观"的建筑设计原则，开展了城市总体设计，对城市建筑形体、色彩、体量和高度进行管控。建立健全了审查决策机制，重大项目设计方案经专家论证后上报市城乡规划委员会进行审查，一般项目设计方案由城市规划主管部门进行组织审查，集体研究决策。市规委会研究重大建筑设计方案2个，市规划局审查一般建筑方案74个。坚持公开公示制度，严格执行规划方案批前公示，批后公开制度，在固定场所及网站进行项目公示公开，接受社会监督，提高公众参与度。

（二）城市基础设施提质升级

1. 城市道路、管网不断完善

建设城市综合管廊，加强老旧管网改造。创新市政基础设施领域政府投资项目建设模式及投融资渠道，采取政府和社会资本合作（PPP）模式建设城市地下综合管廊4.7公里；建成大武口五岳路跨北武当河桥梁及道路工程、建设东街延伸段道路工程；实施城市景观亮化工程，形成了朝阳街、长庆街、黄河街及贺兰山路"三纵一横"的亮化体系，改善了城市对外形象。投放共享单车1500辆，规划车辆投放地点170个；划设机动车泊位16553个、非机动车停车线160637米，基本解决了城市区停车难的问题。实施平罗县永安路、鼓楼南街等7条市政道路及排水工程5.54公里，市辖区改造燃气管网20公里、热力管网1.91公里、供排水管网1.12公里，有效保障城市安全运行。

2. 棚户区改造力度持续加大

认真贯彻落实国家和自治区保障性住房建设政策规定，健全保障性住房准入退出管理机制，先后出台了《石嘴山市棚户区改造货币化安置工作方案》《惠农区关于调整公共租赁住房准入条件及租金标准的方案》，积极推行公租房申请、租赁补贴发放三级公示四级审批流程和"一户一档"动态管理机制。全市（含平罗县）改造棚户区5439户，公共租赁住房累计实物配租23020套；完善了棚户区改造片区的公共配套设施，进一步提升了公共服务功能，有效地解决了低收入家庭的住房困难，群众的居住环境、生活质量和城市面貌得到了显著改善。

3. 建筑节能和绿色建筑不断发展

先后制定了《石嘴山市建筑节能中长期规划》《绿色建筑行动方案》《石嘴山市节能目标考核奖惩办法》等制度，按照《民用建筑节能条例》和《绿色建筑行动方案》的要求，在工程设计、施工、监理、竣工验收等环节严格落实建筑节能和绿色建筑强制标准，2017年实施绿色建筑项目4个、建筑面积11.3万平方米；连续5年将老旧住宅小区改造列入民生实事，2017年实施老旧住宅小区改造107.7万平方米，惠及86个小区15041户居民。通过对老旧住宅小区的整治改造，节约了公共资源，极大地改善了城区面貌，赢得了广大人民群众的认可和支持。

（三）城市生态环境不断提升

1. "城市双修"工作统筹推进

石嘴山市将生态修复、城市修补作为建设生态之城的主要内容，制定了《石嘴山市生态修复城市修补实施方案》，成立"城市双修"工作指挥部，确定了十大工程23个具体项目，制定下发《石嘴山市"城市双修"项目任务清单》，明确了项目推进的时间表和路线图，北武当河生态修复综合整治二期工程、大武口区星海镇棚户改造工程、城区和工业园区供电线路迁改工程已开工建设，确保利用3年时间，进一步提升城市老区品质，完善新区功能，增强城市活力和吸附聚合能力。

2. 生态建设不断加强

按照"300米见绿、500米见园"的绿地布局要求，打造了星海翠岭、唐徕渠带状公园、康熙饮马湖生态公园等26个主题公园广场，形成了以公园广场为支撑，道路绿化为骨架、节点园艺为点缀，城在林中、林在城中的园林生态体系，全市（含平罗县）城市建成区绿化覆盖率达到40%。2017年建设了西环路延伸段绿化工程、惠农区市民休闲公园等园林绿化工程，实施了北武当河生态综合整治项目一期，沙湖、星海湖生态修复和水系连通工程等生态治理项目。大武口老城区9个片区棚户区改造后将全部建成小微公园和街头绿地，将生态、山水、旅游、人文相融合，加大城区绿地改造力度，提升城市生态景观效果，改善了全市人居环境。

3. 城市扬尘治理取得实效

加强建筑工地扬尘污染治理力度，开展标准化建筑工地创建活动，强化施工现场围挡作业、道路硬化、物料覆盖、出入车辆冲洗密闭运输等扬尘管控措施，实现了建筑工地扬尘治理"6个100%"目标。提高城市道路机械化清扫水平，采取政府购买服务和财政投入的方式，新增环卫作业车辆17台，增加道路清扫、洒水频次，加强城市道路保洁，降低城市道路扬尘。

（四）城市管理不断升级

1. 房地产去库存成效明显

出台《石嘴山市高校毕业生落户购房补贴暂行办法》和《石嘴山市市

辖区房地产去库存实施意见（试行）》，实行暂停住宅开发用地供应、实行现房销售、对高校毕业生和城镇居民购房给予货币化补贴、棚户区改造全面实施货币化安置等10项措施。在银川、石嘴山召开新闻发布会，在石嘴山、乌海举办房·车博览会和房地产项目推介会，综合施策，吸引各类群体来石嘴山市购房，促进商品房库存有效化解。截至2017年10月底，市辖区消化商品房库存面积26.21万平方米，同比上升29.45%。

2. 住房公积金作用发挥显著

率先在全区实现住房公积金基础数据标准和银行结算数据接口"双贯标"，实现了各项业务的规范化、科学化、网络化、流程化。率先在全区开展个体工商户、非全日制自由职业者等群体缴存住房公积金业务，引入"房产抵押加担保"贷款担保机制，扩大了政策惠及面。建成住房公积金网上办事大厅，打造集查询、办理公积金缴存、提取、贷款预申请等多项业务功能为一体的网上综合服务平台，70%以上的业务实现"不见面网上办理"。预计年底全市累计归集住房公积金7.77亿元，累计提取公积金6.54亿元，发放公积金个人贷款4.08亿元，超额完成目标任务。

3. 城市管理综合执法体制改革稳步推进

石嘴山市将城市管理执法体制改革工作列入2017年深化改革的重点任务，研究制定《石嘴山市深入推进城市管理综合执法体制改革实施方案》，成立石嘴山市城市综合管理委员会，在石嘴山市住房和城乡建设局加挂石嘴山市城市管理综合执法监督局牌子，县区也成立城市管理综合执法机构，负责所辖区域内的城市管理和综合执法工作，将执法重心下沉。2017年5月1日颁布实施《石嘴山市市容和环境卫生管理条例》，为依法管理市容、市貌和环境卫生提供法律保障。梳理城市管理综合执法方面行政处罚权260项，明确执法范围、执法边界。加强对全市城市管理执法队员的培训力度和执法装备经费的投入，有效促进了规范执法和文明执法力度。

4. 建筑市场发展稳健

组织开展工程建设领域突出问题专项整治行动，印发《石嘴山市集中开展工程建设领域突出问题专项整治行动工作方案》，严格落实建设、勘察、设计、施工、监理五方主体责任，建立信息档案，全面落实工程质量终身责任制。完善应急制度，修订建筑施工、市政公用设施运行、人防工程安全应急预案，先后在施工现场和燃气市政企业组织开展了应急预案演练，增强企业处理突发生产安全事故的能力。全力抓好建筑施工领域安全生产，广泛开展专项整治行动和质量安全知识宣传活动，构建建筑施工安全风险分级管控和隐患排查治理双重预防机制，及时排查各类安全生产隐患，较好地完成了国务院安委办安全生产巡查、督查和安全大检查"回头看"迎检工作，住建领域安全生产形势总体保持平稳态势。

（五）新型城镇化建设统筹推进

1. 智慧城市建设加快推进

2013年石嘴山市被列入国家第二批智慧城市试点，2014年被列为全国信息惠民试点城市，在2016—2017年中国新型智慧城市建设与发展综合影响力评估中，名列地市级排名第13位，西部排名第一。大力推进互联网城市建设，制定了《石嘴山市互联网城市建设指导意见》《石嘴山市互联网城市建设实施方案》。已建成大武口区和平罗县数字化城市管理应用系统平台，市级平台已纳入智慧城市一体建设。2017年以来已完成13个信息化重点项目建设。

2. 美丽乡村建设成效明显

按照《石嘴山市美丽乡村建设实施方案》的要求，以村庄规划为龙头，以旧村整治改造提升为主，以实施村庄"硬化、绿化、亮化、美化、净化"为抓手，积极争取国家、自治区项目资金，有效整合涉农资金，扎实推进美丽乡村建设。2017年重点打造了惠农区红果子镇、平罗县陶乐镇2个自治区级特色小镇，大武口区星海镇1个美丽小城镇和惠农区庙台乡李岗村、平罗县陶乐镇庙庙湖村等8个美丽村庄。采取新建改造、修缮加固、房屋置换等方式，改造农村危房325户。因地制宜推进农村污水治理及改厕，实施生活污水治理及改厕224座。抓好农村环境综合整治，重点以治理农村生活垃圾为主，实施农村生活垃圾"户集、村收、乡镇转运、县区处理"的生活垃圾处理模式，进一步改善农村人居环境，建设清洁宜居、环境优美、生活和谐的美丽乡村，促进城乡统筹协调发展。

3. 红果子镇新型城镇化综合试点工作取得突破

修编《红果子镇总体规划》《红果子镇开展国家新型城镇化综合试点（产城融合、城乡统筹）工作方案》和《惠农区绿色农产品加工科技园规划》；新建红宝公园、街角小游园、中心路建设、110主干道路环境整治等基础设施提升改造项目，探索"医养结合"新模式，打造绿色健康特色小镇；建设中小企业孵化园、宁夏利荣生物科技有限公司脱水蔬菜拣选自动一体化生产线项目、宁夏灏瀚生物科技产业有限公司黑枸杞提取花青素营养成分等一批深加工项目，提升农产品附加值，促进产镇融合，使"魅力红果，宜居宝地"的城镇品牌更加凸显。

二、石嘴山市住房和城乡建设发展面临的形势

石嘴山市按照"五位一体"总体布局和"四个全面"战略布局，牢固树立创新、协调、绿色、开放、共享的发展理念，认识、尊重、顺应城市发展规律，不断转变城市发展方式，塑造城市特色风貌，提升城市环境质量，创新城市管理服务，营造宜居宜业环境。石嘴山市是一座典型的煤炭资源型工业城市，在现阶段，一些深层次的矛盾也逐步显现，经济社会发展如何更好地与自然生态环境相协调，资源枯竭的同时怎样利用自己的优势进行转型成为当下面临的重要问题；同时随着石嘴山市城乡一体化发展的不断深入，房地产去库存压力仍然较大，城乡建设特色不够鲜明，城市管理精细化水平还不高，城市能级和承载力有待提升。

展望未来，石嘴山市将深入贯彻落实党的十九大和自治区十二次党代会精神，牢牢把握沿黄生态经济带、丝绸之路经济带和银川都市圈建设的发展机遇，实施"双城双港，同城对接"的空间策略，规划形成大武口城区和惠农城区组成的"双城"结构；推进大武口城区与平罗县城及沙湖地区相向发展、同城对接，积极融入大银川都市区一体化发展。加快推进以人为核心的新型城镇化，实现城市科学规划、精致建设、精细管理、高效运行，建设生活设施完备、产业布局合理、生态环境优美、辐射带动作用突出的宁夏副中心城市和宁北及蒙西地区中心城市，打响"山水园林·尚工逸城"城市品牌。做精做美中心城区的同时，激发乡镇差异化发展活

力，规划建设各具特色的名镇名村，推动基础设施和公共服务向农村延伸，优化提升农村产业业态、空间形态、人口结构和人居环境，促进未来区域发展空间资源的集约优化配置。

三、2018年石嘴山市住房和城乡建设发展思路

2018年石嘴山市将认真落实区域协调发展战略和乡村振兴战略，围绕打造"三生三宜"城市，打好"生态治理、能级提升、民生改善"组合拳，坚持在发展中保障和改善民生，在居有所住上不断取得新进展，统筹推进以人为核心的新型城镇化建设，保证群众在共建共享发展中有更多获得感，促进城乡融合、共同发展，推动住房和城乡建设各项工作取得新突破、迈上新台阶。

（一）提升城市承载能力

完善城乡规划体系，开展城市总体规划修编，促进产城融合，构建"一体两翼、双城双港"市域空间布局。扎实推进新型城镇化，推进城市基础设施向村镇延伸，加快完善城市路网、市政管网建设；积极推进农业转移人口市民化，加强城乡环境综合治理，健全城乡基本公共服务功能。全力推进"城市双修"工程，实施沙湖大道景观提升、环星海湖湿地生态修复、"清水入城、活水绕城"、城区绿化改造提升、特色街区塑造、城区街景及亮化改造、大武口—惠农连接线环境综合整治、棚户区改造和"三供一业"改造及高压供电线路整治等十大工程23个项目，构建完整连贯的城乡绿地系统，缔造城市新生态。

（二）提升城市功能品质

理顺城市管理综合执法体制，确定权力清单和责任清单。建设智慧城管，逐步提高城市管理精细化、智能化、社会化水平。出台《石嘴山市物业管理办法》，规范住宅小区物业管理。加强道路、公厕等公共基础设施管理，进一步提高城市管理效能和公共服务水平。续推动房地产去库存，坚持调控目标不动摇、力度不松劲，保持《石嘴山市市辖区房地产去库存实施意见（试行）》《石嘴山市高校毕业生落户购房补贴暂行办法》等政策的连续性和稳定性，减少商品房存量。继续实施棚户区改造项目，实行"房

票制"，重点对大武口区世纪大道西侧片区、汝箕沟沟口片区700套房屋实施改造。推进非公有制经济组织建立住房公积金制度，降低住房公积金准入门槛，满足各类就业人员多样化的缴存需求。

（三）打造特色田园小镇和田园乡村

按照《石嘴山市共同缔造美丽家园试点方案》《石嘴山市特色田园小镇建设实施方案》要求，以产业带动、生态宜居、乡风文明、生活富裕为目标，开展村庄整合、人居建设、村容整洁、产业增收、乡风文明培育"五大行动"，利用3年时间打造沙湖古镇、黄河国际数字电影小镇、康养小镇、商贸旅游小镇、葡萄酒小镇、绿色产业小镇、西域王泉小镇、特色美食小镇、休闲旅居小镇、种子小镇10个特色田园小镇，2018年共同缔造大武口区龙泉村、兴民村，惠农区东永固村、简泉村、银河村、雁窝池村，平罗县六顷地村、西永惠村、庙庙湖村、新丰村10个田园乡村。开展产业增收行动，推进乡村旅游全域化和农村电商全域化，壮大农村集体经济，拓宽增收渠道。开展乡风文明培育行动，打造市级文明村10个。开展"十佳村""十差村"评选活动，通过正向激励和反向倒逼机制，共同缔造美丽家园。到2020年，以行政村为单元，共同缔造30个示范带动强、富有地域特色、宜居宜业宜游的市级美丽家园。

2017—2018年吴忠市住房和城乡
建设发展报告

侯永林　　曹永宁

　　2017年，吴忠市全面贯彻落实中央、自治区城市工作会议精神和新型城镇化工作会议精神，按照自治区第十二次党代会提出的"经济繁荣、民族团结、环境优美、人民富裕，与全国同步建成全面小康社会目标而奋斗"目标，以绿色发展、转型升级为主题，坚持以人为本的新型城镇化主线，以提高发展质量和效益为中心，着力保障城乡安居，着力优化城乡发展生态，着力优化产业结构，着力提升城市发展承载力，实现住房和城乡建设快速发展，绿色经济示范市建设进程加快推进。吴忠市城市建成区面积达到125平方公里，主城区建成区面积达到57平方公里；全市常住人口城镇化率达到57.3%，市区达到65.66%。吴忠市住房和城乡建设局被推荐为全国住房和城乡建设系统先进集体。

　　作者简介:侯永林,吴忠市住房和城乡建设局党委书记、局长;曹永宁,吴忠市住房和城乡建设局办公室副主任科员。

一、2017年吴忠市住房和城乡建设发展成就

（一）城乡规划水平不断提升

吴忠市空间规划成果编制已完成，规划体系和空间管控机制进一步完善。《吴忠市推进创新驱动战略行动计划》已出台，《加快银川都市圈建设实施意见》正在加快制定。初步建成规划管理平台。基本建成3个非试点县区空间规划成果编制。全面完成2017年全市重点项目、住宅小区和工农林牧业、文教卫生、公建及市政基础设施等项目规划方案审查审批服务。完成市区特色街区规划。完善土地利用总体规划，新增建设用地指标2.8万亩，保障了融入银川"都市圈"建设用地空间。全市城乡建设完成投资142亿元。先后建设市人民医院、文体会展中心等一批投资超10亿元沿黄重大项目，茶茗商业街全部营业。黄河、秦渠两岸绿化、亮化、美化及路网、水网、气网等基础设施持续完善，黄河两岸形成风格迥异、特色鲜明、相互发展的格局。小坝东组团和滨河新区组团的建设已初具规模，一城三区组团式布局的吴忠城市架构进一步完善。

（二）城乡一体化进程深入推进

吴忠市坚持"一个规律、五大统筹"的城市发展方式，加快建设以人为本的新型城镇化，积极推进利青一体化发展和城乡一体化融合，主动融入银川"都市圈"。启动盐池—同心—红寺堡集中连片贫困地区脱贫富民攻坚，已完成太阳山政务服务中心、美丽村庄建设、镇村规划体系等27项任务。盐池县作为第三批国家新型城镇化综合试点加快推进。美丽乡村建设稳步推进。全市实施"美丽村庄"示范点35个，实施美丽小城镇4个，实施危窑危房改造8268户。金积镇、惠安堡等8个镇入选全国重点镇，穆民新村成为全区首个全国特色景观旅游名村、全国生态文化村。韦州镇、大水坑镇已列入自治区首批特色小镇培育计划，金银滩镇、韦州镇已被推荐第二批全国特色小镇。

（三）城乡生态建设加速发展

吴忠市牢固树立"绿水青山就是金山银山"理念，大力实施生态立市战略，做足"路、水、绿、特色、文化、产业"六篇文章，打造美丽吴

忠、健康净土、绿色城市、生态家园。完成城市东部生态水系规划，实施城市东部清水沟、苦水河综合整治，初步实现"水在城中、城在水中"。完善城市绿地系统、城市绿线、湿地公园等专项规划，坚持城乡统筹整体推进，充分调动全社会力量造林绿化，提升城市园林绿化水平，吴忠市区实施环城宽幅林带和回乡情韵、明珠公园等规划建设，完成新建改建城市绿地1374亩，城市绿地总面积达到3.66万亩，城市建成区绿地率、绿化覆盖率、人均公园绿地面积分别达到40.7%、41.9%和20.1平方米。移民迁出区100%封育管护。吴忠市成功创建为国家园林城市，青铜峡市、盐池县成功创建为国家园林县城。吴忠市荣获全国绿化模范城市荣誉称号，吴忠市作为全国生态文明建设试点市加快推进。

（四）产业集聚支撑能力不断凸显

吴忠市坚持培育发展绿色产业，推动经济转型升级。立足传统优势产业和民族产业基础，扬长避短，加大财政扶持、贷款贴息等方面的支持力度，大力发展现代农业、观光农业，着力培育新能源、新材料、装备制造、清真食品穆斯林用品等优势特色产业，加快沿黄城市旅游业、物流业、金融业等现代服务业发展，推进工业前伸后延、农业"接二连三"、三产逆向拓展，促进三次产业贯通发展、跨界融合。市区突出轻工业，先后完成市区金积工业园区、中阿国际商贸城、毛纺织工业园等13个专业物流市场的规划，深入推进产城融合发展。各县（市、区）突出功能定位和基础设施完善，相继完成立弘慈善大道百里工业产业带功能区规划，弘德、立德、同德慈善工业园规划，增强产业园区聚集辐射功能。利通区、青铜峡市作为大银川都市区核心区域，重点发展民族用品产业和现代装备制造产业，加快利青一体建设，做强引领文章；红寺堡区围绕打造"中国优质葡萄酒明星产区"目标，重点发展慈善、葡萄、草畜产业，加快罗山葡萄文化示范园、现代高效节水农业示范基地等项目建设，做实产业文章；盐池县围绕打造"中国森林城市"目标，重点发展油气化工、草畜和生态产业，加快现代草畜产业示范带等工程建设，做足生态文章；同心县围绕打造"中国西部回乡商贸城市"目标，重点发展民族商贸、羊绒、草畜等产业，实施好民族商贸市场体系、有机枸杞及中药材基地等项目建设，做活特色文章。

（五）住房保障水平明显提升

吴忠市通过惠民拆迁、依法拆迁、阳光拆迁、和谐拆迁，重点对银西高铁、城际铁路道沿线企业、农户及配件厂等老旧片区和各县（市、区）城乡结合部等进行拆迁安置，通过拆迁改造，解决了1.5万余群众的住房问题，共享了城市教育、卫生、医疗、社保、就业等优质资源，提升了生活品质。吴忠市区实施拆迁秦渠两岸、早元棚户区等7个片区，已完成2个片区安置分配。大力保障群众安居。全市累计保障低收入住房困难家庭3000余户。全市共实施棚户区改造13195套，全部实现货币化安置。住房保障体系不断完善。吴忠市成立了保障性住房服务中心，实施廉租房、公租房"两房"并轨管理，有效提升了公共租赁住房管理水平，城市困难群体住房难问题得到进一步缓解。

（六）房地产市场稳健发展

面对房地产去库存和稳定房地产市场发展双重压力，吴忠市及时出台《关于促进房地产市场平稳健康发展的政策措施》，为全市房地产稳健发展注入新的活力和动能。在供给侧重点打好土地供应攻坚战，科学编制土地供应计划，稳定了住房相应供给；在需求侧重点做好"货币化安置、鼓励农业人口进城购房、减轻群众税费负担、发挥住房公积金贷款作用"住房托底，房地产去库存"供给侧攻坚""需求侧托底"成效明显。全市房地产投资、新开工、商品房销售量等指数保持稳步增长，商品房待售面积持续下降，去库存周期基本处于合理区间，房地产市场运行形势整体稳中趋好。前三季度，全市房地产完成投资58.9亿元，同比增长20.6%；房地产业增加值8.9亿元。全市商品房去库存周期约12个月，居全区五市第二位。

（七）建筑业发展提质增效

深入开展工程建设领域突出问题专项整治，突出深查狠治，严厉打击建设领域违法违规行为，对33个违法违规项目给予行政处罚。扎实开展招投标、农民工工资等专项检查11次，下发限期整改通知书86份，停工整改通知书54份，在报纸、电视台、网站等媒体公示曝光典型案例6起。对未取得施工许可证强行开工建设、违规售房的房地产开发公司，对其开发项目进行停电强制停工，有力震慑了建筑违法违规行为，建筑市场保持平稳健康发展。全市建筑业实现产值62亿元，同比增长7%。近3年来，全市6项工程荣获国家"三A"安全文明标准化工地，9项工程荣获"西夏杯"优质工程，20项工程荣获"明珠杯"优质工程，65项工程荣获自治区级"质量安全标化工地"，28项工程荣获"建安杯"优质工程，182项工程荣获吴忠市"质量安全标化工地"奖项。

（八）城镇基础设施提质扩面

吴忠市坚持抓好道路拓改、管网改造、老旧小区改造等城市基础设施建设，全力解决群众关心关注的难点热点问题。城市东部地下综合管廊一期PPP项目累计完成6公里，热电联产集中供热热力管网PPP项目全面完工，实现市区集中供热全覆盖。以上2个项目被国家财政部、发改委确定为第三批政府和社会资本合作示范项目。完成世纪大道、东兴街等40多条新建、续建道路线型和断面设计等，城市道路体系基本形成。完成乡村道路480公里。青银高速改扩建等工程建成通车，银西高铁、城际铁路、京藏高速滚泉至桃山口新建段、银百高速、国道344线吴忠至灵武段等城际道路加快建设。市区新增东环路等城市道路8条8.9公里，城市道路完好率达到96%以上，路灯亮灯率达到98%以上。市区完成第一、二、三自来水厂水质提标改造，完成备用水源地勘测，自来水日供水能力达到8万立方米，城镇用水普及率达到98%以上；天然气覆盖率达到80%。全市完成老旧小区综合改造60个。绿色建筑占新建建筑比例达到30%以上。

（九）城市精细化管理不断强化

大力推进"智慧吴忠"建设，完成智慧城市顶层设计方案，加快智慧规划、智慧城管、智慧城建等10个项目规划建设。全力推进吴忠市综合执法改革试点，已完成综合执法监督局及市辖区城市管理综合执法局挂牌，各项工作有序开展；青铜峡、盐池县、同心县城市综合执法改革加快推进。实施乡村清洁工程，开展"创城创卫"和农村环境综合整治行动，实施市容市貌和城乡环境等五大整治活动，完善长效管理机制，改善农村人居环境，建设幸福美丽家园。

（十）住房公积金作用发挥显著

吴忠市出台多项差别化政策，用足用活公积金，不断扩大缴存覆盖面，归集总量不断增大，做到公积金"为民、亲民、利民"，各项业务指标持续向好，实现"应贷尽贷、应取尽取、保值增值"，为推动房地产业健康发展、服务地方经济等方面注入了生机和活力。前三季度，全市实缴存单位达到1191个，缴存人数63891人，累计归集住房公积金81亿元，归集余额31亿元。累计向2015户职工家庭发放住房公积金贷款5.8亿元，逾期率为零，创全区最低。累计提取住房公积金61亿元。实现增加收益5788万元。拉动住房消费18.66亿元。累计向全市提供廉租住房建设补充资金1.66亿元。

二、2018年吴忠市住房和城乡建设发展面临的形势

吴忠市秉承生态、智慧、人文、低碳理念，尊重和顺应城市发展规律，推进新型城镇化持续健康发展，营造宜居宜业环境；推进生态文明建设，绘就美丽吴忠画卷，预计全市2017年住房和城乡建设发展各项任务、指标均可全面完成，住房和城乡建设发展良好态势不会变，但随着吴忠市城市发展框架的不断完善和城乡一体化发展的不断深入，随着供给侧结构性改革和城镇化改革的不断深入，深层次矛盾将进一步显现。

发展面临的不利因素：随着吴忠市城市建设规模的趋缓，城乡建设项目也随之减少，房地产业和建筑业发展存在压力；吴忠市经济发展总量偏低、城乡基础设施投入不足、城乡治理水平不高；在推进城乡统筹协调发展、强化城乡规划建设管理衔接、推进城乡强功能和优品质内涵的全面提升等方面还有差距；"城市拉链""城市蜘蛛网"等城市病还没有有效根治；贫困群众危窑危房改造还没有全面完成，一些与群众生产生活密切相关的路、水、暖等问题还没有彻底解决。

发展面临的机遇：党的十九大和自治区十二次党代会胜利召开，绘就了宏伟蓝图，提出了解决新问题应坚持的原则和工作方式方法，提出了乡村振兴战略、协调发展战略和自治区"两个示范区""两个先行区"建设新要求，为处在转型升级关键期、脱贫富民攻坚期、全面建成小康社会决胜

期的吴忠市指明了发展方向和前进的道路，也为吴忠市2018年大力推进住房和城乡建设发展奠定了坚实的思想指引和理论基础。吴忠市经过多年城市发展，城市框架已经形成，滨河新区已经崛起；中心城区和大县城协调发展格局已经确立，城市体系已经形成；产业结构不断优化，产业支撑作用持续增强；保障性住房建设和农村危窑危房改造不断深入，城乡居民安居保障能力大幅提升；城乡基础设施和公共服务设施基础不断夯实，自来水普及率、燃气覆盖率、污水处理率及集中供热面积等指标实现新高，城市品位稳步提升；城际快速通道、公路框架已经确立，农村道路覆盖面持续扩大；新农村建设不断取得新成绩，特色小镇培育工作全面启动；绿色建筑、装配式建筑等新型建筑方式取得新成果，房地产业、建筑业平稳健康发展；智慧吴忠发展取得新进展，城市综合执法改革已完成，城市精细化管理不断深入；民族团结、民风和顺的良好局面不断得到稳固。

综合分析，2018年吴忠市住房和城乡建设发展压力会持续增大，挑战与机遇并存，仍是大有作为的关键时期。吴忠市将学习贯彻党的十九大精神，全面贯彻落实自治区第十二次党代会精神，紧抓丝绸之路经济带、银川"都市圈"建设等机遇，持续保障和改善民生，打造生态优美环境，全力推进城乡协调发展，加快绿色经济示范市建设，与银川共同成为沿黄城市带的核心城市。

一是牢牢把握"绿色发展"。更加注重生态发展要求，将绿色发展作为推进住房和城乡建设发展永久主题，大力推进绿色城乡、绿色大县城、绿色集镇、绿色村庄建设，大力争取和建设生态经济发展支撑性强的大项目、好项目，着力推动建筑业和房地产业绿色发展，全面落实乡村振兴战略，深入实施美丽乡村建设，全面推进特色小镇培育，着力推进城乡统筹协调发展。

二是深度强化"民生保障"。抢抓国家实施新一轮棚户区改造政策机遇，大力推进棚户区改造和农村危窑危房改造工程，全力保障城乡居民安居。加快推进盐、同、红集中连片地区基础设施建设，不断提升该地区发展承载能力。

三是着力转变"城市发展方式"。坚持推进以人为核心的新型城镇化，不断优化城市规划建设管理，深入推进"城市双修""城市双清"，打造天蓝水清、城绿地净的城市人居环境。

四是始终坚持提升"城市内涵"。不断完善道路、供排水、供暖、路灯、燃气、公园绿地、停车场等基础设施保障体系，加快推进城市地下综合管廊建设，完成市区集中供热项目建设，整体推进老旧小区综合改造，不断提升人民生活品质。建立城市地下管网数字化管理检测系统，实现城市地下管网改造升级。

三、2018年推动吴忠市住房和城乡建设发展的对策建议

2018年，吴忠市将依据《宁夏回族自治区空间发展规划》，全面实施吴忠市空间规划，全力实施协调发展、绿色发展、内涵提升、城乡安居和改革带动"五大战略"，推进利青一体化发展和城乡一体化融合发展，夯实城乡发展基础，凝聚发展动能，加快结构转型升级，实现住房和城乡建设健康快速发展，加快建设绿色经济示范市。

（一）实施协调发展战略，打造城乡发展新格局

主动融入银川"都市圈"，推进实施绿色精密铸锻产业园、生物科技产业园、公交一体化、城市医共体等一批重大工程、重点任务。出台《加快推进利青一体化发展实施方案》，加快交通、水利和生态等基础设施互联互通，推进城市融合集聚和产业协同发展，推进文化教育、医疗卫生、社会保障等资源共享，将利通区、青铜峡市打造成为银川"都市圈"重要产业集聚地和人口流入地。深度谋划中心城区及小城镇协调发展新格局。抓好县域城乡总体规划、产业布局、城市建设等规划。突出盐、同、红3县（区）副中心地位，引领沿黄城市带和清水河生态保育带节点城镇发展，强化产业对城镇化规划建设的支撑作用，构建主城区、大县城、小城镇、新型社区四级特色功能载体。全力实施乡村振兴。坚持因地制宜、凸现特色，力促美丽乡村扩面提质，培育中心村，整治自然村，打造特色产业示范村。全市实施美丽小城镇5个，美丽村庄20个。加快韦州镇、大水坑镇等特色小镇培育，力争到2020年基本完成10个特色小镇培育。

（二）实施绿色发展战略，增强城市发展宜居性

牢固树立尊重自然、顺应自然、保护自然的绿色发展理念，立足地方特色和优势，把以人为本、尊重自然、传承历史、绿色低碳思想融入住房和城乡建设全过程，加快构建资源节约型和环境友好型社会，保护天蓝地绿、山清水秀、空气清新、环境宜人的生态环境，建设美丽吴忠。坚持城乡一体、提升产城融合带动力，主动承接银川都市圈的部分功能及产业转移，合理统筹布局生产生活、生态农业和产业空间，突出培育健康产业、民族用品产业、先进纺织和装备制造业及民族商贸、中药材产业等，不断创新驱动，打造绿色工业、绿色农业、绿色服务业。完成市文化体育会展中心、城际铁路等民生工程，加快吴忠市循环经济产业园项目建设进度。推进农村环境综合整治。谋划和实施好一批重大项目，力争城乡建设项目完成投资年均增长10%左右。严控质量安全红线，实现标化工地全覆盖，打造级配合理、动能强劲、秩序规范的建筑业发展生态环境。深入推进热电联产集中供热，取缔城市全部燃煤锅炉，提升供热质量。大力开展建筑工程领域扬尘治理，打造洁净大气环境。积极创建国家森林城市，加强城市公园绿地、防护绿地、生产绿地的保护与建设，全力提升城市绿地品质，力争城市建成区绿地率、绿化覆盖率、人均公园绿地面积分别达到41.2%、42.4%和20.1平方米，老城区实现"500米见园"。加强建筑节能管理，开展绿色建筑和装配式建筑，推广应用建筑节能技术、可再生能源及绿色建材，促进城乡建设低碳发展，实现城镇绿色建筑比重达到35%以上，装配式建筑比例达到5%以上。加快建设宜居、宜业、宜游、宜休闲的银川都市圈"后花园"。

（三）实施城乡安居战略，改善群众居住条件

坚持打造宜居宜业城市目标，统筹兼顾旧城改造与新区建设，加快城中村、城市危房、老旧住宅小区改造，优化教育、医疗、文化、商业布局，引导人口逐步向新区转移，推进新老城区协调发展，全市实施棚户区改造7527套、市区实施2277套，力争到2020年基本消除棚户区、城中村和城市危房。完善房地产调控政策，实现因地、因时精准施策，打造一批优质、高档住宅小区，严查违规违法开发经营行为，有力推动房地产市场健康持续发展。稳步改造农村危窑危房，实施农村危窑危房改造3000户。围绕地域文化，抓好特色旅游小镇、枸杞小镇、葡萄小镇、回族文化等特色小镇规划服务，积极培育农家乐、回乡特色游等特色旅游产业，打造一批精品旅游线路，提升区域旅游竞争力。集中发展太阳山、韦州、下马关、惠安堡、大水坑、柳泉等乡镇扶贫产业，加快推进扶贫攻坚步伐。建设一批交通节点型、旅游度假型、加工制造型、商贸流通型等各具特色的重点镇，重点打造一批田园美、村庄美、生活美、风尚美的美丽村庄，建立起特色鲜明，功能完备的小城镇，让其起到接城连村的作用，成为有一定带动力的幸福小镇。纵深推进农村环境治理行动和"蓝天碧水、绿色城乡"专项行动，清除农村环境"脏、乱、差"。加强环城、环镇、环村生态林网建设，改造城乡绿地、湖泊、河渠沟道，建设优美人居环境。

（四）实施内涵提升战略，夯实城市发展承载力

坚持"拓宽城市外延、丰富城市内涵、完善基础设施、推进产城融合"的发展思路，协调推进城市地上和地下基础设施建设，大力推进城市亮化、路网互联互通工程，打造美丽吴忠夜景和便捷通畅安全的城市路网体系。抓好大古铁路向银西高铁站延伸规划建设，形成连接吴忠和宁东、灵武铁路线路，承接宁东产业工人生活服务区功能。实施高铁片区6平方公里生态商业街区建设，完善道路、水系、绿化等配套设施，着力打造功能齐全、环境优美、风情独具的吴忠新门户、产业新平台、宜居新社区，把城市东片区打造成城市经济新增长极。抓好市区北片区7号路向西与青铜峡市区双层钢结构跨黄河大桥规划建设。在黄河以东完善水电暖等基础设施，黄河以西打造集商贸、住宅、休闲、旅游为一体的现代化的商业带。做好城市地下空间规划利用，完成城市东部地下综合管廊一期项目建设，将电力、通信、天然气等7类管线纳入管廊系统，逐步解决"城市蜘蛛网"问题，实现城市地下基础设施集成式发展。开展地下管网更新改造，打造建立城市地下管网数字化管理检测系统，实现城市市政基础设施监管平台全覆盖。开展自来水厂扩建，保障饮水优质安全。启动市区第三污水处理厂扩建和三污中水处理厂建设，开展城市积水点改造，打造完善的城市防洪排涝体系，市区基本消除城市内涝积水点、易涝点。加快开放式路网建设，构建银吴"半小时经济圈"；助推高铁、城际快速通道等交通项目建设，努力形成连接西安、兰州、北京、太原等大中城市的"半日交通圈"。

（五）实施改革带动战略，提升城乡精细管理水平

建立租售并举住房保障制度，健全完善公共租赁住房管理制度，推行公租房货币化政策，逐步实现保障性住房由"补砖头"向"补人头"转变。推动商品房去库存。力争到2020年，建立较成熟、完善的保障房信息管理系统。完善棚改货币化政策，打通棚户区改造与房地产市场通道，力争货币化安置比例达到70%以上。推进房地产供给侧结构性改革，促进房地产业转型升级。以市场化、专业化和产业化为导向，完善物业服务市场竞争机制，加强老旧住宅小区、保障性安居工程等重点区域物业服务管理。创新工程质量安全监管方式，健全质量安全责任体系，推行质量行为标准化和实体质量控制标准化，实现建设项目履行基本建设程序100%，工程竣工验收备案率100%。完善智慧城管信息化平台建设，继续做好"智慧城管——吴忠市城市综合管理应用系统"一期项目升级改造。严格"三区三线"管控，管好沿黄地区生产、生活、生态空间。按照空间规划划定的城镇开发边界，明确城镇开发区和城镇开发建设预留区，注重城市特色塑造，统筹布局交通、能源、水利、通信等基础设施廊道，优化城镇功能布局，节约集约利用土地。引导产业园区向重点开发城市集中，提升工业用地土地利用效率。建立重大基础设施和产业发展项目沟通协调机制，确保合理布局，错位发展，避免同质化竞争。

总之，随着吴忠市住房和城乡建设发展步伐的加快，建成绿色经济示范市和全面小康社会的宏伟目标定能如期实现。

2017—2018年固原市住房和城乡建设发展报告

刘志安　海连梅

2017年，固原市在全面贯彻落实党中央、自治区城市工作会议及十二次党代会精神，以脱贫攻坚为统领，以加快推进新型城镇化为主线，以旧城改造和海绵城市建设为重点，以"两学一做"学习教育常态化制度化和"整治干部作风、优化发展环境"为载体，实施了基础设施、民生保障、美丽乡村等城乡建设重点工程，继续开展国家新型城镇化综合试点工作，着力提升住房和城乡建设水平。

一、2017年固原市住房和城乡建设领域取得的成就

（一）旧城改造全力推进

市区已完成棚户区改造入户摸底登记2.88万户，签订征收补偿协议2.37万户，兑付2.1万户，补偿资金78.9亿元，博物馆、城隍庙等9个片区已全部开工建设。2017年自治区下达固原市区棚户区改造任务1.2万户，截至9月底签订征收补偿协议12057户，兑付6400户，补偿资金22亿元。各

作者简介：刘志安，固原市住房和城乡建设局副局长；海连梅，固原市住房和城乡建设局办公室科员。

县完成棚户区改造3949户，兑付补偿资金14.77亿元。

（二）海绵城市建设顺利开展

按照"2017年完成海绵城市建设70%试点任务"的总体要求，2017年计划开工建设项目150多个，完成投资20亿元以上。第一批开工项目69个（其中老旧小区34个，沿街外立面12个标段，道路改造16条，公园广场4个，清水河综合整治子项目3个），开工项目投资额约13亿元，已完工54个，累计完成投资14.12亿元。抓紧推进第二批项目建设。目前，已梳理第二批建设项目63个（建筑型小区35个、道路改造15条、公园4个、停车场3个、清水河综合整治子项目4个、海绵城市系统监测平台2个），计划完成投资14亿元。截至目前，已开工建设道路项目10个，其余项目正在加紧办理项目施工许可手续。

（三）城乡安居建设稳步实施

全市沿交通主干道和旅游环线、旅游景点，建设特色明显、美丽宜居、具有明显带动示范作用的中心镇10个和美丽村庄40个。实施农村危房危窑改造15623户。

1. 美丽村镇建设情况

各县（区）在美丽村镇建设中均实施了道路新改（建）、绿化、亮化、给排水管网、广场等基础设施工程；建设了垃圾中转站、填埋场、公厕等设施，对街区进行了特色改造。完成绿化植树54629株；敷设各类给水管网44.97公里、各类排水管网63.69公里；安装路灯1690盏；新建广场4处17730平方米；新建垃圾处理场1座、公厕15座。完成投资2.4亿元。

2. 农村危窑危房改造情况

1—10月，农村危窑危房改造开工17582户，其中建档立卡户6901户，已竣工14840户（原州区开工3799户，其中建档立卡户1343户，已竣工2557户；西吉县开工4026户，其中建档立卡户2513户，已竣工2919户；隆德县开工6010户，其中建档立卡户1303户，已竣工6010户；泾源县开工2000户，其中建档立卡户757户，已竣工1990户；彭阳县开工1747户，其中建档立卡户985户，已竣工1364户）。完成投资11.55亿元。

（四）建筑行业突出问题整治成效显著

按照自治区的统一安排部署，在2016年开展工程建设领域突出问题专项整治的基础上，2017年继续开展专项治理活动，彻底清理在建项目违法违规行为，严厉打击工程建设领域各类违法违规行为，整顿建筑市场乱象。深入开展"质量安全提升年"活动，通过落实主体责任、提升项目管理水平、提升技术创新能力、健全监督管理机制等措施，进一步完善工程质量安全管理制度，落实工程质量安全主体责任，强化工程质量安全监管，提高工程项目质量安全管理水平。开展了建筑安全生产春季复工检查等大检查，共检查建筑工地497项，下发整改通知书543份，其中停工通知书150份，隐患整改通知书393份；对40余家施工企业及8名项目经理进行了通报和处罚。全市建筑市场秩序明显好转。

（五）房地产市场去库存效果明显

全面贯彻国务院和自治区关于房地产业宏观调控的各项政策，抢抓国家新型城镇化综合试点和旧城改造机遇，通过调整落实房地产交易税收优惠政策，加大旧城改造棚改货币化安置力度，全面放开市区、县城区和建制镇落户限制鼓励进城农民购房，调整住房公积金使用政策，开展购租并举等措施，做好房地产去库存工作。截至9月底，全市商品房可售面积142.98万平方米，其中市区商品房可售面积为92.44万平方米。成交面积79.12万平方米，其中市区商品房成交面积59.88万平方米。

（六）新型城镇化试点工作有序推进

认真落实《国家新型城镇化综合试点总体实施方案》，通过深化户籍管理制度改革、加强就业服务、健全完善社会保障制度、建立公共教育体系、强化产业支撑等措施，积极推进农业转移人口市民化，预计全年实现农业转移人口市民化3万人左右，常住人口城镇化率提高到49%。

（七）公用事业管理不断加强

加强市区防汛工作，结合实际情况对《市区防汛应急预案》进行修改完善，进一步完善市区防汛指挥体系，明确各巡查小组防汛范围。加强市区燃气管理，对燃气安全管理情况进行专项检查，对发现问题和隐患限期整改。高度重视冬季供暖工作，加强热源建设和管网改造，切实保障供热质量。

（八）城市管理体制进一步理顺

推进市县两级政府城市管理机构改革，推行城管执法重心下移和执法事项属地化管理。成立了固原市城市管理综合执法监督局，负责指导、考核全市城市管理工作。全面清理和调整现有城市管理综合执法职责，制定城管综合执法权力清单和责任清单，向社会公开。

（九）国务院环保及安全生产巡查问题积极整改

一是开展燃煤锅炉污染整治。2017年市区计划拆除17台，截至10月底拆除16台，剩余1台已停用。煤改气21台，已完成改造8台，正在改造8台，11月底完成所有改造任务。

二是开展市区建筑工地扬尘污染整治。加强对海绵城市建设工地、旧城改造拆迁工地、混凝土砼站、各建筑工地的监督管理，督促施工企业设置建筑工地高标准围挡约4.2万米，车辆冲洗设施51（台）套，硬化场地道路约5.1万平方米。

三是开展黑臭水体整治。结合海绵城市建设，将黑臭水体整治与城市防洪排涝、城市基础设施建设等相结合，有序开展整治工作，清水河上游段完成8处排污口的封堵。

四是开展天然气企业整治。开展了天然气安全专项检查，重点对加气站的设备检验、使用登记、计量器具检定、充装现场操作等情况进行检查，排查安全隐患28处，下发整改通知书11份。对存在严重安全隐患的强力燃气站要求立即关停，并选址搬迁。

（十）保障性安居工程建设

一是全力完成保障性住房建设任务。截至10月底，完成晨光家园三期1704套8.52万平方米主体及附属工程地下部分的建设施工，因新增海绵城市建设内容等原因，预计2018年5月全部竣工交付；兴达等小区建成333套。

二是公共租赁住房配租及补贴发放。2016年年度审计剩余空置房源240套已按规定分配入住，已建成的9287套全部分配入住；2017年前三季度住房补贴已发放。截至目前，市区累计发放助房补贴1942户9521人，发放金额总计2732419.8元。

三是扎实推进城市棚户区改造。2017年，固原市区棚户区改造年度目标任务为12000户，主要安排在清水河流域、上海路两侧及北塬部分区域中实施。截至目前，共完成12057户，征收面积144.68万平方米，均为货币补偿安置，征收补偿费约60.28亿元。到位资金62.001亿元，其中中央下达专项补助资金3.2075亿元；自治区专项补贴资金0.5935亿元；国开行贷款28.2亿元；农发行贷款30亿元。并已完成2018—2020年棚改计划申报。

（十一）住房公积金有序缴存

截至2017年8月，固原市新开户缴存住房公积金的非公有制单位共49个，新增缴存职工351人；住房公积金缴存额新增15.4亿元；为28382人次职工提取住房公积金12.58亿元；为3443户职工家庭发放住房公积金个人贷款9.8亿元。截至2017年8月底，全市住房公积金缴存总额突破57亿元，达到57.5亿元，缴存余额26.5亿元；住房公积金个人贷款总额36亿元，达到36.05亿元，贷款余额18.44亿元，累计受益职工家庭23451户；住房公积金提取总额突破31亿元，达到31.03亿元，累计受益职工97237人次。

（十二）园林重点业务工作有效进行

精心实施绿化建设工程，在2017年春季投资1563万，建设6个工程项目，种植各类树木8981棵、地被色带8134平方米，移植树木3万棵。狠抓园林绿化管理，从2017年4月初集中雇用20余辆洒水车拉用污水厂中水进行抗旱浇水，并在浇水同时采用植物根部地下注入的新技术、新方法对25处绿地进行施肥养护，共灌溉绿地11891.4亩，施肥乔木85685棵、花灌木14923墩。实施绿化树木病虫害防治，从2017年4月中旬开始组织抽调专业技术人员，集中开展松大蚜、北京勾天牛、蚜虫等病虫害药物喷洒防治工作，有效地控制了病虫害蔓延。集中整治绿地环境，先后多次集中开展南入口、西入口、东关北街、清水河景观绿地等卫生整治活动。

（十三）城市规划工作不断细化

自2016—2017年上半年对老城区修建、旧城改造7大片区进行了详细的规划。完成《固原市老城区修建性详细规划》，规划范围东至清河路—清水湾街，南至上海路，西至六盘山西路，北至六盘山东路，共9.1平方公里，形成了"一心双环、三轴五片、五次多楔"的空间结构，形成北派新中式、地域传统式及多元现代式三大类五小类建筑风格。在老城区修建性详细规划及特色风貌规划的指导下，对政府路、文化路、中山街、南城路四条重点街区沿线外立面改造规划建设方案，总体定位为一街一特色，一路一主题，政府路为旅游休闲第一街，融购物、旅游休闲、文化体验于一体，南城路为城市风貌特色展示街区，融商业、交通于一体，展示固原城市传统风貌特色的一条重要交通道路。

二、固原市住房和城乡建设方面存在的问题

一是城镇化发展水平相对偏低，农业人口转移较慢等问题仍未完全破解，户籍人口城镇化率有待进一步提高。

二是城市基础设施总量不足，地下空间资源开发利用相对滞后，交通拥堵、停车困难等问题不能得到有效解决；城市管理体制有待进一步完善。

三是城乡建设投资渠道单一，特别是县城基础设施建设、美丽村庄建设资金缺口较大。

四是住房公积金制度覆盖面较低，农民工及灵活就业人员缴存使用住房公积金工作仍需积极探索和大胆实践。

五是园林绿化养护经费保障机制不健全，养护管理资金和人员严重短缺、护机械化水平低。

六是建筑施工、城市燃气等领域安全生产隐患依然存在，形势不容乐观。

三、2018年推进固原市住房和城乡建设工作的对策建议

2018年，固原市要全面落实党的十九大和自治区第十二次党代会精神，按照《宁夏回族自治区空间规划》的功能定位，大力推进副中心城市建设，打好城乡统筹大会战，在城镇化建设中，融入海绵城市、城乡一体化发展、生态文明等理念，全面提升城区的综合服务功能，开展城乡环境综合整治，提高城乡的治理水平，加快建筑产业转开升级，强化产业就业

支撑，以优异的成绩迎接自治区成立六十周年。

（一）加快推进旧城改造

继续推进以旧街区、旧小区、棚户区、城中村为主的旧城改造工作，基本消除城市棚户区、城中村和城市危房。完善城市住房保障体系，全面推行棚户区改造货币化安置。结合海绵城市建设，全面升级改造老旧小区，推进既有居住建筑节能改造，配套完善供排水、供热、燃气、强弱电、公共绿化等设施，提升市民居住环境。合理配置教育、科技、文化、卫生、体育、养老场所及超市、菜市场、公交等公共服务设施。融合老城区、新区和西南新区相向发展，推进道路、管网、公交、绿道等基础设施互联互通，降低城市运行成本。

（二）大力推动海绵城市试点

充分运用海绵化理念，实施雨污分流制，配套建设给排水、供热、燃气、道路照明、电力电信、信号灯等市政基础设施；续建古城墙遗址公园二期，改造配套建设和谐广场、人民广场、丝路广场等公园广场，新建园区道路、绿化景观设施等设施，配套照明亮化、给排水等市政基础设施；续建清水河综合整治工程包括桥梁工程、清水河两岸治理及景观工程；加强城市管理信息资源互通共享，加快建设海绵城市监测系统和管理平台。

（三）推进城镇化建设，统筹城乡一体化发展

严格按照"1411"城镇体系布局，统筹市区、县城、中心镇和美丽村庄建设，完善基础设施配套，提高综合承载能力，加快构建以市区为龙头的清水河城镇产业带，促进人口、产业及各类要素向城镇合理聚集。结合自治区全域旅游建设，启动建设特色小城镇，重点培育将台、兴隆、沙塘、神林、六盘山、泾河源、三营、黄铎堡、古城、新集等文化、旅游、商贸等特色小镇，高起点、高标准推进，撬动产业发展。深入实施"百村示范、千村整治"工程，沿旅游环线集中布局建设美丽村庄，全面加强污水处理、配套管网、垃圾收集等基础设施建设，提升乡村景观，彰显乡村风貌，引领群众脱贫攻坚。探索建立政府、企业、社会、个人市民化成本分担机制，改革农村土地经营管理制度，妥善解决城镇化建设资金瓶颈等问题，有序推进农业转移人口市民化进程。

（四）开展建筑和房地产市场整治

持续开展工程建设领域突出问题专项整治，全面落实勘察、设计、施工、建设、监理五方主体项目负责人质量终身责任，建立高频次的检查、处罚、通报、曝光机制，确保质量安全生产零事故。贯彻国家房地产宏观调控政策精神，进一步整顿规范房地产市场秩序，建立多部门联合查处机制，落实定期巡查及抽查制度；建设完善房地产开发企业信用等级平台，落实房地产中介机构备案管理，整治房地产开发、建设、销售、广告发布、中介活动、物业管理过程中的违法违规行为；建立健全网签备案管理，实现网签备案数据信息共享；开展固原市区"星级售楼部"评比活动，激励房地产企业在销售环节中进一步规范交易程序，积极提升服务质量。

（五）实施城乡环境综合整治

全面开展以背街小巷、居民小区、校园周边、夜市摊点、建筑工地、城乡结合部、违章建筑、集贸市场、交通主干道等为主要内容的城乡环境综合整治行动，实现城乡公共环境洁净优美、公共秩序文明和谐，市容市貌明显改善，生活垃圾收集处理体系运转正常，生活污水和畜禽养殖等污染得到有效治理，饮用水环境安全得到有效保障，村庄居住环境得到显著改善；环境综合整治工作机制有效建立，公民文明素质和城乡文明程度明显提升。

（六）加快推进城市管理体制改革

进一步理顺城市管理职责，确定管理范围、权力清单和责任主体，明晰各部门职责分工。推进市县两级政府建设管理机构改革，推行跨部门综合执法。推动执法重心下移和执法事项属地化管理。加强城市管理执法机构和队伍建设，提高管理、执法和服务水平。加快推进数字化城管建设，统筹规划执行管理、违法建设稽查、房产信息发布、市政设施运行、市容环卫保洁、物业管理服务等事宜，建成数字化城管中心。

2017—2018年中卫市住房和城乡建设发展报告

杨　和　童建岐　张飞

中卫是一个年轻的城市，2004年设立地级市，辖两县一区，总面积1.7万平方公里。地处宁夏、甘肃、内蒙古三省区交会处的腾格里沙漠南缘，中华民族母亲河——黄河之畔，是我国仅有的保留"卫"建制的城市，曾是古丝绸之路的重要驿站，也是祖国西北重要的生态屏障。2017年以来，中卫市按照"沙漠水城·休闲中卫"的城市定位，坚持"以水为源、以绿为美、以净为荣、以适为宜、以人为本"的城市发展理念，依沙傍水规划建设城市，精心精细管理城市，实现了住房和城乡建设快速发展。

一、2017年中卫市住房和城乡建设的发展成就

（一）坚持科学规划，描绘城市发展蓝图

加强城乡规划编制，完善城乡规划体系。城乡规划编制有序推进，按照城乡一体化和城旅一体化的发展思路，编制完成了《中卫市城乡总体规划》《中卫市城乡特色风貌规划》《中卫市城市地下管线规划》《中卫市地下

作者简介：杨和，中卫市住房和城乡建设局局长；童建岐，中卫市住房和城乡建设局办公室主任；张飞，中卫市住房和城乡建设局办公室科员。

管廊综合规划》和《中卫市城市停车场专项规划》；根据宁夏空间发展战略规划，编制完成了《中卫市城市总体设计》《中卫高铁站站前广场设计及周边区域用地规划》；《柔远片区控制性详细规划》和《中卫市"城市双修"总体规划》已按照政府采购流程进行招标，确定了编制单位，正在进行初稿编制。中宁县作为全区三个"多规合一"试点县之一，现已完成《中宁县空间规划（多规合一）》成果，正在等待自治区审查。

创新规划服务举措，着力提高行政效能。进一步梳理、优化规划行政审批事项、环节及内容，制定下发了《中卫市建设项目规划手续办理流程及要件》，审批时限由35天缩短至17天，实现了减少审批环节和审批时限，提高审批效率的工作目标。同时，坚持"规划一张图、管理一本法、审批一支笔，建设一盘棋"的规划管理原则，严格按照"依法行政"要求，认真执行城市总体规划。2017年，共审查城市规划建设项目平面方案36个、立面方案76个，审查施工图308份，办理"一书两证"233件。

全面推行"阳光规划"，提高依法行政能力。扩大规划公示范围，对城乡规划编制、调整、批准实施，城市规划区内建设项目规划设计的批前和批后，违法案件查处，市规划管理局职责范围、管理依据，项目审批条件、程序、时限等所有内容全部进行公示。严格执行项目放线制度、规划竣工核实制度，强化项目放、验线等关键环节的管理，做到手续不齐不放线，及时纠正违反规划建设行为，维护规划的权威性。一年来，公示规划建设方案9个，办理建设工程竣工规划核实38项，办理临时建设项目审批5项，建设项目开工放线20次，对市区内在建的26个建设项目进行了全方位监察，先后查处了香山财富广场、紫云新都等8起规划批复手续不全的违法建设行为，有效地维护了规划的严肃性和权威性。开展了城市建成区违法建设专项整治工作，共拆除存量违法建设8560平方米，占2016年摸底面积22000平方米的38.9%，累计拆除11530平方米，累计查处进度52.4%；查处新增违法建设9起，拆除新增违法建设9起544平方米，做到了新增违法建设零增长。

深化规划体制改革，推进空间规划改革试点工作。以《宁夏空间发展战略规划》为统领，整合产业、生态、环保等专项规划，科学编制中卫市空间规划。目前，空间规划大纲成果已编制完成，出台了《关于理顺中卫市空间规划（多规合一）编制管理体制机制有关事项的通知》，将国民经济和社会发展规划，土地利用总体规划，城乡总体规划，环境保护规划及环境功能区划，林业及生态建设规划，交通运输总体规划，水利和水资源规划等职能整合，全部划入市规划管理局，统一负责做好空间规划工作，制订了《中卫市空间规划信息平台建设方案》，设计了13个子系统集成工作软件，已初步完成与其他外部信息系统的对接工作。

（二）坚持生态宜居，改善城乡人居环境

围绕宜居、休闲、生态美城市目标，按照"四个一体化"（城乡一体化、城旅一体化、产城一体化、生态一体化）要求，加快推进城市化进程，着力改善人居环境，把城市建成人与人、人与自然和谐共处的美丽家园。

配套设施，提升城市承载能力。2017年新建、续建城市道路26条25.6公里；实施了沙坡头区迎宾广场、中宁县老旧供热管网改造、海原县中水管网等市政基础设施项目；重点实施了市区热电联网配套工程、市中医医院迁建等项目，城市承载能力得到了进一步提升。

以人为本，改善城市人居环境。2017年，自治区下达中卫市棚户区改造任务是开工10706套，基本建成10600套，已开工10706套，开工率100%，建成11294套，完成率107%；完成老旧小区改造31个27万平方米；下达公共租赁住房分配入住任务35200套，实际完成分配入住27099套，完成任务的77%；新建、续建了紫云新都、幸福家园等23个中高档商住小区，城乡居民人居环境明显改善。

生态优先，加快建设美丽城市。一是实施道路绿化建设，主次干道绿化以本地乔木为主，乔、灌、花、草有机搭配，形成了一路一景的道路绿化景观，道路绿化普及率95.48%，林荫路推广率70.07%。二是推进公园绿化建设，公园绿地服务半径覆盖率73.68%，万人拥有公园指数0.16，公园管理规范化率100%，公园绿地应急避险场所实施率75%。三是实施城市绿地修补，严控大树进城，广泛应用刺槐、国槐、白蜡等本地植物，节约型绿地建设率73.49%，沿街、沿湖、沿路、沿河建成了城乡一体的防护绿地系统，城市防护绿地实施率81.41%，河道绿化普及率97.01%。四是加大城市生态修复力度，实施黄河城市过境段水生态治理与保护工程项目、工业园区云基地周边及东扩区绿化工程，推动卫宁相向发展，实施生态连城、产业连城、水系连城工程。五是推行全民植绿，实施了中卫黄河过境段义务植树绿化工程三、四、五、六标段，组织全市96家机关单位、各乡（镇）共计2528人次，义务植树18747株；加强小区庭院绿化，组织新老城区49个小区义务植树，江元隆府、应理集团、旭日龙祥、紫金花城等50多个园林式单位和居住区内，水清草碧，生机盎然，怡然自乐。

统筹兼顾，提高农村生活环境。一是科学编制村镇规划。在2007年编制的《村庄布局规划》的基础上，对全市乡镇、村庄居民点进行全面普查，修编完成了《村镇体系规划》，全市逐步构建了1个市域中心城市、3个县域中心城市、11个重点镇、21个一般镇、532个中心村形成分层推进的城镇发展体系。二是扎实抓好美丽乡村建设。以美丽小城镇、美丽村庄为抓手，以农村环境综合整治为突破口，一年来开工建设美丽城镇6个，美丽村庄35个，完成农村危房改造10307户。三是开展农村环境综合整治活动。建立了"五个三"保洁机制和农村垃圾收集、清运、处理机制，沙坡头区、中宁县、海原县、海兴区农村环境卫生保洁覆盖率分别达到100%、85%、75%、75%，农村人居环境进一步改善。

（三）坚持创新方式，加强城市精细管理

相对集中执法稳步推进。把实施相对集中处罚权纳入效能目标任务，着力加强执法人员的法律法规培训，大力开展城市管理相对集中执法。一年来，共查处违法违章案件73件，罚款3.2万元。

静化管理水平明显提升。通过不断规范音响设备、查处超大分贝音响、处理噪音扰民投诉、加强燃放烟花爆竹和焚烧冥纸行为管理等措施，扎实组织开展"噪音污染治理"，使城市静化管理得到显著提升。

亮化工作标准持续提升。2017年制定出台了《中卫市城市照明管理办法》，将城市道路、桥梁、广场、公园、机场、车站、公共绿地、景区以及其他建（构）筑物等设施的功能照明或者景观照明纳入城市亮化范围，推动公共区域亮化和建（构）筑物亮化工作向统一管理、统一维护迈进；大力实施路灯补装增亮工程，路灯维修改造工程，黄河大桥、定武高速立交桥亮化工程，不断提升改造城市亮化设施，全面提升城市亮化美化水平。

美化形象水平有序提升。围绕"美丽中卫"建设行动，不断加大城区基础设施改造力度。一是实施广告牌匾整治工程，对城区所有破旧、脏污的门头牌匾进行专项治理。二是加强广场公园公厕管理。进一步强化了对市区广场、公园、景观水域和27条背街巷道的环卫保洁和公厕建设力度，建立了公厕保洁人员岗位责任制和城市水系补水长效机制。三是实施街道破损修补工程，对破损的果皮桶、广场、公园的地砖和人行道砖进行进行了维修，对城市水域进行清淤。四是城市慢行系统建成使用。采用彩色透水混凝土工艺，先后在香山公园、行政中心广场四周、应理公园四周及内部人行道建设了城市健身步道慢行系统。目前，全市共建设人行步道慢行系统3处，建设里程10公里，总投资560万元。

净化质量效率巩固提升。围绕巩固提升"以克论净·深度清洁"环卫保洁质量标准，着力提升城市环卫保洁质量。一是全面推行"环卫云"管理系统，使"以克论净"环卫保洁机制得到进一步巩固，城市环境卫生质量得到不断提升。中卫市"以克论净·深度清洁"项目荣获"中国人居环境范例奖"，一年来，先后有61批724人次到中卫考察学习，累计达到451批6100人。二是通过提高清扫、洗扫、冲洗、吸扫、洒水、喷雾降尘等机械化作业率，进一步加强城市道路扬尘治理，使"两个5"成果得到进一步巩固。三是通过持续深入开展环卫宣传教育，不断提高市民环卫意识，形成自觉维护环境卫生的良好氛围。四是开展重点工作专项整治。针对夏季烧烤摊点存在的大气污染等问题，开展联合整治，使大气污染难题得到有效治理。五是开展市容环境综合整治。围绕开展"美丽城市"建设行动和保障"全国全域旅游推进会"，扎实组织开展市容环境综合整治活动，使城市环境卫生得到进一步提升。

综合执法水平全面提升。一是办案质量得到进一步提升。规范案件办理程序，完善案件办理流程，办案程序规范，内容完备，坚持做到了执法文书统一，案件装订统一，案卷保管统一。一年来，共办理行政处罚案件73件，无一起错案和败诉案件，执法工作逐步进入规范化。二是监察力度进一步加强。加强对施工工地及渣土运输车辆管理，召开"联席会议"，通过开展联合执法，督促渣土运输车辆及时更换破旧护兜、侧兜，查处违规渣土车辆，有效治理了源头污染。三是加强水域安全管理，通过在市区各水系设置警示牌、温馨提示牌，完善各类救生设备，实施水域施救演练，确保城市水域无安全责任事故发生。四是违建查处成效显著。一年来，先后出动执法保障车180余次，执法人员240人次，拆除大型楼顶广告、墙体广告牌等64块，清理建筑垃圾28处1300多方；查处、拆除新建违法建筑14处，面积1.2万平方米，立案8起。

智慧管理水平全面提升。一是推进城市静态交通运营。开展了收回非法停车场、取缔非法收费、整治乱停乱放行为的专项整治，使静态交通停车秩序得到规范，停车服务水平进一步提高。二是自行车交通系统试运行顺利完成。项目布点26处，安装站点服务管理终端26套，安装横梁式锁止器、自行车识别引导器、车锁、链条式自行车500辆，项目的运行大大方便了市民的出行。三是"智慧环卫云"管理系统全面启用。大力实施"环卫云"项目建设，以云计算技术固化"以克论净"环卫保洁机制。目前，已有95%以上的捡拾保洁员能够初步使用环卫云管理系统，环卫捡拾保洁员考勤考核准确率达95%以上。目前，正在建设智慧城管信息系统二期项目和智慧环卫云二期项目。

城市美丽园林绿化养护管理自觉体制运行顺利。全面推行城市绿化管理责任制，严格按照市委、政府"一年建、两年管、三年验收"的要求，对城市园林绿化工作进行督查、考核。按照"区域相邻、便于管理、园林机具共享"等原则，将管辖范围内的道路、公园、广场、游园等绿地分成若干管理网格（责任点），实行绿化养护管理"四定一提"（定人、定岗、定责、定额、提效）机制，实现"人员、职责、任务"三落实，绿化管护迈入了网格化、精细化、专业化的轨道。建立了人员及园林机械车辆费用定额管理自觉机制、检测制度等配套制度，使城市美丽园林绿化养护管理自觉体制运行顺利，开创了中卫市园林绿化养护精细、长效、常态管理机制工作的新局面。

公积金业务流程日臻规范。一是强化内部基础管理，全面开展精细化管理活动，进一步健全各项规章制度，完善业务操作规程。二是建立事前、事中、事后全方位监督检查机制，加强内部监审，每季度组织一次实地检查监审并进行通报，狠抓整改落实，确保资金安全运行。三是对两县分中心贷款审批实行全部授权，减少审批环节，提高放贷速度。四是对归集科就大部分支取审批实行基本授权，减少审批环节，力争当日支取。五是简化贷款审批程序。贷款审批程序由5级审批简化为3级审批，审批环节进一步得到缩减。

行业监管水平不断提升。一是继续开展工程建筑领域突出问题专项整治。针对重点整治的11个方面，全面开展大排查、大整治，对所有在建项目进行地毯式排查，逐个登记造册，逐项对照核查，逐条整改到位，在全面排查摸底的基础上，紧紧围绕项目建设中履行基本建设程序等11个重点整治环节、重大项目、群众投诉多的项目进行重点稽查。在3次综合排查的基础上，对存在问题较多的领域，又开展了专项排查，先后对履行基本建设程序、农民工工资清欠、标化工地创建等问题较为突出的领域进行了3次专项检查。认真梳理排查出的问题，督促项目参建单位制定整改方案，限期整改到位。截至目前，共查处建设领域各类问题260余起，完成整改落实248起，拆除违法建设面积近1万平方米，对不履行基本建设程序的处以罚金33.1万元，扣除9家施工企业信用分，对25家企业的资质进行动态核查，对1家不符合资质条件的吊销资质。二是加大建设工程监管力度。2017年中卫市在建工程153项，共840个单位工程，总建筑面积352.53万平方米。其中，2017年新开工工程103项，共516个单位工程，建筑面积224.19万平方米。截至目前，开展全市施工安全和工程质量综合执法检查3次，累计抽查工程152项，下发质量隐患整改通知书75份、安全隐患整改通知书91份、停工通知13份，对7名关键岗位人员给予记分处罚，对13家施工企业和8家监理单位做不良行为记录、给予诚信体系扣分，形成典型案例20起。约谈建设、施工、监理单位2次。全市房屋建筑和市政基础设施工程主体结构质量可控，没有发生工程质量事故。开展安全生产专项检查8次、质量专项检查8次，下发安全隐患整改通知书70份、质量隐患整改通知书32份，累计下发停工通知7份，对3家施工企业和3家监理单位做不良行为记录、给予4家企业诚信体系扣分，形成典型案例6起，组织开展标准化示范工地观摩会2场次，打造质量安全标准化观摩工地7个，组织培训关键岗位人员400余人次，沙坡头区发生安全生产事故1起，死亡1人，与2016年同期持平，没有发生较大施工安全事故，安全生产形势总体平稳。三是切实加强房地产行业监管。集中开展了2次房地产专项检查工作，出动人员50人次、车辆28台次，对市沙坡头区有在建在售项目的16家房地产企业、28家经纪机构进行了检查，发现宁夏华润景观房地产开发公司开发建设的"华润东方红广场"项目未经预售许可销售房屋的行为，下发了限期整改通知书，责令停止房屋销售；发现江元隆府、恒祥国际等11个在售项目销售现场信息公示不完善的行为，对房地产企业下发了限期整改通知书；发现中卫置家、中沙等10家经纪机构经营场所未公示监督电话等内容的行为，现场责令限期整改。通过整顿和规范，净化了房地产市场环境，使房地产开发企业依法经营、诚信规范和服务意识进一步加强。四是加强物业企业监管。大力开展物业服务企业标准化建设工作，从企业管理、合同文本、招标投标、业主委员会建设、公开公示、维修资金使用6个方面推行标准化建设，切实提升物业服务水平，解决群众关心的突出问题，促进物业服务行业持续健康发展。五是加强燃气行业监管。积极支持、指导燃气企业成立中卫市燃气行业协会，联合协会抽调各燃气经营企业、各燃气站点的业务、技术骨干人员共计24人次，对全市9家燃气企业下属的18个加气站点，开展了4次燃气行业安全生产稽查执法工作，下发整改通知书32份，排查整改安全隐患167条，整改率100%。截至目前，未发生燃气安全事故。六是加强供水管理。对清源供排水公司、新洁垃圾处理公司、美利源水务公司进行安全大检查5次，从操作现场、内业资料、应急预案、制度建设、领导带班值班记录，整改记录等系统的进行了检查走访，并提出了整改意见，特别是污水处理场液氯储存，安全措施到位、防范措施齐全。七是加强供热管理。加快供热燃煤锅炉淘汰工作，对沙坡头区城市建城区内20蒸吨以下供热燃煤锅炉进行了摸底调查，对28台供热燃煤小锅炉进行拆除改造，目前，已列入应急锅炉8台，已拆除19台，剩

区 域 篇

余1台未拆除。

通过不断努力，目前，全市常住人口达到115.38万人，其中城镇人口46万人，城镇化率为39.87%；建成区面积达到74.37平方公里，集中供热能力达到1079万平方米，供气管道总长度570.35公里；城市污水处理率达到96%，城市生活垃圾无害化处理率达到90%以上；黄河干流中卫出境断面二类水质达标率100%，环境空气优良天数达326天。干净美丽成为中卫最靓丽的"城市名片"，吸引中外游客纷至沓来，2016年接待游客量和旅游收入分别达到550万和42亿元。宜居宜业的城市环境，成为众多国内外知名企业投资的首选，美国亚马逊AWS公司，奇虎360，港中旅集团等世界知名企业相继落户中卫，成为宁夏又一新的增长极。

二、中卫市住房和城乡建设存在的问题

（一）规划管控执行问题

随着宁夏空间发展战略规划的制定实施，中卫市规划编制实施水平有了很大提升。但由于城市规划本身的系统性、复杂性，使得城市发展不是没有规划，而是规划太多，空间坐标互相冲突，专项规划与城市总体规划缺乏衔接，规划打架情况比较普遍，造成规划落地困难，执行刚性不足，甚至存在"一届政府一张规划"现象，对此，必须抢抓全国空间规划试点机遇，加快国民经济社会发展规划、城市总体规划和土地利用规划"三规合一"和"多规融合"，推进土地利用和城乡规划"两图合一"，创新规划"一张图"审批和管理模式，强化用地、生态、基本农田保护等控制线和禁止建设区、限制建设区、适宜建设区管制，严格规划管控执行，科学引领城市发展。

（二）交通组织完善问题

中卫市区位交通优势明显，定位为宁夏交通物流枢纽城市，但城市交通发展和服务水平与全国相比差距较大，特别是城际、市内快速交通及综合交通枢纽建设滞后，交通方式单一，公交出行分担比率低，成为制约经济社会发展的瓶颈。香港有两个非常突出的特点：一个是繁华，一个是拥

挤，但交通规范有序，繁而不乱，很少出现交通拥堵问题。香港地域狭小、人口拥挤、交通资源并不丰富，井然有序的交通主要得益于科学完备的交通组织体系。借鉴香港经验，要着力破解城际和市内快速交通发展难题，积极融入全国交通网络，加快推进中卫至吴忠城际铁路，开工建设中卫至兰州客运专线，大力推进公交优先发展战略，加快城市综合交通枢纽和自行车、步行道等慢行系统建设，合理布局停车场、泊车位等设施，推进城乡客运一体化，提高公共交通分担率，让群众出行更加便捷。

（三）智慧城市建设问题

中卫的智慧城市建设刚刚起步，信息技术和城市规划建设管理等环节融合程度不高，运行体制机制不健全，部门各自为政，缺乏整体合力，数据共享、功能整合难，运行维护成本高，实际应用效果不理想。目前，中卫市正在依托西部云基地，将云计算、大数据、互联网+等先进技术引入智慧城市建设，整合城市基础空间数据库、人口基础数据库、宏观经济数据库、建筑物基础数据库等公共数据库，加快完善涵盖规划设计、公共交通、园林绿化、市容环境、房产管理、应急保障等城市功能，打造供水、供气、供热和医疗、卫生、就业、养老、金融等基本服务事项为内容的综合信息管理平台，打破信息孤岛和数据分割，实现跨部门、跨行业信息共建共联共享，加快推动城市数字化、信息化进程。

（四）统筹城乡发展问题

中卫地处西部欠发达地区，由于历史欠账太多、投入不足等原因，农村建设整体滞后，基础设施薄弱，公共服务水平不高，城乡发展差距仍然较大。为此，中卫市正在实施山川协同、经济转型两大发展战略，坚持以川带山、以城带乡、城乡一体，大力推动美丽乡村建设，通过强化水、电、路、气、暖及管网等基础设施建设，提高教育、医疗、文化、养老等公共服务水平，加快培育新型工业、特色农业、商贸物流、旅游休闲等主导产业，重点打造一批可以聚集人口、连接城乡，具有较强综合实力和辐射带动能力的特色示范镇，带动周边农村就地城镇化，推动城乡良性互动、协调发展。

三、2018年中卫市住房和城乡建设的基本思路

（一）高标准规划城市

习近平总书记指出，"考察一个城市首先看规划，规划科学是最大的效益，规划失误是最大的浪费，规划折腾是最大的忌讳"。毋庸置疑，规划是城市建设的龙头，是城市建设的蓝图，也是城市的"成长坐标"。做好城市规划，是任何一个城市发展的首要任务，目前我国常住人口城镇化率达到55%，已进入城镇化较快发展阶段，中卫和全国其他中小城市一样，正处于城市发展提速和质量提升的关键时期，必须坚持走绿色低碳的新型城镇化道路，而科学的规划与设计，正是留住城市特色、提升发展质量的关键。因此，必须更加注重规划的引领、调控和约束作用，在编制规划时要接地气，让企业、市民积极参与其中，突出规划的科学性，增强规划执行的自觉性，使规划既能适应城市快速发展的形势和要求，又给后人留下空间和余地。必须更加注重城市设计，突出地域特色，体现文化内涵，统筹城市建筑，协调景观风貌，强调差异发展，打造标志性精品建筑，提升城市的影响力和知名度。城市规划的生命力在于坚持不懈地执行和落地，规划一经法定程序确定下来，就必须维护其权威性和严肃性，保持规划执行的持续性，始终坚持"规划一张图，建设一盘棋，审批一支笔，管理一条龙"，始终做到"一任接着一任干，一张蓝图绘到底"，让城市按照"正确的坐标"健康成长、沿着"健康的轨道"快速发展。

（二）高品质建设城市

城市的核心是人，城市建设就要服从服务于这个导向，坚持完善功能与宜居宜业相结合，实现生产空间集约高效、生活空间宜居适度、生态空间山清水秀，使市民在城市生活得更便捷、更美好。加快完善基础设施配套。牢固树立系统思维、长远眼光，基础设施建设适度超前规划，着力解决交通拥堵、重复开挖、"马路拉链""水泥森林"、城市内涝等突出问题，同步推进旧城改造和新区开发，配套完善医疗、教育、文化等公共服务设施，科学布局生产、生活、生态空间，实现居住、工作、休闲功能的有机

结合，提高市民幸福指数。走产城融合发展的路子。产业是立城之本、兴市之基，没有产业支撑，城市发展就会失去活力，就会变成"空城""鬼城"。近年来，中卫市结合自身资源禀赋、产业基础、环境容量，把产业园区建设和城镇规划建设结合起来，进一步优化产业布局：以城市为核心，向西以沙坡头5A级景区为平台，坚持城旅一体化，发展全域旅游；向北依托西部云基地，引进亚马逊AWS等知名龙头企业，加快发展云计算、大数据为主的信息产业；向东依托中国物流园，发挥交通区位优势，加快发展现代物流业；向南依托吴忠至中卫城际铁路，规划建设高铁商业圈，加快发展现代服务业，推进经济转型升级，城市转型发展。秉承绿色发展理念。城市是一定区域内政治、经济、文化的中心，是市民工作、生活的场所，更是人类文明成果的积淀。城市生态环境的好坏，直接反映了城市文明程度的高低。因此，要加快实施城市修补、生态修复，按照"风景美、街区美、生活美"的要求，把好山好水好生态融入城市，让市民"看得见山、望得见水、记得住乡愁"。

（三）高水平管理城市

习近平总书记指出："抓城市工作，一定要抓住城市管理和服务这个重点，不断完善城市管理和服务，彻底改变粗放型管理方式，让人民群众在城市生活得更方便、更舒心、更美好。"新加坡一缺资源，二缺劳动力，靠什么成为集商业、旅游、物流于一体的东南亚明珠城市，靠的就是优美的环境和政府高效的管理。城市的善治，归根到底是让市民在城市生活工作更舒适、更便捷、更幸福，而落脚点就在城市的管理和服务上。近几年，中卫城市管理服务水平有了很大的提升，特别是"以克论净"的环卫保洁模闻名全国，干净美丽已成为中卫最亮丽的名片。但城市管理没有最好，只有更好，我们城市管理体制还不尽完善，城市管理信息化水平较低，城市管理还比较粗放等，必须认真贯彻落实中央城市工作会议精神，以战略的眼光、现代化理念，运用法治化、信息化、社会化手段，精准抓好城市管理，不断增强城市转型发展的内生动力。要加快推进智慧城市建设，打通城市管理"信息孤岛"，打造功能齐全、运转高效的城市综合智能管理平台，提高城市管理信息化水平。要以创建全国"文明城市"为载体，形成上下联动、共建共享、全民参与的城市管理长效机制。要深入推进城市综合执法改革，注重发挥社会力量作用，形成法治化、人性化、立体化的城市大综合执法格局，让城市更加宜居宜业，让城市生活更加美好。

（四）高效益运营城市

著名建筑学家梁思成先生曾说过："城市是一门科学，它像人体一样有经络、脉搏、肌理，不仅需要勤打理，也需要重保养，打理即管理，保养则为运营。"如果城市像人体缺少保养一样缺少系统的运营，不仅不能使城市各种资源物尽其用、最大限度发挥资源效益，还会造成资源浪费，更不可能为市民带来美好的生活和享受。高效益的运营城市，首要的是尊重规律，城市发展是一个自然历史过程，有其自身规律，科学对待城市规律，就能促进城市健康运行；相反违背规律，城市发展就会出现严重的失调、失衡和失序现象。城市和经济发展相辅相成、相互促进，只有认识、尊重、顺应城市发展规律，端正城市发展指导思想，才能科学认识城市、了解城市，使城市资源发挥最大效益。高效益运营城市，要坚持"五个统筹"充分发挥政府、市场和社会的作用，通过城市、资本、产业与人口的协调发展，促进资源优化配置，走出一条以改革激活城市发展要素的新路子。进一步创新融资方式，拓宽资金渠道，全面开放基础设施市场，吸引社会资本投入城市建设和运营，实现城市资源增值。高效益运营城市，要进一步集约利用土地资源，既要创新节地模式，促进城市内涵发展，更要盘活存量资源，为城市拓展用地空间，实现城市永续发展。

（五）加强城市工作领导

习近平总书记指出："做好城市工作，必须加强和改善党的领导。农村工作和城市工作是各级党委工作的两大阵地，二者相辅相成、缺一不可。'三农'工作是全党工作的重中之重，城市工作在党和国家工作全局中举足轻重。"各级党委、政府要切实把思想认识统一到中央关于城市工作的决策部署上来，完善党委统一领导、党政齐抓共管的城市工作格局，建立健全城市工作考核评价和监督问责机制，把城市工作纳入经济社会发展目标管理考评和领导干部政绩考核体系；各职能部门要协同联动，统筹做好业务指导和督促工作；各街道、社区党组织要进一步健全城市基层治理机制，有效发挥基层组织在城市治理中的自治作用。要把城市人才培养作为人才工作的重点，加大引进和培训力度，为城市工作提供人才和智力支撑。做好城市工作，要凝聚合力，充分发挥政府、社会、市民三大主体作用，使政府有形之手、市场无形之手、市民勤劳之手同向发力，真正实现城市转型发展的共治共管、共建共享，实现"人民城市人民建，人民城市人民管"。

附录

FU LU

2017年宁夏住房和城乡建设大事记

曹 锋 乔 静

1月

6日 自治区党委宣传部等部门举行2016年民生计划和为民办30件实事新闻发布会。自治区住房和城乡建设厅通报了农村危窑危房改造、老旧小区综合整治等民生实事落实情况。

16日 住房和城乡建设部、国家发展改革委等7部委召开全国棚户区改造工作电视电话会议。住房和城乡建设部党组书记、部长陈政高总结了2016年棚户区改造工作，对2017年工作进行部署。宁夏设立分会场，自治区住建、发改等部门和各市县区政府有关负责人参加会议。

17日 2017年全区住房和城乡建设工作会议在银川召开。自治区副主席刘可为出席会议并讲话，住房和城乡建设厅党组书记、厅长杨玉经作工作报告。会议全面总结了2016年全区住房和城乡建设工作，确定了2017年10项重点任务。

19日 自治区主席咸辉深入固原市原州区、西吉县调研整村推进扶贫

作者简介：曹锋，宁夏住房和城乡建设厅办公室主任科员；乔静，宁夏住房和城乡建设厅办公室副调研员、厅团委书记。

275

开发工作，走访慰问困难群众，并在西吉县召开固原市脱贫攻坚工作座谈会，要求各地高度重视因病返贫、教育致贫、危房改造、农村彩礼等突出问题，认真研究，破解难题。

20日　全区"关爱环卫工人，共建美丽宁夏"活动在银川正式启动。自治区领导孙贵宝、刘可为、张乐琴出席活动。

2月

6日　自治区副主席刘可为主持召开自治区空间规划（多规合一）改革试点工作领导小组办公室专题会议，研究《宁夏回族自治区空间规划审查审批暂行规定（送审稿）》《宁夏回族自治区空间规划条例（修订案草案）》等事项。

7日　自治区主席咸辉在银川市调研智慧城市建设及信息产业发展情况，强调智慧城市建设不仅要做能看见的"眼睛"和能思考的"大脑"，更要着眼于应用，解决老百姓工作生活中的实际问题，让城市居民生活更便捷、更美好、更幸福。

10日　全区住房保障工作现场观摩推动会在固原市召开。自治区住建、发改、财政、国土等部门和国开行、农发行宁夏分行负责人，各市县区政府和宁东管委会分管领导、住房和城乡建设部门负责人参加会议。

16日　自治区住房和城乡建设厅系统2017年度党风廉政建设工作会议召开，总结2016年党风廉政建设和反腐败工作情况，安排部署2017年工作任务。

17日　自治区住房和城乡建设厅党组召开改革工作专题会议，研究部署住建行业各项重点改革工作。

3月

1日　自治区住房和城乡建设厅、经济与信息化委联合发布《宁夏绿色建材评价标识管理办法（试行）》，鼓励新建、改建、扩建的建设项目使用获得绿色评价标识的建材，明确宁夏绿色建筑、绿色生态城区、保障性住房等政府投资或使用财政资金的建设项目、2万平方米以上的公共建筑项目，应当使用获得标识的绿色建材。

6日 自治区副主席刘可为调研重点入黄排水沟综合整治工作，强调要认真落实领导包抓机制，因地制宜、分类施策切实加强水体污染治理，坚决杜绝直排，确保全区所有污水处理厂达标排放，所有生活污水和工业废水都能进厂处理。

15日 贵州宁夏特色小镇建设座谈会在银川召开，两地住房和城乡建设部门交流探讨了特色小镇及美丽乡村建设工作。

16日 自治区副主席刘可为调研全区房地产市场发展情况，并召开全区房地产市场发展情况调研座谈会，与五市人民政府、重点房地产开发企业、自治区有关部门和专家，就宁夏房地产市场形势、存在的问题和政策措施进行了深入交流。会议要求各地、各有关部门和企业要坚定不移地落实中央关于去库存的要求，坚持因城施策，从供需两端发力，稳需求、稳供给、稳市场，做到提高质量、平衡结构、有序发展，推动宁夏房地产市场保持平稳健康发展。

29日 咸辉主席调研全区公共资源交易管理工作，强调要时刻牢记公共资源是人民的资产，一定要对人民资产负责，增强风险防控意识，让公共资源交易在阳光下操作，切实做到阳光透明、公平公正。

30日 全区建筑管理工作暨建设领域突出问题专项整治推进会在银川召开，总结专项整治工作，表彰先进典型，安排部署下一步工作。

31日 自治区党委书记李建华在银川会见中国乡建院院长李昌平，双方就美丽乡村建设、乡村治理、农村金融、农村综合改革实验等方面的合作进行了深入探讨。李昌平院长一行在宁期间，对西夏区镇北堡镇、源石酒庄、永宁县闵宁镇、青铜峡市叶盛镇地三村、利通区穆民新村、山水沟村、兴庆区掌政镇永南村、平罗县等地进行调研。

4月

1日 全区乡村建设专题讲座在银川举办，邀请中国乡建院院长李昌平作专题讲座。李昌平院长以"探索农村建设与治理的四两拨千斤之法"为题，围绕未来30年乡村建设目标、农村发展的主要问题、农村发展的出路、乡建院实践、新乡村建设的方法模式等5个方面进行了深入浅出的讲解，系统地阐述了解决美丽乡村建设及"三农"问题的具体方案。自治区党委宣传部、住房和城乡建设厅等部门负责人，各市县区党委、政府负责同志，以及部分美丽小城镇、特色小镇、特色产业示范村镇负责人共计200余人聆听了讲座。

13日 自治区住房和城乡建设厅召开安委会全体会议，传达国务院安委会检查宁夏建筑行业安全生产工作反馈会精神，安排部署落实反馈问题整改工作。

14日 全区十大特色产业示范村建设开工仪式在贺兰县常信乡四十里店村举行，自治区副主席王和山出席开工仪式。

同日 自治区副主席刘可为主持召开自治区空间规划（多规合一）改革试点领导小组办公室专题会议，研究自治区空间规划（多规合一）改革试点期间空间规划编制审批暂行办法等事宜。

同日 住房和城乡建设部召开贯彻落实中发〔2015〕37号文件工作情况座谈会，对深入推进城市执法体制改革，进一步改进城市管理工作作出安排部署。

16—18日 住房和城乡建设部、财政部专家一行4人，对银川市城市地下综合管廊试点工作进行绩效评价考核。专家组重点核查了2016年度开工建设的10个地下综合管廊项目资金使用管理、政府企业合作、工程实际进度、管线入廊政策等方面情况，对银川市试点工作给予肯定，并就中央奖补资金执行、管廊建设与周边项目打包整合、管线强制入廊政策等方面提出意见建议。

19日 自治区政府办公厅印发《关于大力发展装配式建筑的实施意见》。文件提出要以发展绿色建筑为方向，以科技进步和技术创新为动力，以新型建筑工业现代化生产方式为手段，大力发展装配式混凝土建筑和钢结构建筑，适度发展现代木结构建筑的总体要求。从2017年起，各级政府投资的总建筑面积3000平方米以上的学校、医院、养老等公益性建筑项目，单体建筑面积超过10000平方米的机场、车站、机关办公楼等公共建筑和保障性安居工程，优先采用装配式方式建造。社会投资的总建筑面积超过5万平方米的住宅小区、总建筑面积或单体超过1万平方米的新建商业、办公等建设项目，应因地制宜推行装配式建造方式。

21日　自治区政府与中国铁建股份有限公司签订战略合作框架协议，双方将建立长期合作伙伴关系，进行多层次、多渠道、多模式的合作。"十三五"期间，中国铁建在宁夏的投资建设规模将达到1500亿元以上，建设领域涵盖轨道、铁路基础设施，公路、水利基础设施及城镇综合开发等。

23日　自治区住房和城乡建设厅、发展改革委、财政厅联合下发《宁夏棚户区改造工作激励措施暂行实施办法》。宁夏将对棚户区改造工作积极主动、成效明显的地区给予倾斜支持和激励，列为激励支持对象地区可享受任务安排、资金奖补等6个方面激励政策。

25日　自治区党委办公厅、政府办公厅印发《关于加快特色小镇建设的若干意见》。文件提出将结合新型城镇化、新农村建设、特色产业培育发展等，利用3—5年时间分批择优培育一批特色小镇。

27日　自治区住房和城乡建设厅在宁夏大剧院举办"关爱环卫工人　共建美丽宁夏"专场文艺演出，为环卫工人上演大型回族舞剧诗《九州花儿美》，表达对环卫工人的关心和慰问。

28日　全区住房和城乡建设系统群众评议机关作风推进会在吴忠市召开，会议通报了住房和城乡建设系统2016年行风评议结果，并对2017年做好群评议机关作风活动进行安排部署。

5月

1日　住房和城乡建设部颁布修订后的《建筑工程设计招标投标管理办法》（住房和城乡建设部令第33号）和《城市管理执法办法》（住房和城乡建设部令第34号），自2017年5月1日起施行。

2日　自治区副主席刘可为主持召开自治区空间规划（多规合一）改革试点领导小组办公室全体会议，研究自治区空间规划改革试点工作有关事宜。

5日　全国推进落实中央城市工作会议精神电视电话会议召开，通报了全国贯彻落实中央城市工作会议精神情况，研究部署下一阶段有关工作。自治区及各市县设立分会场，自治区住建等部门和各市县政府负责人参加会议。

8—9日　住房和城乡建设部城市管理监督局督办宁夏城市执法体制改革工作情况。督办组与自治区住房和城乡建设厅、编办等部门负责人进行了座谈，并对银川市、固原市等地城市执法体制改革进展情况进行现场督办。

10日　自治区党委书记石泰峰调研银川市城市规划展示馆和智慧城市管理指挥中心，强调银川市要按照自治区空间发展战略规划的定位，谋长远、谋大局，以智慧城市建设为抓手，创新建设模式、管理模式，在推进城市化进程、构建大交通体系等方面，更好地发挥示范引领作用。

18日　自治区主席咸辉到固原市调研危窑危房改造及脱贫攻坚工作，强调要认真贯彻落实习近平总书记新形势下脱贫攻坚系列重要讲话和指示精神，把危窑危房改造作为脱贫攻坚的重要抓手，加大力度，精准施策，让困难群众住有所居、贫困人口如期脱贫。

23日　自治区十一届人大常委会第三十一次会议听取《宁夏回族自治区城镇地下管线条例（草案）》和《宁夏回族自治区空间规划条例（草案）》起草情况的说明，并进行了分组审议。

6月

6日　自治区第十二次党代会在宁夏人民会堂隆重开幕，石泰峰书记代表中共宁夏回族自治区第十一届委员会向大会作了题为《振奋精神，实干兴宁，为实现经济繁荣民族团结环境优美人民富裕，与全国同步建成全面小康社会目标而奋斗》的报告，强调要坚持山川统筹、城乡一体，优化生产力布局，在协调发展中形成发展优势、增强发展后劲，着力构建区域城乡协调发展新格局。

15日　全国第二期"生态修复、城市修补"培训班在银川开班，各省区市300余名代表参加培训。

20日　全国装配式建筑关键技术和推广培训班在银川开班，各省区市300余名代表参加培训。

7月

1日　宁夏在全区范围内的建筑工程、市政工程推广使用高性能混凝土，要求政府投资的建设工程（含市政工程）中优先推广应用高性能混凝土，并鼓励在其他建设工程（含市政工程）中推广应用高性能混凝土。

同日　自治区主席咸辉主持召开全区扶贫开发领导小组会议。会议对农村危窑危房工作作了安排部署。

4日　自治区党委书记人大常委会主任、总河长石泰峰主持召开自治区总河长第一次会议并讲话，对宁夏全面推行河长制提出要求。自治区党委副书记、自治区主席、副总河长咸辉出席并讲话。

12日　自治区主席咸辉主持召开自治区政府第97次常务会议，决定调整全区农村危窑危房改造补助对象分类和提高补助标准。

18日　中卫市被列入全国第三批"城市双修"试点城市。

19日　自治区党委书记石泰峰主持召开自治区全面深化改革领导小组召开第二十一次会议，审议通过《宁夏回族自治区空间规划（多规合一）试点工作总结报告》。

20—21日　住房和城乡建设部、工业和信息化部联合督查组督查宁夏光纤到户国家建设标准执行情况。

26日　自治区十一届人大常委会第三十二次会议表决通过了《宁夏回族自治区城镇地下管线管理条例（草案）》、关于批准《银川市停车场规划建设和车辆停放管理条例》的决定（草案）等。

28日　自治区住房和城乡建设厅举办全区住建系统规范政务服务事项培训会，对规划政务服务工作进行安排部署。

8月

4日　自治区住房和城乡建设厅组织召开全区住房保障暨档案规范化管理观摩推进会，总结全区住房保障档案规范化管理试点，安排部署相关工作。

9—11日　全国装配式住宅设计及建造培训班在银川举办，全国各省区市代表160余人参加培训。

11日 自治区主席咸辉主持召开自治区政府第99次常务会议，审议通过《宁夏自治区新型城镇化"十三五"规划（送审稿）》。

14日 全区"城市双修"工作现场推进会在中卫召开，观摩了中卫市黄河过境生态修复项目、高庙历史文化街区、腾格里沙漠湿地生态修复项目及阳光大麦地文化创意园项目，对进一步推动全区"城市双修"工作进行安排部署。

16—17日 自治区党委书记石泰峰在银川市、石嘴山市、吴忠市调研推进银川都市圈建设情况，强调要深入学习贯彻习近平总书记系列重要讲话精神和治国理政新理念新思想新战略，切实抓好自治区第十二次党代会精神的落实，顺应以城市群为主体形态推进城市化的大趋势，以创新的精神大力推进银川都市圈建设，推动银川石嘴山吴忠和宁东一体化发展，形成同城效应、整体优势，提升区域竞争力，打造新的增长极。

24日 全国绿色生态城市规划与特色村镇规划培训班在银川开班，各省区市200余名代表参加培训。

同日 宁夏统筹城乡建设专题培训班在南京财经大学开班，各市县区和有关部门100余人参加培训。

28日 银川市兴庆区掌政镇、银川市永宁县闽宁镇、吴忠市利通区金银滩镇、石嘴山市惠农区红果子镇、吴忠市同心县韦州镇5镇入选全国第二批特色小镇名单。

9月

12日 自治区党委召开沿黄县（市、区）委书记座谈会，自治区党委书记石泰峰出席会议并讲话，自治区主席咸辉主持会议。会议强调，沿黄地区资源富集、产业聚集、人才汇集，发展基础和条件好，要坚决贯彻新发展理念，认真落实好自治区第十二次党代会精神，努力走出一条创新驱动、生态优先、富民为本之路。

12—13日 全国省级住房公积金综合服务平台课题研究启动会在银川召开，全国14个省市住房公积金系统管理人员和有关技术专家参加会议。

15日　第三次全国改善农村人居环境工作会议在贵州遵义召开，中共中央政治局委员、国务院副总理汪洋出席会议并讲话，强调要深入贯彻习近平总书记关于改善农村人居环境的重要指示精神，坚持以人民为中心的发展思想，切实回应农民群众对良好生活条件的诉求和期盼，明确重点方向，聚焦突出问题，深入开展整治行动，不断提高农村人居环境建设水平。

21日　全国住建行业从业人员培训管理信息化建设培训班在银川开班，各省区市住建厅人教、科教工作负责同志和业务骨干参加培训。

25—26日　自治区住房和城乡建设厅组织召开全区住房和城乡建设系统2017年度互学互帮互检互评活动，实地观摩全区住房和城乡建设重点项目和特色工作，并在吴忠市召开"四互"活动总结会，对落实自治区第十二次党代会精神，进一步加快住房和城乡建设转型发展作出安排部署。

27日　全区农村人居环境综合整治现场推进会在灵武市召开，会议传达学习了第三次全国改善农村人居环境工作会议精神，对全区农村环境综合整治和生活污水处理及改厕工作进行安排部署。

10月

12—13日　国家发改委委托清华大学中国城镇化研究院对固原市第一批国家新型城镇化综合试点开展阶段性成果第三方评估调研。评估组实地调研固原市海绵城市、原州区农村土地改革和旧城改造、泾源县小城镇和美丽村庄等城镇化发展项目。

18日　党的十九大隆重开幕，全区住房和城乡建设系统组织干部职工集中收看大会开幕实况。

同日　全国城市管理执法体制改革专题培训班在银川举办，各省市区300余名代表参加培训。

26日　在第十二个"环卫工人节"来临之际，全区各市县区开展了丰富多彩的关爱和慰问活动，让环卫工人们感受到社会各界的理解和尊重。

28—30日　2017中国（银川）智慧城市与智慧生活博览会在银川国际会展中心举行。本届智博会以"科技让生活和城市更美好"为主题，展会汇集了智能安防、智能家居、5G通信、VR虚拟现实、大数据与云计算、人工智能、物联网、服务机器人等技术产品服务,9位院士及有关专家学者、企业高管围绕智慧城市、智慧医疗、智能制造等主题进行了学术交流。国内百余家智能企业进行了产品展销,有近4万人次进馆参观。

31日 2017年"世界城市日"全球主场活动在广东省广州市举办,住房和城乡建设部部长王蒙徽、联合国副秘书长兼人居署执行主任克洛斯出席开幕式并致辞。

11月

1日 住房和城乡建设部决定命名浙江省杭州市等4个城市为国家生态园林城市,宁夏回族自治区固原市等35个城市为国家园林城市,宁夏回族自治区永宁县等79个县城为国家园林县城,江苏省苏州市角直镇等19个城镇为国家园林城镇。

3日 自治区直属机关工委组织各厅局团组织负责人参观学习住房和城乡建设厅"万人千企"青年攻关团队创新"不见面"审批模式的实践探索。

6日 自治区党委、政府召开实施脱贫富民战略推进会。自治区党委书记、人大常委会主任石泰峰出席会议并讲话,强调要大力实施脱贫富民战略,决战脱贫攻坚、决胜全面小康,不断增强人民群众的获得感和幸福感,为开启全面建设社会主义现代化国家新征程作出更大贡献。自治区党委副书记、自治区主席咸辉主持会议,自治区领导齐同生、徐广国、张超超、纪峥、赵永清、白尚成、张柱等参加会议。自治区党委常委、自治区副主席马顺清就《关于推进脱贫富民战略的实施意见》作了说明。

8日 全国工程质量监管调研座谈会在银川召开,住房和城乡建设部工程质量安全监管司负责人,全国12个监理报告制度试点省市住房和城乡建设部门有关人员参加座谈会。

9日 全国手机公积金服务平台建设工作座谈会在银川召开,住房和城乡建设部住房公积金监管司负责人、全国21个省市住房和城乡建设部门公积金管理机构负责人、3家银行代表、10家软件开发公司代表参加会议。

13日 自治区党委、政府召开实施生态立区战略推进会。自治区党委书记、人大常委会主任石泰峰出席会议并讲话，强调要牢固树立社会主义生态文明观，坚持节约资源和保护环境的基本国策，以更大的决心、更高的标准、更严的要求、更硬的举措，全面推进生态立区新的实践，加快建设天蓝地绿水美空气清新的美丽宁夏。自治区党委副书记、自治区主席咸辉主持会议，自治区领导姜志刚、马顺清、纪峥、盛荣华、赵永清、张柱等参加会议。

17—18日　全国城市管理工作现场会暨城市执法体制改革推进会、中国城市治理高峰论坛在江苏徐州市举行。会议总结了《中共中央国务院关于深入推进城市执法体制改革改进城市管理工作的指导意见》落实情况，交流经验，部署进一步推进城市执法体制改革，提升城市管理和服务水平，构建共建共治共享城市治理新格局。

21日　自治区政府发布《宁夏回族自治区加快推进新型城镇化建设行动方案》，提出23条实施意见，涉及教育、环境、设施服务等多个方面。

23日　自治区住房和城乡建设厅、建设银行宁夏分行签署住房租赁金融战略合作协议。根据协议，建行宁夏分行将综合运用"互联网+房管+金融"的现代服务理念，授信200亿元支持宁夏住房租赁市场发展，为构建租购并举的租房体系提供全方位的金融支持。自治区住房和城乡建设厅将通过建行宁夏分行搭建的住房租赁平台，实现租赁企业监管、租赁房源核验、租赁过程监测、租赁服务覆盖等工作的长效动态监管，并实现住房租赁发展与银行发展的互利共赢，为实现人民群众的住有所居目标做出积极贡献。

27日　自治区党委、政府召开全域旅游发展推进会。自治区党委书记、人大常委会主任石泰峰出席会议并讲话，强调要大力推进旅游向全景、全业、全时、全民的全域旅游转变，加快全域旅游示范区建设，打造西部独具特色旅游目的地。自治区党委副书记、自治区主席咸辉主持会议，自治区领导纪峥、赵永清等出席会议。会上，印发了自治区党委、政府《关于加快全域旅游示范区建设意见》，自治区旅游发展委、住房和城乡建设厅、银川市等部门和市县作了发言。

同日　自治区住房和城乡建设厅发布《关于进一步加强建筑领域农民

工工资管控的通知》，对防范和治理建筑领域拖欠农民工工资行为提出要求，切实维护农民工合法权益。

12月

5日 自治区召开全区民营经济发展推进会。自治区党委书记、人大常委会主任石泰峰出席会议并讲话，强调要深化思想认识，坚持问题导向，突破瓶颈制约，狠抓政策落实，坚定不移推动民营经济大发展。自治区党委副书记、自治区主席咸辉主持会议，自治区领导张超超、纪峥、吴玉才、王和山、张乐琴等参加会议。

7日 自治区副主席刘可为主持召开自治区推进新型城镇化工作领导小组会议，研究部署了全区城市执法体制改革、改善农村人居环境、城市慢行系统规划建设等工作。

15日 中国土木工程学会建筑市场与招标投标研究分会召开2017年度工作总结暨经验交流会，自治区建设工程招投标管理中心围绕招投标监管工作作了交流发言。

22日 自治区党委、政府召开银川都市圈建设工作推进会。自治区党委书记、人大常委会主任石泰峰出席会议并讲话，强调要坚持创新发展、集约发展、集群发展、融合发展，打造创新、绿色、智慧、宜居的银川都市圈。自治区党委副书记、自治区主席咸辉主持会议，并对加快银川都市圈建设作了具体部署。自治区领导齐同生、姜志刚、张超超、马顺清、许传智、纪峥、赵永清、张柱、吴玉才、刘可为出席会议。会上，印发了自治区党委、政府《银川都市圈建设实施方案》。

27日 自治区住房和城乡建设厅举行干部大会，宣布自治区党委关于住房和城乡建设厅主要负责人的调整决定：马汉文任自治区住房和城乡建设厅党组书记，提名为厅长人选；杨玉经不再担任自治区住房和城乡建设厅厅长、党组书记。自治区副主席刘可为出席会议并讲话，强调住房和城乡建设系统全体干部职工要切实把思想和行动统一到自治区党委、政府的决定和要求上来，深入贯彻落实党的十九大和自治区第十二次党代会精神，振奋精神，苦干实干，不断提高全区住房和城乡建设质量和水平。